C. W. Huber

Zur alten Numismatik Ägyptens

EHV
HISTORY

C. W. Huber

Zur alten Numismatik Ägyptens

ISBN/EAN: 9783955642761

Auflage: 1

Erscheinungsjahr: 2013

Erscheinungsort: Bremen, Deutschland

EHV
HISTORY

Zur alten

Numismatik Aegyptens.

—••—

Von

C. W. Huber.

Separatabdruck aus den „Wiener Numismatischen Monatsheften".

Wien, 1867.

Druck und Papier von Leopold Sommer.

—‹›—

Selbstverlag des Verfassers.

I.

Die Erfindung der Münzen weiset die Kulturge-schichte der Menschheit den Völkern arischen Stammes zu. Von Osten her begegneten sich die Dariken der Perser mit den wohl gleichzeitig in den Verkehr gebrachten Münzen Griechenlands — den Münzen von Aegina, Athen, Phocäa und Cyzicus — und mit den Münzen des Lydischen Reiches, nach Zerstörung des letzteren, an den Küsten Kleinasiens.

Die von den persischen Königen in den eroberten Ländern eingesetzten Satrapen erhielten das Recht Mün-zen zu schlagen und in der Reihe der Satrapenmünzen, die zu den interessantesten Zweigen der alten Numismatik gehören, begegnen wir den Münztypen persischen Ur-sprungs, verschmolzen mit den Typen Griechenlands und veredelt durch den bildenden Genius hellenischer Kultur. Belege hiezu geben die Münzen der carischen, cilicischen und assyro-mesopotamischen Satrapen. Während bei den Münzen der ersteren, der carischen — wie in Cnydus und Halicarnassus — und ebenso bei den, den persischen Satrapen zugeschriebenen Münzen des paphlagonischen Sinope das rein griechische Element vorwaltete, fand in den Münzen der cilicischen und der mehr östlich gelegenen Satrapien, und wohl auch in den alten Münzen von Kypern das ein-

1 *

heimische, semitische Element seinen Ausdruck; so ward
der hellenische Zeus auf den Münzen von Tarsch (Tarsus)
als phönikischer Baal wiedergegeben, und wurden solche
Münzen nachweisbar noch unter persischer Oberhoheit geschlagen.

Mit der Zerstörung des persischen Reiches durch
Alexander den Grossen nahmen auch die Satrapien ihr
Ende, und die nunmehr der makedonischen Herrschaft un-
terworfenen Städte erlangten mit der mehr oder minder
beschränkten Autonomie auch das Recht der eigenen
Münzprägung. Von dieser Epoche angefangen ist jedoch
auf den Münzen der Diadochen und der ihnen unterworfe-
nen Städte in Darstellung wie Legende vorzugsweise hellenische Kunst und Weise zu erkennen. Eine Ausnahme
hievon finden wir in Vorderasien auf den Münzen Judäa's
(nämlich den Münzen der Makkabäer, Idumäer und später
der Nabatäer), sowie in Afrika auf den Münzen der phönikischen Colonien, obwohl Carthago autonome Münzen erst
dann zu schlagen begann, nachdem es auf Sicilien mit griechischer Kultur in Berührung gekommen war und daselbst
eine ausgebildete Glyptoplastik vorgefunden hatte.

Vor der Epoche Alexander des Grossen hatten die
Aegypter keine einheimisch geschlagenen Münzen; sie
bedienten sich zur Erleichterung des Verkehrs gleich den
Phönikiern der edlen Metalle Gold und Silber, die sie in
Stücken oder Ringen von bestimmtem Gewichte in Umlauf
setzten. Solche Ringe sind noch gegenwärtig im Sudan im
Verkehr.

Aegypten, die Kornkammer der alten Welt, kam jedoch in frühester Zeit mit den Athenern, den unterneh-
mendsten Seefahrern des alten Griechenlands, in lebhaften
Verkehr. Die Aegypter machten auch schon frühe mit

dem atheniensischen Gelde Bekanntschaft und trugen kein
Bedenken, ihre Bodenprodukte gegen attische Tetradrachmen alter Form zu verwerthen, indem letztere Geldsorte
aus reinem Silber ausgeprägt war und ein mit dem einheimischen ägyptischen Gewichte übereinstimmendes Normalgewicht von 17.2 Grammen hatte. Daher kam es, dass
die Athener selbst noch zur Zeit des Perikles, und nachdem sie schon lange in Attica die Tetradrachmen zweiter
Form eingeführt hatten, noch immer fortfuhren, zum Be-
hufe des ägyptischen Getreidehandels die Tetradrachmen
alten Styls zu schlagen.*) Letztere Stücke mit dem streng
eingehaltenen Normalgewichte von 17.2 Grammen tragen
bekanntlich auf der Vorderseite den Profilkopf der Pallas
in archaischem Style; die Physiognomie der Göttin hat unverkennbar grosse Aehnlichkeit mit dem Gesichtsausdruck
der ägyptischen Sphynx und unterscheidet sich von den
analogen Tetradrachmen, die für den europäischen Gebrauch bestimmt waren, durch das in Mandelform geschnittene Auge, wie es auf den altägyptischen Hautreliefs bei
allen im Profil dargestellten Köpfen erscheint: während die
Tetradrachmen für Europa das Auge des Profilkopfes nach den
Regeln der reinen griechischen Plastik darstellen. Es ist
selbst nicht unwahrscheinlich, dass während der Periode
von der persischen Invasion bis zu den Ptolemäern derlei

---

*) Aehnliches geschieht noch jetzt in Oesterreich, wo zum Be-
hufe des levantinischen Handels, trotz der Umänderung des
Münzfusses in der Heimat, die bekannten Maria Theresien-
Thaler mit der Jahreszahl 1780 fortgeprägt werden. Diese
Thaler sind an den Küsten des Rothen Meeres, in Abyssi-
nien und den Gallasländern bis tief in Centralafrika das
vorzüglichste, selbst zum Theil ausschliessliche Zahlungsmittel.

attische Tetradrachmen von sphärischer Form (Bombée) in
Aegypten selbst geschlagen wurden. Auffallend ist es
wenigstens, dass in Aegypten diese alten Athener Münzen
weit häufiger gefunden werden, als in Athen selbst oder
in den ehemals attischen Colonien.*)

Nachdem das alte Pharaonenreich (525 vor Christi)
unter Psanmenit von Cambyses zertrümmert und als Satrapie zum persischen Reiche geschlagen worden war, kamen die altpersischen Königsmünzen auch in Aegypten in
Verkehr. Bei dem Widerwillen der alten Aegypter gegen
alles arische Wesen — welcher durch das gewaltsame
tempelschänderische Benehmen der Perser unter Cambyses nur genährt werden musste — ist es wahrscheinlich, dass die Münzen der achämenidischen Könige nur
zwangsweise sich im Verkehr behaupten konnten.

Den persischen Satrapen wurde es, wie wir es bereits
oben bemerkt haben, gestattet eigene Münzen zu schlagen,
nur mussten selbe von reinem Metalle und mit vollem Gewichte nach dem Fusse der altbabylonischen Drachmen
ausgeprägt werden. Wir wissen, dass Aryandes, Satrap
in Aegypten unter Darius Sohn des Hystaspis, sich gegen
das persische Münzgesetz verging, weil er angeblich ohne
Erlaubniss des Königs Münzen geschlagen hatte. Gewöhnlich schreibt man die im Gewichte sehr verminderten Silberdariken dem Aryandes zu, obgleich diese Annahme sich
doch nur auf jene Stücke beziehen kann, die in Aegypten

---

*) Ich habe in Aegypten Funde gesehen, die aus mehreren
Hunderten dieser alten Tetradrachmen bestanden, von denen
jedes Stück fast ohne Ausnahme das richtige Normalgewicht
von 17., Grammen ergab, — ein Beweis, welche Sorgfalt die
Auspräger auf die strenge Beibehaltung dieses Gewichtes
legten.

und im peträischen Arabien gefunden werden. Es scheint
aber, dass Aryandes nicht nur Silberdariken, sondern — was
ihm wahrscheinlich in den Augen seiner Regierung zum
Vergehen angerechnet wurde — auch andere Silbermünzen
geschlagen habe, deren Typen mehr oder weniger sich auf
den in Aegypten einheimischen religiösen Kultus bezogen.
In meiner Sammlung befanden sich mehrere hiehergehörige unedirte Stücke, welche in Aegypten, im peträischen
Arabien und in Nablus in Syrien gefunden wurden und aus
der Zeit der persischen Satrapie in Aegypten stammen.

1. Av. Lange Galeere mit Ruderern, persischer Bauart,
auf Wellen, dahinter die drei Thürme einer Festung, unten eine liegende Antilope.

Rs. Galeere samiotischer Form mit Steuermann und
Ruderern, auf Wellen.

R. 3¼ (Mion). Gew. 7.005 Gramm. Gefunden in
Aegypten und wahrscheinlich von Aryandes her-
rührende Didrachme nach babylonischem Fusse.

2. Av. Bärtiger Kopf eines Assyrers, nach rechts.

Rs. Vordertheil eines gezäumten Pferdes, nach rechts
im Felde O ⵠ in einem aus Perlen gebildeten Vierecke; das Ganze in vertieftem Quadrate.

R. 3. Gew. 4.2 Gramm. Von schöner alter Fabrik.
Erhalten aus Karamien; ein zweites ähnliches Stück
wurde in Aegypten gefunden.

3. Av. Jugendlicher Kopf, die Haare so gekämmt, dass
sie gleichsam Reihen von Perlenschnüren bilden.

Rs. Eule von vorne gesehen, im Felde | und oben ein
Fisch. Das Ganze in vertieftem Quadrate.

R. 4. Gew. 3.8 Gramm. Erworben von Dr. Reichardt,
der die Münze aus Nablus (Sichem, Neapolis) erhalten hatte.

4. Av. Kopf im Vollgesichte des Typhon (des ägyptischen Gottes Besa), gehalten von zwei Leoparden (einer rechts, einer links) wie auf einem modernen Wappenschilde.

Rs. Löwe, eine niedergeworfene Antilope zerreissend.

Æ 3. Gew. 3.6 Gramm. Gefunden in Syrien.

5. Av. Jugendlicher bärtiger Kopf nach rechts, von babylo-assyrischem Style.

Rs. Petake oder Maske in der Form eines Gefässes, dessen Deckel und Henkel durch den Kopf Typhons (des ägyptischen Besa) gebildet werden.

Æ 3. Gew. 3.4 Gramm. Gefunden in Aegypten.

6. Av. Jugendlicher Kopf nach rechts, die Haare zu Perlenreihen gekämmt.

Rs. Kopf des Typhon (oder Besa) in einem vertieften Quadrate.

Æ 3. Gew. 3.1 Gramm. Gefunden in Aegypten.

7. Av. Bärtiger Kopf nach rechts mit einem Halsbande, in einem aus Körnern gebildeten Kreise.

Rs. Knieender Bogenschütze, den Bogen spannend.

Æ 1½.

8. Av. Seepferd nach links.

Rs. Eule nach links, mit den Attributen des Osiris.

Æ 1. In Aegypten gefunden und in dieser Grösse unedirt; ein zweites Exemplar gleicher Grösse, ebenfalls aus meiner Sammlung, zeigt die gleichen Bilder nach rechts.

9. Av. Kopf des indischen Bacchus mit den Ammonshörnern, nach rechts.

Rs. Eine Eule nach rechts, vor ihr ein aufgehängter Schlauch.

Æ ¾. Gew. 0.2 Gramm. Gefunden in Aegypten.

10. Av. Galeere.

Rs. Knieender Bogenschütze nach rechts, den Bogen
spannend, das Ganze in vertieftem Quadrate.

Æ ³/₄. — Beide wohlerhaltene Stücke, wegen ihrer
auffallenden Kleinheit interessant.

11. Av. Behelmter Kopf.

Rs. Geflügeltes Seepferd, nach rechts.

Bronze. Æ 1. Gefunden in Aegypten. Uebergang
zu den unter Ptolemäus Soter geprägten äusserst
seltenen und bisher noch nicht edirten Obolen.

Bemerkenswerth ist auch die von mir in Aegypten
erworbene, in die Reihe der altpersischen Königsmünzen
gehörige, von den bisher publicirten Stücken abweichende
Octodrachme.

12. Av. Langgestreckte Galeere, im Hintergrunde eine
Stadt mit fünf Thürmen.

Rs. Im Felde ○○ Persischer König mit dem Wagen-
lenker in einem zweiräderigen Wagen, nach links.

Æ8. Gew. 26.9 Gramm. Diese merkwürdige Münze
ist jetzt im britischen Museum.

Von den in Aegypten gefundenen, in die Periode vor
Alexander dem Grossen fallenden Münzen meiner Sammlung dürften noch nachstehende Beachtung verdienen:

13. Sehr altes, kugelförmig abgerundetes Pentadrachmon mit den Typen der Tetradrachmen des thrak. Abdera.

Av. Γ ⟨ (retrog. in altgriechischen Buchstaben für ΠΛ.);
Greif nach links gewendet.

Rs. Vertieftes Quadrat in vier gleiche Quadrate getheilt.
Æ8. Gew. 26.₂ Gramm. (Befindet sich jetzt im brit. Mus.)

14. Tetradrachme von Acanthus Macedoniae ältesten
Styls.

Av. Löwe, einen Stier niederreissend; oben im Felde
der griechische Buchstabe Θ, der Endbuchstabe von AKANΘ.

Rs. Vertieftes Quadrat, getheilt in vier gleiche Quadrate.

Æ 8. Mionn. I. 461.86. — Ein diesem sehr gut erhaltenen Exemplare ganz ähnliches, aber abgeriebenes Stück fand ich ebenfalls in Aegypten.

Es ist bemerkenswerth, dass derselbe Typus des Kampfes zwischen Löwe und Stier öfters auf aryano-semitischen Münzen vorkommt so auf den schönen Didrachmen von Tarsus Ciliciae mit den Baal-Tarsch auf der Rückseite, wovon meine Sammlung zwei schöne, von einander abweichende Exemplare im Gew. von 10.$_{,80}$ und 10$_{,11}$ Gramm. enthielt. (Vergl.: De Luynes „Satrapies" pl. IV, V, VII und Mionn. III und Suppl. VII. unter Incertaines de la Cilicie.)

Wie bereits erwähnt, vertrat der olympische Zeus den altsemitischen Baal, sowie Herakles den Melk-erth (König der Erde) von Tyrus und die reizende Aphrodite von Papphos die sidonische Astarte. — Die Göttergestalten und Mythen des Orients ragen hinüber in die älteste Zeit europäischen Plastik, nur erscheinen sie hier veredelt durch den belebenden Geist der heiteren hellenischen Kunst.

Im Interesse der Wissenschaft wäre zu wünschen, dass mit Benützung der vortrefflichen Vorarbeiten der Numismatiker de Luynes, Blau, Borrell, Brandis u. a. eine wohlgeordnete Uebersicht sämmtlicher bisher bekannten Satrapen-münzen — unter Nachweisung ihrer Verzweigung mit den rein hellenischen Münzen einerseits, und der Verbindung des ost- und westarischen mit dem semitischen Elemente andererseits—von einem gewiegten Kenner dieser äusserst schwierigen, aber die höchsten Fragen alter Münzkunde anregenden Partie zur Bearbeitung gelange.

II.

Der folgenreichste Wendepunkt der alten Numismatik war die Zertrümmerung des altpersischen Reiches durch Alexander den Grossen, der in una ifhaltsamem Heereszuge mit seiner makedonischen Phalanx bis in das Herz des heutigen Pendschab vordrang. Dieser erhabenste Sieg der unwiderstehlichen Macht des schaffenden Weltgeistes über die stagnirenden Gewalten der rohen, seelenlosen Massen brachte auch im Bereiche des öffentlichen Verkehrs der Tauschwerthe und der Münzen eine radicale Umwälzung hervor. Die ungeheure Menge edler Metalle, die aus den nunmehr geöffneten Schleussen asiatischen Reichthums und satrapischer Ueppigkeit in den internationalen Verkehr strömte, erleichterte die zur Deckung der gesteigerten Bedürfnisse nöthige vermehrte Ausmünzung von Gold- und Silberstücken. — Wie erstaunlich die Menge der den Namen Alexander des Grossen führenden Goldstater, Silberdrachmen und Tetradrachmen gewesen sein muss, lässt sich schon aus dem Umstande entnehmen, dass, abgesehen von den durch mehr als zweitausend Jahre stattgefundenen Einschmelzungen und gänzlichen Verlusten und abgesehen von den in den Münzkabineten aufbewahrten zahlreichen Exemplaren, noch jetzt auf altklassischem Boden kein namhafter Fund alter, meist im Drange der Völkerzüge vergrabener Münzen gemacht wird, bei dem nicht Alexander-Münzen unterliefen.

Ich gedenke hier nur der in neuester Zeit in der Nähe von Saida in Syrien (dem alten Sidon) wiederholt gemachten Funde von Goldstatern aus der Zeit Philipp II. und Alexander M. Während meines Aufenthaltes in Aegypten

12

erhielt ich aus den im Jahre 1856 bei Saida ausgegrabenen Münzen eine Partie, ungefähr 300 Stater, aus welcher ich einige zwanzig vollkommen tadellos erhaltene Exemplare mit zum Theil unbekannten, in Müller's vortrefflichem Werke*) nicht angeführten Beizeichen auswählte und käuflich an mich brachte.

Von letzteren Alexander-Statern erlaube ich mir nachstehende zu bezeichnen:

Typen der Vorder- und Kehrseite wie gewöhnlich. Zutheilung nach Müller's Leitfaden. Beizeichen als Criterium der Zutheilung.

1. **Kilikien** (?). Kopf mit der phrygischen Mütze bedeckt, nach links schauend wie auf den Tetradrachmen bei Müller XVIII, 1279, aber am unteren Rande Monogramm aus ΘΗ.

2. **Krithote** (?). Der Typus der Siegesgöttin des Reverses trägt einen eigenthümlich aufgeflochtenen Haarbusch. Im Felde ein senkrecht stehendes Gerstenkorn.

3. **Philomelium Phrygiae** (?). Φ Simpulum. Von ungewöhnlicher Fabrik.

4. **Caria** mit **Priene Joniae**. Bipenne. Monogramm aus ΠΡΙ.

5. **Pyrnus Cariae** oder **Prymnesia**. ΠΡΥ im Monogr.

6. **Samos** (?) **Magnesia Thessaliae** (?). Schiffsschnabel, Dreizack.

7. Variante von **Pella** mit senkrechtem Blitze.

8. Goldstater, wahrscheinlich von **Antigonus Asiae R.** (307—301 v. Chr.)

Typen und Legende wie bei den Alexander-Statern.

---

*) Müller, Numismatique d'Alexandre le Grand etc.

Av. Am Rande Σ (Soli?).

Rev. Im Felde ANT. Monogramm des Antigonus wie auf den Bronzemünzen desselben. (Vergl. Mion. s. III. 244, 590.) Dies Monogramm kann wohl nicht auf das erst später emporgekommene Antiochia ad Orontem gedeutet werden. Dieser vortrefflich erhaltene Stater wiegt 133 engl. Gr. = 8.$_{618}$ Gramm.

Die merkwürdigste und kostbarste Erwerbung jedoch, die ich aus dem erwähnten Saidafunde vom J. 1856 gemacht, war der berühmte, bis kürzlich noch einzig dastehende pracht-voll erhaltene Goldstater von Kios Bithyniae*) (quae et Prusias ad mare) im Gewicht von 8.$_{884}$ Gramm. (136 engl. Grains), der sich gegenwärtig im britischen Museum befindet.

Es ist anzunehmen, dass ein grosser Theil der Ale-xander-Münzen, vielleicht der grössere, nicht während des in der Dauer kurz bemessenen Siegeslaufes dieses Welt-eroberers, sondern erst nach dem am 11. oder 13. Juni 323 v. Chr. erfolgten Ableben desselben**) unter den Dia-dochen (Διάδοχος, Nachfolger) geschlagen wurde. Dies dürfte vorzugsweise von den in Asien und Aegypten ge-prägten Alexander-Münzen gelten. Letztere unterscheiden sich von den analogen europäischen Exemplaren bei den Tetradrachmen durch einen kleineren, aber compacteren Schrötling und schärfer ausgeprägte Typen; das Gewicht

---

*) Siehe Wien. Num. Monatshefte. Bd. II. pag. 25.

**) Ideler in den Abhandl. der Berl. Akademie der Wissensch. 1821, S. 277. Nach Seyfarth (Berichtigungen der griechischen u. s. w. Geschichte und Zeitrechnung, Leipzig 1855) wäre Alexander der Grosse nicht 323, sondern erst 321 v. Chr. ge-storben, demnach müsste auch die Zeitrechnung der Lagiden um zwei Jahre später gesetzt werden.

ist das normale attisch-makedonische, die Tetradrachme
zu 17 Grammen und darüber.

Aus Müller's oben angeführtem Werke kennen wir die
Alexander-Münzen, deren Prägestätte nach Aegypten zu-
gewiesen wird.*) Ich habe in Aegypten bei Münzfunden,
die im Delta gemacht wurden, unter Tetradrachmen des
ersten Lagiden fast in gleich grosser Anzahl und von derselben guten Erhaltung Tetradrachmen von Alexander M.
gefunden, welche mir asiatischen Ursprungs und in Anbetracht der analogen Erhaltung beinahe gleichzeitig mit den
Sotermünzen geprägt zu sein schienen.

Von Alexander-Silbermünzen, deren Beizeichen bei
Müller fehlen, enthielt meine Sammlung:

Tetradrachmen:

Zutheilung nach Müller.

Acanthus? Rad; Monogramm aus ΠΡΥ
und ΠΥ.

Ake vom Jahre 26. Unten Mon. aus ΧΑΡ. (Charakmoba.)

Ascalon? Magdolon? Ruder; Schild mit der Aegis
(gef. in Aegypten).

Chios? Sphinx; Dreifuss; M.

Korkyra. Monogramm aus ΜΥΤ und ΚΟΡ.

Damascus. Drei Varianten (gef. in Aegypten).

Demetrias Assyriae. Monogramm aus ΔΗΜΗΤΡΙΑΣ.

Heraclea Sintica? Knotige Keule. Variante (gef. in
Aegypten).

---

*) Vergl. auch für hier und das Folgende die vortreffliche Ab-
handlung A. Pinder's: »Die Aera des Philipp auf Münzen
und die ersten Königsmünzen Aegyptens« in den leider zu
früh sistirten Beiträgen zur älteren Münzkunde von Pinder
und Friedländer. Berlin 1851.

Larissa Syriae? Halbes Pferd grasend; Anker; **Mon.** aus ΣΩΓ Sogdiana (?). Erhalten aus Bokhara von einem Hadschi; wohl nicht nach Larissa Syriae, sondern nach einer der von Alexander M. gegründeten, seinen Namen führenden zwölf Städte zuzutheilen.

Unbestimmt. Kornähre; A; I. (gef. in Aeg.).

Macedonia, Thracia et Thessalia, Siegesgöttin und M.

Samos? Eigenthümlich geformter Schiffschnabel (gef. in Aeg.).

Mallus Ciliciae. Zwei Varianten.

Messembria et Heraclea. Drei Varianten.

Paraetonium et This. B; Mon. aus ΠΑΡ.; Θ. Das Monogramm wie auf den Soter-Tetradrachmen von Paraetonium (gef. in Aeg.).

Syria incerta. B.; Lorbeerkranz; unter dem Throne A und I.

Dann zehn andere von Müller abweichende Varianten.

Didrachmon.

Larissa Syriae? Variante.

Drachmen.

Dyrrhachium. Fisch. Mon. aus ΔΥΡ., acht Varianten.

Triobolus.

Lycia, Massikytes. ΛΥ und M. Vergl. Müller XVIII. 1274. Gewicht 1.₈₈₈ Gramm.

Oboli.

Caria. M. Doppelaxt.

Therma. Θ.

Unbestimmt. Monogr. aus HO, dann O.

Da jedoch die eben erwähnten, wenn auch nach Alexanders Tod geprägten Münzen in ihrer Zusammengehörigkeit und bei der Unthunlichkeit einer andern bestimmten Zutheilung mit Recht in die Reihenfolge der makedonischen

Alexander-Münzen eingelegt werden, wie dies bei allen grossen Münzsammlungen der Fall ist, so ergibt sich daraus, dass auf selbe bei Eintheilung der unzweifelhaft nach Aegypten gehörenden Münzen nicht reflektirt werden kann und dass bei Ordnung der Sammlungen die Abtheilung Africa Aegyptus erst mit solchen alten Münzen zu beginnen habe, welche nach Alexander des Grossen Tode von der in Aegypten bestehenden Regierung nachweisbar in oder für Aegypten geschlagen worden sind.

Die selbständige Numismatik Aegyptens beginnt daher erst mit dem Jahre 323 v. Chr., als Ptolemäus, Sohn des Lagos, die Statthalterschaft von Aegypten, Kyrenaika und dem südlichen Theile von Syrien im Namen der Erben des verstorbenen grossen Königs übernommen hatte.

Wie wir aus den Zeugnissen des Diodor, Appian, Plutarch und Justin wissen, war Ptolemäus Lagos unter allen Diadochen der einzige, welcher der Familie seines verstorbenen Herrn und grossen Königs am längsten die Treue bewahrt hatte; er nahm den Königstitel erst achtzehn Jahre nach Alexanders Tode an, zu einer Zeit, wo der Mannesstamm des Welteroberers gänzlich erloschen und kein Erbe desselben mehr am Leben war.

Die Classificirung der von Ptolemäus I. geschlagenen Münzen dürfte nach meiner Ansicht, die sich aus langjährigen, im Oriente gemachten Beobachtungen gebildet hat, in vier Serien eingetheilt werden. *)

Es ist hier der Platz für meine an die Herren Ordner numismatischer Cabinete gerichtete angelegene Bitte, auf

---

*) Vergl. meinen in Num. Chron. 1862 erschienenen Aufsatz: „Essay on the classification of ancient coins found in Egypt."

die von mir vorgeschlagene Classificirung gefälligst Bedacht nehmen zu wollen.

A.

Die erste Serie enthält die Münzen, die von dem
ersten Lagiden während der sieben Jahre (323—317 v. Chr.)
seiner im Namen der Erben Alexander des Grossen geführten Regentschaft geschlagen wurden. Hier begegnen wir
zuerst jener höchst merkwürdigen Tetradrachme, welche
Ptolemäus Lagos zu Ehren und wahrscheinlich zur Gedächtnissfeier Alexander des Grossen als Gründer (KTICTHC)
der Stadt Alexandria schlagen liess. Diese zu den grössten
Seltenheiten der alten Numismatik gehörende Tetradrachme
zeigt auf der Vorderseite den jugendlichen Kopf Alexander
des Grossen, jedoch nicht mit der Löwenhaut, gleich auf
den analogen Stücken makedonischen Ursprungs, sondern
mit der Haut nebst Rüssel und Stosszähnen des Elephantenkopfes bedeckt, in dem der Genius der Stadt Alexandria,
wie auch die späteren Kaisermünzen und Bronzebüsten beweisen, stets mit der Haut des Elephantenkopfes als Kopfbedeckung dargestellt wurde.

Der Revers dieser Münze zeigt, gleichwie auf den
makedonischen Tetradrachmen, neben der Legende
ΑΛΕΞΑΝΔΡοΥ den Typus des Jupiter Aëtophor, jedoch
mit einem Blitze im Felde als erstem Versuche, dieses von
Ptolomäus I. angenommene besondere Beizeichen anzu-
bringen und seine eigene Regentschaft anzudeuten. Das
Gewicht dieser Tetradrachme ist das attisch-makedonische.

In meiner Sammlung befanden sich von dieser merkwürdigen Tetradrachme zwei vorzüglich erhaltene Exemplare, welche aus einem im J. 1856 im Nildelta gemachten
bedeutenden Münzfunde stammen, wo sie mit Silbermünzen

Alexander des Grossen, des Philippus Aridaeus, Alexander
des Jüngeren und des Ptolemäus Soter — sämmtlich vortrefflich erhalten — beisammen waren.

Die eine dieser Tetradrachmen, von besonders schöner
und tadelloser Erhaltung, die sich jetzt im British Museum
befindet, zeigt im Felde nebst dem Blitze die Buchstaben
OP, hier nicht Datum, sondern Ortsbestimmung, vielleicht
Orthosia Phoenicis. Grösse 8 (Mion.). Gew. 17.$_{,00}$ Gramm
(264.$_{,}$ engl. Grains). (Vergl. Borrell. Num. Chron. III,
pag. 145.) Abg. Taf. I. Nr. 1.

Das zweite, ebenfalls sehr gut erhaltene Exemplar,
bei welchem jedoch ein Theil des Rüssels und der Stoss-
zähne etwas über den obern Rand hinausgefallen ist, wird
von Müller p. 29, 21 angeführt und wiegt 16.$_{,10}$ Gramm
(260.$_{,}$ engl. Grains). Ein ähnliches Stück befand sich in
der Sammlung des Herrn v. Timoni.*)

Als Beleg zur grossen Seltenheit dieser Tetradrachmen
mag hier bemerkt werden, dass unter Tausenden von Ale-
xander- und Ptolomäermünzen, die durch meine Hände
gegangen sind, ich nur die obigen beiden Exemplare herausgefunden habe.

Ausser den Statern und Tetradrachmen Alexander
des Grossen, welche Ptolomäus Lagos in der ersten Periode seiner Statthalterschaft geschlagen hat, ist es anzunehmen, dass er, wie Pinder in seiner oben angeführten
Abhandlung scharfsinnig nachzuweisen bemüht ist, auch
Münzen des Philippus Aridaeus (324—317 v. Chr.), in

---

*) Wir wollen hoffen, dass die gegenwärtigen Besitzer dieser
durch viele Seltenheiten ausgezeichneten Münzensammlung sie
den wissenschaftlichen Forschungen nicht entziehen und durch
Veröffentlichung eines Katalogs den Freunden der Numismatik
zugängig machen werden.

dessen Namen er Aegypten verwaltete, habe prägen lassen.
Unter den vielen Tetradrachmen und Drachmen dieses Königs, die mir in Aegypten vorgekommen, fand ich jedoch
kein Stück, das nicht in Müller's Werke enthalten wäre.
Wohl aber fand ich drei von Müller nicht citirte Trioboli,
die nebst den gewöhnlichen Typen im Felde nachstehende
Beizeichen führen:

1. LA Grösse 2 (Mion.).
2. Δ und Pflug. Gew. 2.$_{01}$ Gramm. Grösse $1\frac{1}{4}$.
3. Doppelaxt. Gew. 2.$_{01}$ Gramm. Grösse 2.

B.

Die zweite Serie enthält die Münzen Alexander
des Jüngern. Nach einem siebenjährigen Interregnum
wurde der junge Alexander (Aegus) als legitimer Sohn
Alexander des Grossen und der persischen Prinzessin
Roxane unter der Vormundschaft des Ptolemäus Lagos im
J. 317 v. Chr. als erster König von Aegypten anerkannt.
Während dieser Periode, nämlich von 317 bis zu dem 311
erfolgten Tode Alexander des Jüngern, liess dessen Vor-
mund Ptolemäus Lagos im Namen des jungen Königs und
als Statthalter Münzen schlagen, welche von dem makedonischen Typus der ersten Serie bedeutend abweichen.

Die hierhergehörigen Tetradrachmen und Drachmen
zeigen auf der Vorderseite den jugendlichen, noch knaben-
artigen Porträtkopf des Aegus mit schönen, durch orientalische Frühreife bereits entwickelten Gesichtszügen, geschmückt mit Diadem und Widderhorn, welches letztere
auf die Abkunft von Ammon hindeutet; als Hauptbedeckung
zeigt sich hier wieder die mit Rüssel und Stosszähnen versehene Haut eines Elephantenkopfes. Dieses Abzeichen
der Stadt Alexandria wurde später auch von den Ptole-

mäern angewendet. Der Revers enthält neben der Legende AΛΕΞΑΝΔΡοΥ, an Stelle des Typus des Jupiter ἀετοφόρος, den Typus der speerschleudernden Pallas Promachos (πρόμαχος), deren Cultus in Makedonien einheimisch war und von der Königsfamilie besonders gepflogen wurde. Im Felde zeigen diese Münzen einen auf dem Blitze aufrecht-stehenden Adler, ein Symbol, durch welches Ptolemäus Lagos seine Vormundschaft und Statthalterschaft andeuten wollte und welches er später als selbstständiger König von Aegypten zum bleibenden Symbole der Lagiden erhob. Ueberdies befinden sich im Felde Monogramme der Städte, in welchen oder für welche jene Münzen geschlagen wurden.

Es kommt zu bemerken, dass das Gewicht der in diese Serie gehörenden Silberstücke der Uebergang zu dem leichteren current-babylonischen oder sogenannten phöni-kischen ist. Es ist dasselbe Gewicht, welches der erste Lagide in der Folge für die unter seiner eigenen Firma ge-prägten Münzen angenommen hat, nachdem er gleich den Seleukiden den schwereren attischen Münzfuss aufgegeben hatte.

Meine Sammlung enthielt eilf in diese Serie gehörige Stücke (5 Tetradrachmen, 1 Drachme und 6 Kupfermün-zen,*) die sämmtlich in Aegypten gefunden wurden und zum Theil bisher unbekannt waren.

1. Tetradrachme mit den oben beschriebenen Typen. Beizeichen im Felde des Reverses Monogr. aus ΑΣ in einem Ringe, als Bezeichnung einer Festung (Ascalon?); dann Monogr. aus ΔΙ (Diospolis). Diese schöne, vortrefflich er-haltene Tetradrachme wiegt 15.$_{310}$ Gramm. (237 engl. Gr.)

---

*) Vide Auctionsental. London 1862. Lot. 944—949.

und befindet sich jetzt in der ausgezeichneten Sammlung des Herrn Addington in London.

2. Tetradrachme mit den Monogr. aus ΔοΦ (Dophne für Daphne) und am untern Rande aus ΔI (Diospolis); eine Diota als Contremarque eingeschlagen. Gewicht 15.₀₀₀ Gr. (229⁴/₁₀ engl. Gr.).

3. Inedirte Tetradrachme. Im Felde Adler, Helm und Monogr. aus ΔοΦ (Dophne). Gew. 237⁴/₁₀ engl. G. (Jetzt im Brit. Museum)

4. Ined. Tetradrachme mit Monogr. aus ΓA (Gadera).

5. Tetradrachme. Im Felde Ring, Zeichen für die Veste Magdolon; Helm und Monogr. aus ΔI Unionsmünze zwischen Magdolon und Diospolis.

6. Drachme. Typen wie oben. Im Felde Adler auf dem Blitze. Monogr. aus ΔI. Gew. 3.₁₅ Gr. (Variante von Mion.)

Ferner nachstehende Bronzemünzen, sämmtlich in meinem Cataloge zuerst erwähnt.

7. Av. Bartloser jugendlicher Kopf mit dem Diadem. Rev. ΑΛ—E dazwischen Pallas Promachos nach rechts. Æ 4¹/₂. A

8. Av. Jugendlicher Kopf. Rev. ΑE Adler. Æ 2.

9. Der vorigen ähnlich. Æ 2¹/₂.

10. Av. Junger, nackter Kopf des Alexander Aegus nach rechts. Rev. ΑΛE Aufrechtstehender, nach links gewandter Adler mit ausgebreiteten Flügeln. Im Felde Monogr. aus ΔIo. Æ2¹/₂.

11. Junger Kopf mit den Ammonshörnern. Rev. Adler, im Felde Monogr. aus ΑΛE. Æ2¹/₂.

Der leichtere Münzfuss der Alexander dem Jüngeren zugehörigen Tetradrachmen beweist, dass die in der Serie A beschriebenen, nach dem attisch-makedonischen

Münzfusse ausgeprägten Tetradrachmen früher, nämlich
vor dem Jahre 317 v. Chr., geschlagen worden sein müssen, weil erst in diesem Jahre, wo Aegus König ward, der
Statthalter Ptolemäus Lagos in der Münzprägung den
schwereren Münzfuss aufgegeben hat. Auch ist der Unterschied der Jahre in den Gesichtszügen der beiden Porträtköpfe unverkennbar.

Es sei hier nochmals erwähnt, dass die dem Alexander Roxanae zugetheilten Münzen, wie schon Borrell bemerkt hat, nur in Aegypten gefunden werden; von einer
Einreihung derselben bei Epirus kann daher in einem gut
geordneten Münzkabinete wohl nicht mehr die Rede sein.

C.

In einer dritten Serie dürften alle jene wahrscheinlich von Ptolemäus Lagos geprägten Münzen ihren Platz
finden, welche in die ersten achtzehn Jahre seiner Regentschaft fallen, die aber mit Bestimmtheit weder der ersten
noch der zweiten der oben beschriebenen Münzperiode zugetheilt werden können. Da Ptolemäus Lagos erst am 1.
des makedonischen Monats Thoth des (nach Seyffarth) 20.
Jahres der Philippischen Aera oder am 7. November 305
v. Chr. den Königstitel annahm, nachdem die übrigen
Diadochen sich diesen Titel schon weit früher angemasst
hatten, ergibt sich daraus, dass die ihm zugehörigen Münzen, welche die Aufschrift BAΣIAEΩΣ oder ΣΩΤΗΡοΣ*)
führen, nicht vor Ende des Jahres 305 ihren Ursprung

---

*) Als Demetrius Poliorketes die Stadt Rhodus belagerte, be-
freite sie Ptolemäus Lagos im Jahre 304 v. Chr. und erhielt
von den dankbaren Rhodiern den Beinamen Soter (Retter),
ein Beiname, der gewöhnlich nur den Gottheiten gegeben
wurde

haben und daher auch nicht in diese dritte Serie einbezogen werden können.

Es drängt sich hier vor Allem die Frage auf: Welche Münzen hat Ptolemäus Lagos nach dem Tode des jungen Königs Alexander während des Interregnums von 311—305 schlagen lassen? Hat er fortgefahren, wie in der ersten Zeit seiner Regentschaft, Münzen mit den Typen Alexander des Grossen zu prägen, nachdem er doch bereits unter Alexander dem Jüngern den schwereren attisch-makedonischen Münzfuss verlassen hatte, oder hat er den nach dem leichteren, sogenannten phönikischen Fusse ausgeprägten autonomen Münzen Syriens einen lebhafteren Eingang und Umlauf in Aegypten vermittelt? Mit Bestimmtheit dürften wohl diese Fragen schwerlich zu beantworten sein, obwohl für beide Annahmen die Wahrscheinlichkeit spricht.

Es sei mir gestattet, hier einige Münzen zu bezeichnen, mit welchen obige Lücke des Interregnums am füglichsten auszufüllen wäre.

Die dem Ptolemäus Lagos zugeschriebenen Kupfermünzen führen, gleich allen übrigen Erzmünzen der Lagiden, die Aufschrift ΠΤοΛΕΜΑΙοΥ ΒΑΣΙΛΕΩΣ; sie können daher, wie bereits oben nachgewiesen wurde, in keinem Falle vor 305 geschlagen worden sein. Es war aber vor dieser Periode im innern Verkehr ohne Zweifel der Bedarf an Scheidemünze um so fühlbarer, als die autonome, aus unedlem Metalle ausgeprägte Scheidemünze der griechischen Städte in Aegypten so viel als keinen Curs hatte und daher auch nach Eröffnung der einheimischen Münzstätten nur in geringer Menge vorhanden war.

Diesem Bedarf wurde während der Regentschaft des ersten Lagiden durch Ausprägung von ganzen und halben Obolstücken und kleinen Erzmünzen zum Theil abgeholfen. Der Umlauf dieser neuen Scheidemünze scheint jedoch nur von kurzer Dauer gewesen zu sein, denn sie dürfte wahrscheinlich schon ausser Curs gekommen sein, als Ptolemäus Lagos nach Annahme des Königstitels, mit Benützung der schon von den Pharaonen ausgebeuteten Kupferbergwerke Oberägyptens, an Stelle der kleinen Silberscheidemünze Bronzemünzen von mehr oder weniger bedeutendem Gewichte einführte, welche Bronzemünzen später in ungeheurer Menge geschlagen wurden und den Bedarf des Kleinverkehrs vollkommen deckten. Die vor 305 geprägten Silberobolen und kleinen Kupfermünzen verschwanden gänzlich aus dem Verkehre und sind daher äusserst selten.

Meine Sammlung enthielt eilf hiehergehörige Stücke, welche sämmtlich in Aegypten gefunden wurden. Ich habe diese früher unbekannten Münzen in meinem oben erwähnten Aufsatze in Num. Chron. 1862 bekanntgemacht, halte aber, bei dem Interesse, das sie gewähren, eine wiederholte Beschreibung hier ganz am Platze.

Diese kleinen Münzen sind sämmtlich von schöner, in die Blüthe griechischer Stempelschneidekunst fallender Arbeit.

Obole.

1) Av. Der Kopf des Herkules.
Rev. Pegasus. Æ. I.
2) Derselbe Typus. Æ. I.
3) Av. Maske, die Zunge heraustreckend.
Rev. Aufgezäumte Büste des Bukephalos (Pferd mit Hörnern, das Schlachtross Alexanders) n. r. Æ. l.
4) Aehnlicher Obolus. Æ. $^6/_4$.
5) Av. Jugendlicher Kopf des Herkules n. r.

Rev. Geflügeltes Seepferd (Hippocampus) n. r., im Felde ΠT (Ptolemäus) *Æ.* 1.

6) Av. Frauenkopf mit Aehrenkranz, die Haarflechten herabhängend.

Rev. Stehender Adler nach links. *Æ.* 1.

7) Av. Kopf der Pallas, mit Oelblättern bekränzt, von vorne.

Rev. Stehende Eule nach rechts, vorne eine Diota auf einem Fussgestell, hinten ein Oelblatt; das Ganze in einem gesenkten Vierecke. *Æ.* 1 $^1/_4$. Gew. 7$^3/_{10}$ engl. Gr. Gefunden im peträischen Arabien zwischen Suez und Akaba.

Nach der Ansicht meines für die Wissenschaft leider zu früh verstorbenen numismatischen Freundes Dr. A. Schledehaus in Alexandria war der eben beschriebene Obolus für den Verkehr der von den Athenern in Aegypten gegründeten griechischen Colonien geprägt. *)

Halbe Obole.

8) Av. Bärtiger Kopf mit den Ammonshörnern von vorne.

Rev. Jugendlicher behelmter Kopf n. r. *Æ.* $^3/_4$.

_____

*) Vgl. Dr. A. Schledehaus' Abhandlung: „Typhon auf altgriechischen Autonom-Münzen," Leipzig, bei Hahn 1858, wo von obiger Münze unter Fig. 9 eine Abbildung gegeben ist. — Die aus mehr als 2000 Nummern bestehende sehr werthvolle und möglichst vollständige Sammlung ägyptischer Ptolomäer- und Imperatorenmünzen, welche Dr. Schledehaus während seines vieljährigen Aufenthaltes in Aegypten mit gründlichem Verständniss und aufopfernder Hingebung vollendet und wissenschaftlich geordnet hat, befindet sich gegenwärtig kraft des Verstorbenen testamentarischer Widmung in dessen Geburtsstadt Osnabrück, weselbst sie nach ausdrücklicher Widmung des Geschenkgebers zu verbleiben hat.

9) Av. Kopf der Pallas n. r.

Rev. Kopf des ägyptischen Gottes Besa (des griechischen Typhon) von vorne. Æ. I.

Bronze.

10) Av. Jugendlicher behelmter Kopf n. r.

Rev. Vordere Hälfte des Pegasus n. r. Æ. 1½.

11) Av. Kopf der Pallas n. r.

Rev. Bärtiger Kopf des Jupiter Ammon von vorne, Æ. 2.

Die in der ersten Abtheilung dieses Aufsatzes angeführten zwei Münzen eines persischen Satrapen in Aegypten stehen mit den obigen, in die Regentschaft des Ptolemäus Lagos fallenden Scheidemünzen offenbar im Zusammenhange.

Abgesehen von dem mit den Typen und dem Gewichte des Alexanderstaters übereinstimmenden sehr seltenen Goldstater mit der Aufschrift ΚΥΡΑΝΑΙΩΝ und ΠΤοΛΕΜΑΙοΥ, der gewöhnlich dem Statthalter Magas von Kyrene zugeschrieben wird, dürfte in diese dritte, das sechsjährige Interregnum nach Alexander des Jüngern Tode umfassende Serie noch jener äusserst seltene Drittelstater eingereiht werden, der die Aufschrift ΠΤοΛΕΜΑΙοΥ führt und auf der Vorderseite den Kopf des Ptolemäus Lagos zeigt, während die Rückseite gleich den Alexanderstatern den Typus der Victoria trägt. Dieses merkwürdige Tetrobolon scheint den Uebergang zur nächstfolgenden vierten Serie zu bilden.

D.

Die vierte Serie enthält die Münzen, welche unter Ptolemäus Lagos, nachdem er den Königstitel angenommen hatte, während der zwanzigjährigen Periode von 305—285 vor Chr. geschlagen wurden. Gewöhnlich beginnt in den numismatischen Sammlungen die Classificirung der altägyptischen Münzen erst mit dieser vierten Serie, während doch die drei früheren Serien, von denen oben gehandelt wurde, mit vollem Rechte der Reihenfolge der Königsmünzen voranzugehen haben und an die Spitze der Ptolemäer zu stellen sind.

Herr Lenormant hat in seiner mit dem akademischen Preise gekrönten Abhandlung: „Essai sur le classement des monnaies d'argent des Lagides" diese vierte Serie gründlich bearbeitet und über die Münzen des ersten Lagidenkönigs, mit der Legende ΠΤΟΛΕΜΑΙΟΥ ΣΩΤΗΡΟΣ oder ΒΑΣΙΛΕΩΣ, viele neue Ansichten ausgesprochen. Ich beschränke mich hier auf einzelne Bemerkungen, zu welchen ich durch die Vergleichung einer grossen Anzahl von Stücken derselben Kategorie und mit Bedachtnahme auf die Münzfundorte auf empirischem Wege gelangt bin, und welche meiner speciellen Ansicht zur Rechtfertigung dienen dürften, wo selbe von dem Ausspruche des genannten berühmten Numismaten sich entfernt.

Nach dem Untergange des altpersischen Reiches und nachdem durch den Genius Alexander des Grossen das griechische Element sich über fast alle ehemaligen Satrapien des Perserreiches verbreitet hatte, nahm auch die schon früher von den Athenern angebahnte Coloniairung an der Küste des rothen Meeres und auf dem Isthmus von Suez einen erstaunlich raschen Aufschwung. In Folge der Handelsfreiheit und der Autonomie, welche die weise Verwaltung des ersten Ptolemäers diesen Colonialschöpfungen gewährte, wurde der Zustand derselben, ungeachtet der Schwierigkeiten einer nur durch die Nilcanäle zu ermittelnden Wasserversorgung, bald ein blühender. Der Tauschhandel der alten Aegypter und der Umsatz der altpersischen

und der neu eingeführten makedonischen Münzen konnten
diesen Städten nicht mehr genügen; ihr Wohlstand,
der sich im Verhältnisse zu ihren gesteigerten Bedürf-
nissen entwickelte, erheischte eine Vermehrung der Münze
und die Annahme eines dem internationalen Verkehre
besser entsprechenden Münzfusses.

Ptolemäus Lagos entsprach diesem Bedürfnisse vollkommen, nachdem er sich endlich (305 vor Chr.) entschlos-
sen hatte den Königstitel anzunehmen. Er begann nun
Gold-, Silber- und Kupfermünzen unter eigenem Namen
und mit dem Typus seiner eigenen Familie, dem auf dem
Blitze stehenden Adler, zu schlagen und führte im Interesse
des internationalen Handels den in Vorderasien gebräuch-
lichen Münzfuss ein, wonach das Vierdrachmenstück zu
durchschnittlich 14 Grammen ausgeprägt wurde.

Die Münzen des ersten Lagiden sind bekanntlich mit
Monogrammen von Städtenamen und, insofern sie aus den
Prägestätten des vorderasiatischen Küstenlandes hervorgingen, auch mit Jahreszahlen ausgestattet. Ausser der
sinaitischen Halbinsel am rothen Meere und dem Isthmus
von Suez, welche Landstriche ursprünglich mit Aegypten
vereinigt waren, besass Ptolemäus I. in Afrika auch die
Statthalterschaft von Kyrene nebst Lybien und der Oase
des Jupiter Ammon. Auf dem asiatischen Festlande erwarb er 302 v. Chr. Cölesyrien und Phönikien mit Ausnahme von Sidon, welches er erst später besetzte. Der
grösste Umfang der nicht ohne Unterbrechung und mit ab-
wechselndem Glücke behaupteten Ländererwerbungen in
Vorderasien unter den ersten Lagiden umfasste die Provinzen Cölesyria, Trachonites, Ituräa, Decapolis, Phönice,
Galiläa, Samaria und Judäa. Die Insel Kypern wurde 295
v. Chr erworben und blieb mit Aegypten vereinigt.

Es ist selbstverständlich, dass nicht alle Städte, deren in Monogrammen bezeichnete Namen wir auf den Tetradrachmen des Ptolemäus I. Soter finden, selbst das Münzrecht besessen haben. Eine oft nur beschränkte Zahl von Silbermünzen hätte die Errichtung einer eigenen Müuzstätte nicht gerechtfertigt, wofür bei dem durchgehends schönen Gepräge der Tetradrachmen die Ausgaben bedeutend sein mussten. Es ist vielmehr anzunehmen, dass die auf dem Isthmus von Suez und an den Küsten des rothen Meeres zur Handelsblüthe gelangten Colonialstädte, welche nach der politischen Landeseintheilung zu Aegypten gehörten, Silberbarren nach Alexandria gesandt haben, für deren Werth ihnen die Regierung Vierdrachmenstücke ausprägen liess. Auf der Kehrseite dieser Münzen wurde durch ein Monogramm der Name der Stadt bezeichnet, welche die betreffenden Silberbarren in die königliche Prägestätte in Alexandria eingeliefert hatte. Oefters vereinigten sich zwei oder drei Städte, zwischen welchen eine Handelsgesellschaft bestand, zu dem Ende, dass sie für sich eine Art Vereinsmünze schlagen liessen, indem sie eine bestimmte Menge Silberbarren zur Prägestätte einsandten, wofür sie nach Abzug der Prägekosten das entsprechende Silbergeld erhielten. In letzterem Falle finden wir auf einer und derselben Medaille zwei oder drei im Felde des Reverses stehende Monogramme, welche selbstverständlich auf die Namen der Städte auszulegen sind, zwischen welchen eine Handelsverbindung (ὁμόνοια) bestand.*)

---

*) Beispiele von solchen Vereins- oder Bundesmünzen finden wir in der alten Numismatik sehr oft und schon in den ältesten Zeiten bei den Münzen der autonomen Städte von

Dasselbe fand auch in den auf dem asiatischen Festlande erworbenen Landestheilen statt, nur mit dem Unterschiede, dass daselbst bei einer mehr ausgebildeten und historisch begründeten Autonomie der Städte mehrere Prägestätten bestanden, namentlich in Sidon, Tyrus, Ptolemais (Ako) und wahrscheinlich auch in Gaza.

Die genaue Vergleichung einer grossen Anzahl vortrefflich erhaltener Tetradrachmen des ersten Ptolemäers, die im Jahre 1856 im Delta gefunden wurden, überzeugte mich von der Richtigkeit obiger Annahme, nämlich dass alle Tetradrachmen, welche mit den Monogrammen der nach der politischen Landeseintheilung unmittelbar zu Aegypten gehörigen Städte versehen sind, nirgends anders als in der Hauptstadt Alexandria ausgeprägt wurden.*)

Thrakien, Makedonien, Thessalien, Griechenland und Kleinasien, abgesehen von den bekannten Münzen des achaischen, des samnitischen und des lykischen Städtebundes.

*) Dieser Münzfund kam aus erster Quelle in die Hände des in Cairo etablirt gewesenen Antiquitätenhändlers Raimondo Odescalchi, eines braven jungen Mannes, der mit rastloser Thätigkeit und vielem Geschicke aus allen Theilen Aegyptens und der sinaitischen Halbinsel archäologische und naturhistorische Gegenstände zusammenbrachte und der bei vielen Europäern, die Aegypten besucht haben, noch in gutem Andenken stehen wird. Er erlag leider im Jahre 1860 einem tödtlichen Fieberanfalle. — Der Preis, den er für eine Tetradrachme aus obigem Funde verlangte, war 20 Franken, ein Preis, der in Europa für gewöhnliche Ptolemäermünzen allerdings überspannt scheinen dürfte, der aber in Anbetracht der vortrefflichen Arbeit und ausgezeichneten Erhaltung fast aller Exemplare nicht zu hoch war. Ich erwarb hievon eine schöne Reihenfolge; dasselbe thaten meine numismatischen Freunde Reverend. H. Reichardt in Cao und Dr. A. Schledehaus in Alexandria.

Auffallend sind an diesen Stücken die künstlerische
Auffassung und das übereinstimmende Detail des ohne
Zweifel sprechend getroffenen, den König im vorgerückten
Alter darstellenden Porträtkopfes auf dem Averse, so wie
auf dem Reverse die freie Haltung des auf dem Blitze stehenden Königsadlers, dessen Gefieder auf Brust und
Schwingen mit grosser Sorgfalt ausgeführt und nicht
durch einfache Straffirung angedeutet erscheint. Die
Stämpel zu diesen in Auffassung, Styl und Ausführung
der Typen genau übereinstimmenden Münzen konnten nur
aus der Hand und unter der Leitung eines und desselben
Künstlers hervorgegangen sein und eine bessere Werkstätte für Arbeiten der griechischen Stempelschneidekunst
konnte in Aegypten wohl nirgends gefunden werden als
in der Hauptstadt Alexandria. *)

Ein weiteres Kriterium der Prägestätte Alexandria ist
ferner die Legende des Reverses, welche einfach den Königstitel ΒΑΣΙΛΕΩΣ und nie das Epitheton ΣΩΤΗΡΟΣ
führt.

Wenn auf Tetradrachmen, welche das Monogramm
der in Aegypten gelegenen Seestadt Pelusium zeigen, der
Beisatz ΣΩΤΗΡΟΣ vorkommt, so ist dies eben ein Beweis,
dass die fraglichen Münzen nicht in Alexandria, sondern
in Syrien geprägt worden sind, mit dessen Küstenlande
Pelusium seiner Lage nach in viel näherem und mehr fre-
quentem Seeverkehre stand als mit Alexandria, wie noch
heutzutage der stark versandete Nilhafen von Damiette

---

*) Ich habe diese Ansichten Dr. Schledehaus' mitgetheilt, der,
von deren Richtigkeit überzeugt, hievon in seiner Abhandlung „Studien zur Münzkunde der Lagiden" (Grote's Münzstudien 1862, II., pag. 859) ausführlichen Gebrauch machte

einen viel lebhafteren Seeverkehr mit der syrischen Küste und mit Kypern unterhält als mit Alexandria.

Dasselbe gilt von den Sotermünzen der unter den Ptolemäern sehr bedeutenden, hart an der Grenze von Palästina gelegenen Festung Magdolon (das Migdol der Bibel, jetzt El-Arisch).

Die Sotermünze mit dem Füllhorn im Felde, von der Dr. Schledehaus ein minder gut erhaltenes Exemplar aus Syrien erhalten hat, dürfte ohne hinreichenden Grund nach Alexandria zugetheilt worden sein und wohl eher nach Syrien gehören.

Es scheint, man habe durch Vermeidung des Beinamens ΣΩΤΗΡΟΣ auf einer Landesmünze das religiöse Gefühl der Eingebornen schonen wollen, denen das Erscheinen eines griechischen Götternamens auf der Münze ihres Landesherrn anstössig sein mochte. — In Syrien hingegen war gerade das Gegentheil am Platze; der Beiname Soter auf den Königsmünzen war dort sehr beliebt und die Schmeichelei der Münzstempelschneider ging noch weiter bis zur Personificirung der Gottheit im weltlichen Herrscher, wie dies aus den Münzen der Seleukiden zu ersehen ist. Auf den Münzen der parthischen Könige fand diese Ueberschwänglichkeit der Beinamen auf die roheste Weise ihren geschmacklosen Ausdruck.—Die aus den syrischen Prägestätten hervorgegangenen Münzen unterscheiden sich in auffallender Weise von den Münzen, die aus der königlichen Prägestätte in Alexandria kamen. Kennzeichen der in den syrischen Münzstädten (Tyrus, Sidon, Ptolemais und vielleicht auch Gaza) geprägten Tetradrachmen des Ptolemäus I. Soter sind:

1. Minder sichere und ausdrucksvolle Auffassung des Porträtkopfes, der meistens jünger dargestellt ist. Den

Stempelschneidern in Syrien scheint nicht immer ein wohl-
getroffenes Porträt des Königs vorgelegen zu haben.

2. Abweichung in Zeichnung und Ausführung des
Adlers am Reverse.

3. Häufige Anwendung des Beinamens ΣΩΤΗΡΟΣ an
Stelle des ΒΑΣΙΛΕΩΣ.

4. Anführung von Jahreszahlen auf dem Felde des
Reverses.

5. Nicht selten Buchstaben zwischen den Fängen
des Adlers.

6. Bei genauer Vergleichung bemerkbarer Unterschied in Metall und Schrötling und gewöhnlich minder
gute Erhaltung. Zuweilen ein verdächtiges unreines
Aussehen bei fettiger Anfühlung, was mir besonders bei
den Tetradrachmen mit dem Soterkopfe und hohen mit
des ersten Ptolemäus Regierungsperiode gar nicht zu ver-
einigenden Jahreszahlen auffiel. Das Alterthum scheint
den Lockungen zur Falschmünzerei noch viel weniger wi-
derstanden zu haben als die Neuzeit.*)

Die auf den phönikischen Sotermünzen erscheinen-
den Jahreszahlen beziehen sich nicht auf die Regierungszeit des ersten Lagiden, sondern auf die eigene Aera der
autonomen, wenn auch die ägyptische Souzerainetät aner-
kennenden Stadt. — Die phönikischen Aeren beginnen,
wie Lenormant mit Grund behauptet, von der Befreiung
aus der persischen Satrapenherrschaft und der Wieder-

---

*) Wie St. Eusebius Hieronymus erzählt, fand Paulus von
Theben, der erste Einsiedler, in einer Höhle der libyschen
Wüste, in die er sich bei der Christenverfolgung unter De-
cius geflüchtet hatte, verschiedene Prägewerkzeuge, die von
Falschmünzern aus den Zeiten der letzten Kleopatra zurück-
gelassen worden waren.

erlangung der Autonomie im J. 319 v. Chr. Da das Todesjahr des Ptolemäus Lagos auf das Jahr 283 v. Chr. fällt, ergibt sich, dass alle mit ΣΩΤΗΡΟΣ bezeichneten Münzen, welche ein höheres Datum als ΛΖ (37) führen, nicht mehr unter diesem Könige geprägt worden sein können und daher mit Vorsicht aufzunehmen sind. *)

Meine Sammlung enthielt eine Reihenfolge vortrefflich erhaltener und zum Theil bei Lenormant nicht vorkommender Tetradrachmen des Ptolemäus I. Soter, welche mit geringer Ausnahme in Aegypten gefunden wurden.

Nachstehend folgt deren übersichtliche Zutheilung nach Andeutung der im Felde des Reverses befindlichen Beizeichen.

In Alexandria geprägt:

Sämmtlich mit ΒΑΣΙΛΕΩΣ.

1. Alexandria, mit A.
2. Asiongeber (das Eziongeber, Ezongeber der Bibel, bei Akoba auf der sinaitischen Halbinsel), ΑΣΙΩΝΓΑΒΑΡΟΣ bei den Griechen, später Berenike (Josephus VIII., 6, §. 4.), mit Monogr. aus ΑΣΙ.
3. Charakmoba, mit Monogr. aus ΧΑΡ. **)
4. Hypaton (am rothen Meere in Aegypten), Monogr. aus ΓΠ.

---

*) Vergl. The coins of the Ptolemies, by Reginald Stuart Poole, Esq. London 1864.

**) Lenormant verlegt diese Münze nach Carthago, was augenscheinlich wohl zu weit gegriffen ist, da Carthago nie zum Reiche der Ptolemäer gehörte. Die richtigere Zutheilung nach Charakmoba, einer im Bezirke von Petra gelegenen Handelsstadt, verdanken wir Herrn H. Reichardt in Cairo, welchem auch die Auflösung des von Lenormant unbestimmt gelassenen Monogrammes ΑΣΙ in Asiongabaros angehört.

5. Myos-Hormos (der Mäusehafen, bei Suez am rothen Meere), Monogr. aus MΥ.
6. Paraitonium und Ptolemais in Aegypten, Monogr. aus ΠΑΡΑΙΤ und ΠΤ, letzteres in einem Ringe als Bezeichnung eines festen Platzes.
7. Phakusa und Apollonia in Palästina, Φ und Monogr. aus ΑΠ. Inedirt.
8. Phakusa und Asiongeber, Φ und Monogr. aus ΑΣΙ.
9. Phakusa und Charakmoba, Φ und Monogr. aus ΧΑΡ.
10. Rhinokorura (bei Gaza) und Alexandria, P. und A.
11. Rhinokorura und Asiongeber, P und Monogr. aus ΑΣΙ.
12. Rhinokorura und Apollonia, P und Monogr. aus ΑΠ. Abg. Taf. I. Nr. 2.
13. Rhinokorura und Charakmoba, P und Monogr. aus ΧΑΡ.
14. Rhinokorura und Hypaton, P und Monogr. aus ΥΠ.
15. Rhinokorura und Jamnia, P und Monogr. aus ΙΜ.
16. Rhinokorura und Paraitonium P und Monogr. aus ΠΑΡΑΙΤ.
17. Rhinokorura und Phakusa, P und Φ.
18. Rhinokorura und Zephyrion, P und Z.
19. Unbekannte Stadt mit Monogr. aus ΧΗΡ.

Ebenfalls aus der Alexandrinischen Prägestätte, obwohl nicht zunächst für Aegypten bestimmt:
20. Damascus (?), Monogr. ΔΑ. Inedirt.
21. Gaza und Alexandria, Monogr. aus ΓΑΖ, dann A. Inedirt. Abg. Taf. I. Nr. 3.
22. Gaza und Damascus, Monogr. aus ΓΑΖ und ΔΑ. Inedirt.
23. Gaza und Hypaton, Monogr. aus ΓΑΖ und ΥΠ. Inedirt.

In Städten des asiatischen Küstenlandes geprägt.

a. Mit ΒΑΣΙΛΕΩΣ.

24. Askalon, Monogr. aus ΑΣ.
25. Magdolon und Demetrias in Syrien, Monogr. aus מגדל (phön.) und ΔΗΜΗΤ; — zwischen beiden ein Schild als Symbol der Festung.
26. Ptolemäis (Ako), Anthedon und Gerasa, Monogr. aus ΠΤ,ΑΝ und ΓΡΑΣΑ.
27. Pyrgos (Cäsarea in Palästina), Monogr. aus ΠΥ.
28. Sidon, ΣΙ.
29. Sidon und Nicopolis Seleucidis, ΣΙ und N in einem Ringe, d. h. Nicopolis im Innern, — mehr annehmbar als Lenormant's Zutheilung, der dieses Monogr. bei einer andern Münze mit Onuphis, Stadt und Nomus im Nildelta, auslegt. Inedirt.
30. Sidon und Stratono - Pyrgos, ΣΙ und Monogr. aus ΣΤ; rechts vom Adler die Jahreszahl Λ (30).
31. Tyrus, Monogr. aus ΤΥΡ und Keule.
32. Tyrus, Monogr. aus ΤΥΡ und Keule; Jahresz. ΚΔ(24). Inedirt.

b. Mit ΣΩΤΗΡΟΣ.

33. Gadara, Azotus und Philadelphia, Monogr. aus ΓΑ und ΑΖ, dann ΦΙ; rechts die Jahreszahl ΛΒ (32).
34. Magdolon ; länglicher Doppelschild, ohne Monogr.
35. Ptolemais, Memphis (?) und This (Thinitis?), Monogr. aus ΠΤ und ΜΕ, dann Θ; rechts die Jahrz. ΛΓ (33).
36. Sidon und Diospolis, ΣΙ und ΔΙ. Jahr ΚΘ (29). Inedirt.
37. Sidon und Stratono-Pyrgos, ΣΙ, Monogr. aus ΣΤ, Jahr ΛΑ (31). Inedirt.

38. Sidon und Diospolis. ΣΙ, ΔΙ. Jahr ΛΓ (33). Inedirt.
39. Sidon und Diospolis. ΣΙ, ΔΙ. Jahr ΛΔ (34). Inedirt.
   Abg. Taf. I. Nr. 4.
40. Sidonund Diospolis. ΣΙ, ΔΙ. Jahr ΛΖ (37). Inedirt.
41. Tyrus. Jahr ΚΔ (24) in Monogr. ohne Beizeichen.
42. Tyrus. Monogr. aus ΤΥΡ, Keule, Jahr ΚΔ (24). Inedirt.
43. Tyrus und Abila-Leucas in Decapolis. Monogr. aus ΤΥΡ
   und AB; Jahr Λ (30), zwischen den Fängen Θ.
44. Aehnliche Tetradrachme, doch zwischen den Fängen
   ein phönikisches Schriftzeichen wie M. Inedirt.
45. Tyrus und Marathus. Monogr. aus ΤΥΡ, Keule und
   Monogr. aus MA. Jahr ΛΒ (32). Inedirt.
46. Tyrus und Marathus, wie oben, doch Jahr ΛΓ (33).
47. Tyrus und Marathus. Mon. aus ΤΥΡ, Keule, Mon. aus
   MA. Jahr ΛΔ (34); zwischen den Fängen Δ. Ined.

Eine sehr seltene Soter-Tetradrachme des k. k. Münz-
kabinets in Wien bezeichnet durch die Buchstaben ΣΙ,
ΝΙ, Β und Monogram aus ΗΛ eine Quadrupel-Allianz
zwischen Sidon, Nicopolis Berytus und Heliopolis. (Abg.
Taf. I. Nr. 5.)

Die Goldmünzen des Ptolemäus I. sind aus Mionnet
bekannt. Als Variante der nach Magdolon (hebräisch
Migdol) gehörigen, bei Mionn. VI., 2, 2 beschriebenen Goldmünzen bezeichne ich hier aus meiner Sammlung ein
schönes Pentadrachmon (Gew. 17.78 Gramm), welches,
ausser den bei Mionn. beschriebenen Beizeichen des Reverses, noch zwischen den Fängen des Adlers ein Zeichen wie
E aufweist.

Aus derselben artistischen Prägestätte in Alexandria,
der wir die schönen Tetradrachmen des Ptolemäus I. verdanken, stammen ohne Zweifel auch die demselben Könige

zugehörigen Bronzemünzen, die, wenn sie anders gut erhalten sind, eine Meisterschaft des Grabstichels nicht verkennen lassen.

Av. Jupiterskopf mit Lorbeerkranz nach rechts.

Rev. ΠΤΟΛΕΜΑΙΟΥ ΒΑΣΙΛΕΩΣ. Adler mit ausgebreiteten Flügeln auf einem Blitze nach links stehend. Grösse 8. Im Felde des Reverses befinden sich, gleichwie auf den Tetradrachmen, die Monogramme der Städte, zu deren Gebrauche die Münzen geschlagen wurden.

In den hiehergehörigen Bronzemünzen meiner Sammlung waren vertreten die Städte:

1. Alexandria und Askalon. A und Monogr. aus ΑΣ.
2. Alexandria und Petra. A und Mon. aus ΠΕ.
3. Alexandria und Phakusa. A und Φ.
4. Alexandria und unbek. Stadt. A und I.
5. Alexandria und unbek. Stadt. A und Monogr. aus ΠΜ.
6. Apollonia und Apis in Aegypten. Zwei versch. Monogr. aus ΑΠ.
7. Apollonia und Petra. Monogr. aus ΑΠ und ΠΕ.
8. Apollonia und Pyrgos (Caesarea). Monogr. aus ΑΠ und ΠΥ.
9. Apollonia und Sidon. Mon. aus ΑΠ dann Σ.
10. Apollonia und Tisis (Τῖσις) in Aegypten. Monogr. aus ΑΠ, dann ΤΙ. Ined.
11. Magdolon. Monogr. aus ΜΑΓ und Schild.
12. Magdolon. Ovales Schild; zwischen den Adlerfängen A.
13. Magdolon. Mon. aus ΜΑΓ Schild und Θ.
14. Magdolon und Charakmoba. Monogr. aus ΜΑΓ und ΧΑΡ, dazwischen Schild; zwischen den Fängen Λ.

An obige Bronzemünzen reihen sich die bei Mionn. VI. 7, 65—80 beschriebenen Münzen, welche am Averse den

Kopf des Ptolemäus I. Soter mit der Aegide und am Reverse die Legende ΠΤΟΛΕΜΑΙΟΥ ΒΑΣΙΛΕΩΣ und den Porträtkopf der königlichen Gemalin Berenike I. zeigen. Der Kopf der Berenike zeichnet sich durch die Fülle der Haare aus, die nach Art der Göttin Isis, wie sie auf den Bronzestatuetten mit dem säugenden Horus dargestellt wird, in reichlichen Flechten auf den Nacken herabfallen.

Wenn letztere Münzen von Mionnet mit C (gemein) bezeichnet und nach den niedrigsten Münzpreisen mit 1 und 2 Fr. taxirt werden, so ist diese Annahme keineswegs massgebend. Die Ptolemäer pflegten ihre eigenen Porträtköpfe nur auf Gold- und Silbermünzen setzen zu lassen, während sie die von ihnen geprägten Bronzemünzen mit den idealen Köpfen der Gottheiten, meistens des Jupiter Ammon, ausstatteten. Bronzemünzen mit den Porträtköpfen der ägyptischen Könige und Königinnen sind daher nie gemein, sondern unter allen Umständen selten, namentlich wird die oben erwähnte Münze mit dem Kopfe des Ptolemäus I. und der Berenike I. gegenwärtig in Aegypten nur mehr sehr selten gefunden. Ich besass von dieser Münze drei Exemplare von den Grössen 7, 5¹/₂ und 3. Die beiden ersteren vortrefflich erhaltenen Exemplare von schöner Arbeit erhielt ich von dem rühmlich bekannten Afrika-Reisenden Dr. Theodor v. Heuglin, der selbe merkwürdiger Weise in Uach-el-Dachel bei der grossen Oase in Nubien gefunden hatte. Das dritte minder gut erhaltene Stück erwarb ich am Bazar in Cairo.

Die bei Mionn. VI. 44, 389 bis 395 beschriebenen Bronzemünzen, deren Avers den mit Kornähren geschmückten Kopf der Isis darstellt, während der Revers den gewöhnlichen Adlertypus zeigt, wurden bekanntlich von Sestini der Berenike I. zugetheilt.

Dr. Schledehaus hat gegen diese Bestimmung des Altmeisters der Numismatik, wie Sestini sich selbst zu nennen beliebte, mit kritischer Genauigkeit nachzuweisen gesucht, dass diese Münzen, wenn nicht alle, doch zum grossen Theile einer Königin Kleopatra, und zwar wahrscheinlich der Kleopatra I., Tochter Antiochus des Grossen und Gemalin Ptolemäus V. Epiphanes, angehören. *)

Diese Münzen werden in Aegypten nicht selten gefunden und sind meist von schöner Arbeit, obgleich mir auch einige in Styl und Ausführung ganz verwahrloste Exemplare von schlechtem Metall vorgekommen sind, die mich vermuthen liessen, dass sie die Pfuscherarbeit späterer Falschmünzer gewesen seien.

---

*) Dr. Schledehaus: „Die Münzen der Berenice I. als Münzen einer Kleopatra.« Leipzig, 1856.

III.

Sotermünzen, nach Soter's Tode geprägt.

Wir wissen, dass nach Alexander dem Grossen die
Diadochen und die autonomen Städte noch durch längere
Zeit fortfuhren Gold- und Silbergeld mit den Typen und
im Werthe der weltläufig gewordenen Alexandermünzen
zu prägen. Eben so wenig unterliegt es einem Zweifel,
dass nach dem im Jahre 283 v. Chr. erfolgten Ableben des
allgemein verehrten Königs Ptolemaeus I. Soter dessen
Nachfolger auf ähnliche Weise vorgingen. Sie liessen die
im Verkehr bereits eingebürgerten Sotermünzen in analogen Exemplaren nachschlagen und sogar ihre eigenen
Münzen mit dem Porträtkopfe des Gründers der Lagiden-
Dynastie ausstatten. Ein grosser Theil der aus der Prägstätte Alexandria stammenden schönen Tetradrachmen, die
Soter's Porträtkopf im Greisenalter zeigen, scheint erst
unter Philadelphus und Evergetes I. und vielleicht auch
noch unter Philopator geprägt worden zu sein. Eine bestimmte Zutheilung dieser in Alexandria geprägten posthumen Sotermünzen ist aber nicht erreichbar, da selbe
zwar Monogramme von Städtenamen, aber keine Jahres-

zahlen aufweisen, und da aus deren stereotyper Legende ΠΤΟΛΕΜΑΙΟΥ ΒΑΣΙΛΕΩΣ nichts weiter abzusehen ist.

Auch in den phönikischen Prägstätten wurden noch lange nach Soter's Tode dessen Münzen fortgeprägt. Als äusserste Grenze der in Phönikien geschlagenen Soter-Tetradrachmen ist, nach der vollkommen begründeten Ansicht des Herrn Six, das Jahr 199 v. Chr. zu bezeichnen, das Jahr, in welchem Antiochus III. dem Ptolemaeus V. Epiphanes die vorderasiatischen Küstenländer abgenommen und wieder mit Syrien vereinigt hat, nachdem sie davon durch achtzig Jahre getrennt gewesen. *)

Die Ptolemaeer pflegten das Andenken an ihre Vorfahren durch Nachprägung ihrer Münzen zu cultiviren. Einen Beweis für die Richtigkeit dieser Annahme liefern unter anderen die Goldmedaillons der Arsinoe II. mit den Jahreszahlen L B und L ϛ Jahr 2 und 6 (Mionn. S. IX 9, 49 und 50). — Diese niederen Zahlen können nicht auf die Regierungsjahre des Ptolemaeus II. bezogen werden, weil die zweite Arsinoe erst ungefähr im 9. Regierungsjahre des Philadelphus (277 v. Chr.) dessen Gemalin wurde; es können durch diese niederen Zahlen nur Regierungsjahre seines Sohnes und Nachfolgers Evergetes I. bezeichnet werden, welcher jene beiden Tetrastater zum Andenken an seine hochgeehrte Stiefmutter Arsinoe

---

*) J. P. Six: Over den Mynten, die den namen van Ptolemaeus Soter dragen. In. Kon. Akad. v. Wetensch. Afdeeling Letterkunde. VII. pag. 2, 3 Amsterdam 1863. — Ich muss mich hier auf die von Herrn Poole in Num. Chron. 1864 mitgetheilten Auszüge aus der citirten Six'schen Abhandlung beschränken, nachdem ich in den öffentlichen Bibliotheken Wiens leider vergeblich nach dem Jahrgange 1863 der Amsterdamer Akad. Verhandlungen nachgeforscht hatte.

Φιλάδελφος, die zweite Gemalin seines Vaters, prägen liess.*)

Betrachten wir die Reihe der im vorderasiatischen Küstenlande geprägten Sotermünzen, so drängt sich vor Allem die Frage auf: Welche von diesen Münzen wurden noch bei Soter's Lebzeiten und welche erst nach dessen Tode von Nachfolgern in der Regierung geprägt? — Die Ansichten hierüber sind von einander abweichend.

Dr. Schledehaus, dessen Ausspruch bei Bestimmung der Ptolemaeermünzen unsere volle Beachtung verdient, rechnet zur letzteren Kategorie jene Soter-Tetradrachmen, die, ohne Beigabe der sonst auf den phönikischen Münzen selten fehlenden Jahreszahlen, nur mit den Monogrammen oder Symbolen der Prägorte versehen sind.**) Hiernach spricht er die Ansicht aus, dass diese nicht datirten Stücke wahrscheinlich erst unter Philadelphus und Ever-getes I. geprägt worden seien. Er setzt die phönikische Aera auf das Jahr 322, wo die Diadochen das Reich unter sich theilten, und meint, dass die Datirung auf den in Phönikien geprägten Ptolemaeermünzen schon nach Soter's Tode aufgehört habe. — Gegen letztere Annahme jedoch sprechen die, weangleich in geringer Anzahl vorhandenen, aber doch authentischen, wohl nur in Syrien und meines Wissens nie in Aegypten vorkommenden Sotermünzen mit hohen Zahlen, welche offenbar keine Regierungsjahre, sondern Jahre einer Aera (der philippischen oder der phö-nikischen) bezeichnen.

---

*) Vergl. M. Pinder's vortreffliche Abhandlung: „Die Aera des Philippus auf Münzen und die ersten Königsmünzen Aegyp-tens" in den Beiträgen zur älteren Münzkunde. Berlin 1851.

**) Dr. A. Schledehaus: „Studien zur Münzkunde der Lagiden." In Grote's Münzstudien. Leipzig 1862. II p. 879.

Herr Six macht darauf aufmerksam, dass nach Stark's
Forschungen*) Ptolemaeus I. noch gar nicht im Besitze der
phönikischen Städte gewesen sei, mithin auch daselbst
keine Münzen könne geschlagen haben. Demnach würden
die in Sidon geprägten Tetradrachmen mit den Zahlen
ΑΓ, ΑΖ, ΑΗ (33, 37, 38, das sind die Jahre 253, 249, 248
v. Chr.) nicht dem Soter, sondern dem Philadelphus zuzutheilen sein, dessen Regierungsjahre eben durch obige
Zahlen bezeichnet würden, gleichwie dies bei den mit
denselben Zahlen bezeichneten kyprischen Münzen des
Philadelphus der Fall sei. Die vier Soter-Tetradrachmen
mit den Zahlen ΞΕ, ΟΒ, ΟΗ und ΠΔ (65, 72, 78 und 84)
als Fortsetzung der gedachten Regierungsjahre des Philadelphus fallen hiernach auf die Jahre 221, 214 und 208 v.
Chr. unter Philopator und auf das Jahr 202 unter Epiphanes, letztere mithin drei Jahre vor dem Zeitpunkte, wo
Epiphanes Phönikien an Antiochus III. verlor. Sotermünzen
mit höheren Zahlen seien noch nicht bekannt.

Anknüpfend an letztere Daten macht uns Herr Poole
mit den im Brit. Museum befindlichen, von ihm zuerst edirten
merkwürdigen Drachmen (eigentlich Didrachmen) bekannt,
welche die Jahreszahlen 105, 109, 115 und 117 aufweisen. **) Er meint, die hier zu Grunde liegende Aera laufe entweder von Ptolemaeus I. (324 v. Chr.) als philippische Aera
oder von Ptolemaeus II. (283 v. Chr.); demnach würde das
höchste Datum 117 auf das Jahr 208 — 7 der Soter.-Aera
oder 167—6 der Philadelphus-Aera fallen und würde daher reichen bis Ptol. Philopator und Ptol. Philometor. Bei

---

*) K. B. Stark: „Gaza und die Philistäische Küste.« Jena 1852.
**) The Coins of the Ptolemies. By Reginald Stuart Poole, Esq.
In Num. Chron. London 1864, 1865, 1866.

diesem Anlasse bemerkt auch Herr Poole, dass die Typen
der Sotermünzen mit hohen Daten sehr unregelmässig sind
und die Fabrik der Münzen um so schlechter wird, je
höher die Daten sind, ein Umstand, der bei den in Aegypten äusserst selten vorkommenden Exemplaren mit hohen
Daten die Authenticität derselben in Zweifel setzt.

Herr Poole ist darauf bedacht, den im vorderasiatischen Küstenlande geprägten Ptolemaermünzen eine um
so grössere Ausdehnung zu vindiciren, als er den vier
ersten Ptolemaeern den ihnen bisher in der Numismatik
eingeräumten Antheil an der kyprischen Silberprägung rundweg abspricht. — Von letzterer Verkürzung
wird weiter unten die Rede sein. Nachstehend deuten wir
in Kürze die Grundzüge an, nach welchen Herr Poole die
Münzen der obigen Kategorien behandelt.

„Ptolemaeus I. datirt auf Münzen von 303 bis 288 v.
Chr., d. i. vom 22. bis 37. Regierungsjahre. Die Daten
sind nach dem in der ersten Hälfte November beginnenden
ägyptischen Vulgarjahre von Herbst zu Herbst zu rechnen.“
— „Alle in Asien (in sechs Städten) geprägten Münzen des
Ptolemaeus I. mit der Aufschrift ΒΑΣΙΛΕΩΣ und ohne
Daten fallen vor das Jahr 22. Alle Münzen derselben
Prägorte mit ΣΩΤΗΡΟΣ ohne Daten oder mit Daten unter
25 oder über 40 sind von Nachfolgern des ersten Ptole-
maeers geprägt worden.“ — „Philadelphus hat in Asien mit
Daten bis 39 geprägt.“ — „Hohe Zahlen bezeichnen Aeren.
Die Aeren laufen von Ptolemaeus I. (dessen Aera nach
Poole jene des Philippus Aridaeus ist, 324), oder vom Be-
ginn der Alleinherrschaft des Ptolemaeus II. (283 v. Chr.)“
— „Philopator hat der erste aufgehört mit der Aufschrift
ΣΩΤΗΡΟΣ zu prägen. Ihm gehören auch die oben er-
wähnten sehr seltenen Drachmen (Didrachmen) an, deren

hohe Daten nach der philippischen Aera zu berechnen sind."
— „Mit Ptolemaeus V. Epiphanes nehmen die Münzprägungen der Lagiden im vorderasiatischen Küstenlande ihr
Ende und es beginnen sofort die Silberprägungen in den
kyprischen Prägestätten."

Indem der Grad der Ueberzeugung, auf welchen die
von Herrn Poole angebahnte neue Classificirung der Ptolemaeermünzen Anspruch machen kann, wohl zunächst von
der grösseren oder geringeren Strenge der individuellen
kritischen Beurtheilung abhängen wird, dürfte jeder Kenner der ägyptischen Numismatik in Erwägung der über
das gedachte neue System aufsteigenden Zweifel vollkommen mit Herrn Six übereinstimmen, wenn dieser in seinem
Schreiben an Herrn Poole (a. a. O. III) die Ansicht ausspricht, dass zu einer sicheren Classificirung der Ptolemaeermünzen noch viel fehle und dass hiezu vor Allem ein
übersichtlicher Katalog aller bis jetzt bekannten Ptolemaeermünzen erforderlich wäre.

Herr Poole hat die sehr reichhaltigen Ptolemaeer-Serien
des britischen Museums nach seinem neuen Systeme geordnet. Möge er nicht später sich veranlasst finden, das
mühsame Geschäft des Münzumlegens wiederholt vornehmen zu müssen. Für Privatsammlungen wäre beim Ordnen
der Ptolemaeermünzen die Befolgung eines so complicirten
Systems nicht zu empfehlen. Ein einfaches Vorgehen dürfte
der Wahrheit näher kommen. Es sind hiernach die in
Phönikien geprägten Münzen des Ptolemaeus Soter, wenn
sie auch erst nach dessen Tode geprägt sein sollten, ihrer
Zusammengehörigkeit halber in die Serie der während
seiner Regierungsdauer geprägten Münzen an gehöriger
Stelle einzureihen, gleichwie Aehnliches bei Einreihung
der posthumen Alexandermünzen stattfindet.

Anders verhä t es sich mit der Zutheilung jener Ptolemaeermünzen, deren Avers zwar den Soterkopf oder einen
ihm ähnlichen Porträtkopf zeigt, deren Rückseite jedoch
solche Kennzeichen darlegt, die auf eine andere Zutheilung hinweisen. Bei Zutheilung der Ptolemaeermünzen ist
vor Allem hinsichtlich der Köpfe zu beachten, dass aus der
Porträtähnlichkeit allein auf die Zugehörigkeit der Münzen
ein sicherer Schluss nicht gezogen werden kann. In diese
Ungewissheit die thunlichst erreichbare wissenschaftliche
Klarheit zu bringen, ist die Aufgabe des Numismatikers.

Kyprische Münzprägung der Ptolemaeer.

Es steht fest, dass unter den Nachfolgern des Ptolemaeus Soter bis auf die vier letzten Ptolemaeer herab der
überwiegend grösste Theil der landesüblichen Silbermünze
auf der Insel Kypern geprägt wurde. Die Zahl dieser Münzen muss eine ungeheure gewesen sein. Bei der gründlichen
Aussaugung, die Aegypten unter den römischen Imperatoren
und später unter der Herrschaft des Islam zu erdulden hatte,
suchten die gepressten Unterthanen ihr Geld dem Schoosse
der Erde anzuvertrauen, wo es wenigstens theilweise vor
der Habgier der Bedrücker gesichert blieb. Diese Zeugen
des Geldüberflusses der Ptolemaeerzeit werden noch jetzt,
besonders im Delta nach Abfluss der Nilüberschwemmung,
wieder aufgefunden, darunter am öftesten die auf Kypern
geprägten Tetradrachmen, — freilich meist schlechte, für
Sammlungen minder brauchbare Exemplare. Diese sich
wiederholenden Münzfunde würden den Freunden der Numismatik leichter zugänglich sein, wenn nicht die gefundenen Werthgegenstände, wie dies allenthalben in der
Türkei und auch in Rumänien der Fall ist, der Beschlag-
nahme anheimfielen, sobald die Regierungsorgane dem

Finder auf die Spur kommen. Letzterer wird dann gewöhnlich, anstatt durch Auszahlung des Finderlohnes, durch
körperliche Züchtigung zu weiteren Nachforschungen auf-
gemuntert. In Aegypten wandern daher die werthvollen
Münzfunde gewöhnlich in den Schmelztiegel der koptischen
und hebräischen Silberarbeiter, und es ist anzunehmen, dass
die massiven Silberringe, welche die Fellahweiber an den
Hand- und Fussgelenken tragen, zum grossen Theil von
Tetradrachmen der Lagiden-Dynastie herstammen.

Zu Herodot's Zeiten war die Insel Kypros von Griechen, Phönikiern und Aethiopiern bewohnt (Herod. 7, 90).
Letztere stammten aber nicht aus Afrika, sondern waren
wahrscheinlich die Nachkommen einer aus Assyrien hier-
her verpflanzten Kolonie. Pharao Amasis eroberte Kypern
um 570 vor Chr. und vereinigte es mit Aegypten. Nach
dem Untergange der Pharaonenherrschaft (525) ward die
Insel eine persische Satrapie. Beide Herrschaften, die altägyptische und die arische, haben von ihrer Einwirkung
auf das vorhandene assyrische Element Spuren zurückge-
lassen, welche jedoch durch den bewältigenden Geist
griechischer Kultur beinahe verwischt wurden. Die bisher
noch unerklärte kyprische Schrift mit ungefähr 80 Zeichen
geht gleich der phönikischen von rechts nach links. Der
Kultus war aus dem phönikischen und hellenischen ge-
mischt. Die Städteerbauung ging meist von den Phönikiern
aus. Kition, Paphos, Amathus waren phönikische Grün-
dungen, Salamis jedoch eine griechische, und es herrschte
zur Zeit des Amasis daselbst ein griechischer König. Zu
Solon's Zeiten ward auf Kypern griechische Geldprägung
eingeführt. Im kymonischen Frieden (449) blieb die ganze
Insel dem persischen Grosskönige überlassen, doch war
das griechische Uebergewicht entschieden. Die Städte mit

ihren Dynastien waren griechisch oder phönikisch, während das Landvolk kyprisch (nach Herodot äthiopisch) blieb. Es kreuzten sich hellenische und orientalische Elemente.

Die älteste Münzprägung erscheint mit kyprischer Schrift. Das Normalgewicht war das des babylono-persischen Silberstaters = 11.20 Gramme.*) Stehende Typen waren das gehenkelte Kreuz, ein Symbol der Aphrodite, der Widder bei Amathus, der Löwe bei Salamis. Die numismatische Einbürgerung dieser höchst interessanten altkyprischen Münzen ist ein bleibendes Verdienst des Duc de Luynes.**) Bei diesem Anlasse erlaube ich mir eine Variante von der bei ihm Pl. I. 8 abgebildeten sehr seltenen Münze der Stadt Amathus anzuführen. Ich erwarb diese merkwürdige Münze in Aegypten; sie befindet sich jetzt im Brit. Mus.

Av. Kyprische Inschrift aus 7 Zeichen. Widder, liegend nach links.

Rv. Gehenkeltes Kreuz, Symbol der Aphrodite, zwischen vier im Quadrate stehenden kyprischen Schriftzeichen; in einem vertieften Viereck.

Æ. 3. Gew. 52⁴/₁₀ Engl. Grs.

Der Grieche Evagoras bestieg den Thron von Salamis ungefähr um 410 v. Chr. Mit ihm beginnt die von Borrell beschriebene Münzserie der griechischen Tyrannen von Salamis. In Kition herrschte eine phönikische Dynastie. Auf den Inschriften bei Kition, dem heutigen Lar-

---

*) J. Brandis: „Das Münz-, Mass- und Gewichtswesen in Vorderasien bis auf Alexander den Grossen." Berlin 1866 pag. 355 u. F.

**) de Luynes: „Numismatique et Inscriptions Cypriotes." Paris. 1852.

naka, kommt eiu König Melkiten vor. Die nach Kition
gehörigen Münzen zeigen den stierzerreissenden Löwen,
den eigenthümlich phönikischen Typus, dem wir bei Acanthus Macedoniae wieder begegnen. (Vergl. die oben Abschn.
I, Nr. 14 beschriebene Münze.) Der Phönikier Pygmalion,
getödtet 312 v. Chr., war der letzte König von Kition. Mit
der makedonischen Herrschaft hörte die autonome Münzprägung auf; sie begann wieder unter den Ptolemaeern.

Demetrius Poliorketes war 299 v. Chr. noch im
Besitze der Insel. Nach der Schlacht bei Kition 296, und
nachdem Demetrius nach Griechenland gesegelt war und
seine asiatischen Besitzungen aufgegeben hatte, ward
Kypern von Ptolemaeus Lagi für Aegypten wieder gewonnen, mit dessen Krone die Insel vereinigt blieb bis 50
v. Chr., in welchem Jahre der ältere Cato sie für die römische Republik eroberte.

Es ist eine auffallende Erscheinung in der alten Numismatik, dass die Ptolemaeer, deren drei erste Könige zu
den mächtigsten und reichsten Autokraten der alten Welt
zählten, den grössten Theil ihrer Landesmünze auf einer
an der nördlichen Reichsgrenze gelegenen, von der Hauptstadt Alexandria gegen dreihundert Seemeilen entfernten
Insel schlagen liessen. Gewichtig mussten die Gründe sein,
die sie zu diesem Vorgange bestimmen konnten. — In
erster Linie steht die ergiebige Ausbeutung des Metall-
reichthums der Insel, in deren Erzschachten nicht nur
Kupfer, wie schon der Name Κύπρος anzeigt, sondern
auch Silber reichlich gewonnen wurde. Auch in Aegypten wurde schon unter den Pharaonen aus den Gebirgs-
zügen des Mokatám zwischen dem Nil und dem rothen
Meere vortreffliches Kupfererz ausgebeutet. Goldstaub
wurde aus Aethiopien (dem Senaar und Fassogl) eingeführt.

Von einheimischem Silber fand sich jedoch keine Spur.
Einen Beweis für das Gesagte liefern die vielen Funde von
Götterstatuetten und anderen religiösen Gegenständen aus
Kupfer und das nicht seltene Vorkommen von Goldgeschmeide und religiösen Symbolen aus Gold in Mumien-
särgen, während analoge Gegenstände aus Silber zu den
grössten Seltenheiten altägyptischer Plastik gehören. Hiernach scheint Silber in Aegypten einen viel höheren Tausch-
werth gehabt zu haben, als auf Kypern, wo die Ptolemaeer
im Besitze der Bergwerke waren. *)

Auf dem vorderasiatischen Küstenlande hinwieder
dürfte den Ptolemaeern schon aus Gründen der Politik ein
stärkerer Betrieb der dortigen Prägstätten nicht rathsam
geschienen haben. Der Besitz jener Länder war nur während der Blüthe des Ptolemaeerreiches ein gesicherter, später wurde er durch die Angriffe der Seleukiden in Frage
gestellt und mit dem Verfalle der Lagidenmacht ging er
ganz verloren.

Was das Land Aegypten selbst betrifft, so brach auch
dort nach den drei ersten Ptolemaeern eine Verkommenheit
der öffentlichen Zustände herein. Die Blüthe der auf dem
Isthmus von Suez und am rothen Meere gegründeten griechischen Handelscolonien war nicht von langer Dauer. Der
belebende Geist des weisen Stifters der Lagiden-Dynastie
waltete nicht mehr über seinen Schöpfungen. An Stelle der

---

*) Zur Zeit der Diadochen war im Handel das Verhältniss von
Gold zu Silber wie $12^{1}/_{2}$: 1, von Silber zu Kupfer wie 60:1.
Unter den Nachfolgern des Ptol. Soter wurde Gold $1 = 12^{1}/_{2}$
Silber gleichgesetzt. Der Kleinverkehr war auf Kupfergeld
angewiesen. Letzteres war daher als Werthmünze behandelt,
wozu eine genaue Gewichtsnormirung erforderlich war. (Brandis a. a. O , p. 251.)

von ihm gewährten Freiheiten traten die willkürlichen
Anordnungen despotischer Nachfolger. Der Wohlstand
jener Handelscolonien verfiel schon nach den drei ersten
Königen, und mit ihm endete auch die Ausprägung der
oben beschriebenen Tetradrachmen, die in beigesetzten
Monogrammen die Namen der Städte andeuten, zu deren
Gebrauche und für deren Rechnung sie in Alexandria ge-
schlagen wurden.

Die eben angedeuteten Gründe dürften hinreichend
erklären, weshalb die Ptolemaeer den grössten Theil ihrer
Landesmünzen in den kyprischen Prägstätten anfertigen
liessen. Die Bedenken wegen der nicht unbedeutenden
Entlegenheit der Insel von der ägyptischen Küste konnten
nicht gewichtig in die Wagschale fallen. Im östlichen
Theile des mittelländischen Meeres sind Nordwestwinde
vorherrschend, die der Segelschifffahrt zwischen Kypern
und Alexandria sowohl auf der Hin- wie auf der Rückfahrt
günstig sind. Die ägyptischen Galeeren, die ausser den
Segeln noch Ruderkräfte anwendeten, konnten daher zwischen der Hauptstadt und den kyprischen Häfen eine re-
gelmässige Verbindung unterhalten.*)

Den Uebergang zu den kyprischen Münzprägungen
vermittelt eine in Aegypten nicht selten vorkommende
Tetradrachme, welche auf der Vorderseite den mehr

---

*) Der Haupthafen Alexandrias unter den Ptolemaeern war die
zwischen dem Pharus und den Obelisken, den sogenannten
Nadeln der Kleopatra, sich ausdehnende, nach Nordwest
offene Bucht, welche jetzt stark versandet ist und nur von
kleinen Schiffen besucht wird. An der Stelle zwischen den
beiden Obelisken, deren einer bekanntlich umgestürzt im
Sande begraben liegt, befand sich der zum Königspalaste
führende Landungsplatz.

jügendlich als gewöhnlich aufgefassten, fleissig gearbeiteten Porträtkopf des Soter und auf der Kehrseite, nebst
der gewöhnlichen Umschrift ΠΤΟΛΕΜΑΙΟΥ ΒΑΣΙΛΕΩΣ,
den Adler auf dem Blitze, sonst aber im Felde weder ein
Städtemonogramm, noch ein Datum oder ein sonstiges
Beizeichen aufweist. Diese hübsche Münze wird gewöhnlich der Stadt Alexandria zugetheilt. Es gibt aber Soter-
Tetradrachmen mit dem Buchstaben A, entweder im Felde
alleinstehend, oder in Gemeinschaft mit anderen Stadt-
monogrammen, welches A keine andere Zutheilung als
jene nach Alexandria zulässt. Warum soll nun diese Stadt
auf Münzen bald durch ein A, bald ohne diesen Buchstaben durch ein ganz leeres Feld der Kehrseite bezeichnet
werden? Für die erstere Annahme spricht wenigstens ein
positiver Initialbuchstabe, letztere Annahme hingegen beruht auf dem unlogischen Schluss: weil die Münze nirgends hingehöre, müsse sie nach Alexandria gehören. —
Betrachtet man nun das Detail dieser aller Beizeichen er-
mangelnden Tetradrachme mit mehr Genauigkeit, so wird
man finden, dass der Schrötling, die Fabrik, der Styl, der
Schnitt der Legendebuchstaben, die Stellung des Adlers,
die straffirte Manier der Gefiederzeichnung eine grosse
Aehnlichkeit haben mit den analogen Details der auf
Kypern geprägten Ptolemaeermünzen. Diese Uebereinstimmung berechtigt zur Annahme, dass gedachte Sotermünze
das Fabrikat einer kyprischen Prägstätte, vielleicht das
gelungene Probestück der dortigen Stempelschneider sei.
Diese mit vieler Nettigkeit gearbeitete Tetradrachme bildet
sonach den Uebergang zu den kyprischen Ausprägungen
und wäre in Sammlungen am Schlusse der in Aegypten
und im vorderasiatischen Küstenlande geprägten Tetradrachmen des Ptolemaeus I. Soter einzureihen.

Es existirt auch eine im Styl ganz ähnliche Didrachme ohne jedes Beizeichen, welche aber, wie überhaupt die Didrachmenstücke der Ptolemaeer, nur selten
vorkommt.

Der gelehrte Custos an der numismatischen Abtheilung des britischen Museums geht in seiner oben citirten
Abhandlung, im Gegensatze zur bisherigen Annahme, von
der Ansicht aus, dass die Silberprägung der Ptolemaeer
auf Kypern erst unter Ptolemaeus V. Epiphanes begonnen
habe. Durch diese Beschränkung würden gerade die reichsten und mächtigsten Fürsten der Lagiden-Dynastie um
den grössten Theil der ihnen bisher zuerkannten Münzen
verkümmert, während spätere Ptolemaeer mit einem Reichthum betheilt würden, der mit dem Verfalle des Reiches,
den sie durch blutige Bürgerkriege und heillose Wirthschaft herbeigeführt, im offenbaren Widerspruche stünde.
Aus den in Münzfunden mehr oder weniger zahlreich vertretenen Exemplaren einer Münzgattung lässt sich auf die
einst wirklich in Umlauf gewesene Menge derselben Münze
ein ziemlich sicherer Schluss ziehen. Dies vorausgesetzt,
dürfte die Menge der in Kypern geprägten Silbermünzen
um das Sechsfache stärker gewesen sein, als jene der aus
den vorderasiatischen Prägstätten hervorgegangenen Ptolemaeermünzen von gleichem Werthe, denn auf Ein Exemplar der letzteren Kategorie liefern die Münzfunde in
Aegypten wenigstens fünf Stücke von kyprischer Prägung.
Es ist aber nicht wahrscheinlich, dass die Ptolemaeer
von 204 bis 50 v. Chr. (Verlust der Insel Kypern) in Zeiten des Verfalles und der innern Kriege fünfmal mehr
Silbergeld geschlagen haben sollen als ihre Vorgänger während der hundert Jahre des Reichthums und der
Macht.

Es ist anzunehmen, dass die kyprischen Prägstätten, welche seit der makedonischen Besitzergreifung gefeiert hatten, bald nach Einverleibung der Insel mit Aegypten wieder in Thätigkeit gesetzt wurden. H. de Luynes (a. a. O. pl. V. 5) macht uns mit einer Goldmünze bekannt, welche Menelaos, der Statthalter des Ptolemaeus Soter, prägen liess, worauf der kyprische Buchstabe ⧧ das Zeichen für Salamis erscheint. — Auf Kupfermünzen des Ptolemaeus Soter findet sich unter andern Prägezeichen auch das bekannte Monogramm aus ΚΠΡ für Κύπρος, ein Beweis, dass in Kypern geprägt wurde. — Einen dritten Beweis liefern die in Kypern geprägten Goldmedaillons der Arsinoe, zweiten Gemalin des Philadelphus. (Mionn. S. IX. 49. 52.)

Eine fernere auffallende Abweichung von der bisherigen numismatischen Uebung findet sich bei Herrn Poole auch in der Benennung der Gewichts- und Wertheintheilung der Ptolemaeermünzen. Er bezeichnet das Grosssilberstück als Didrachme, nicht als Tetradrachme, und mithin auch die Didrachme als Drachme und bei den Goldmünzen die Octodrachme als Tetradrachme. Nach dem Entwicklungsgange des von den Ptolemaeern gebrauchten Münzfusses dürfte aber kein ausreichender Grund vorhanden sein, in der Werthbezeichnung von der seit Vaillant und Eckhel eingebürgerten Benennungsart abzugehen.

Philipp II. von Makedonien prägte zuerst nach äginäischem Fusse Didrachmen, nach attischem Fusse jedoch Goldmünzen und kleine Silberstücke, deren Gewicht in seine äginäischen Didrachmen bruchlos aufging.*) Unter Alexan-

---

*) Siehe J. Friedländer's vortreffliche Abhandlung: „Ueber das Gewicht der Silbermünzen Philipp II. von Makedonien." Berliner Blätter für Münz-, Siegel- und Wappenkunde. V. 1864.

der dem Grossen war der attisch-makedonische Münzfuss allgemein eingeführt. Die in Asien herrschenden Diadochen führten in ihrem Münzsysteme, mit Rücksichtnahme auf das einheimische babylono-persische Gewichtsverhältniss, einen leichteren Münzfuss ein, welcher gewöhnlich als der phönikische oder asiatische bezeichnet wird, der aber im Grunde doch nur der modificirte, leichtere, attisch-makedonische Münzfuss ist. — Wie bereits oben bemerkt wurde, führte auch Soter in sein Münzsystem diese leichtere Währung ein. Hiernach ergab sich für das Grosssilberstück, das als Tetradrachme bezeichnet wurde, das Normalgewicht = 14.23 Gramme; für die Drachme = 3.56 Gramme. Die Tetradrachmen der Ptolemaeer stimmten in Gewicht und Silbergehalt mit den Vierdrachmenstücken von Tyrus, Sidon, Aradus und Antiochia (unter Augustus) und auch mit dem jüdischen Schekel überein. (Brandis a. a. O., pag. 301.)

Die aus den kyprischen Prägstätten hervorgegangenen Tetradrachmen sind von den in Alexandria und im vorderasiatischen Küstenlande geprägten Ptolemaeermünzen leicht zu unterscheiden. Erstere zeigen im Felde der Kehrseite, links vor dem Adler, ein Datum, und rechts hinter dem Adler den Namen des Prägortes, während die in Alexandria geprägten Tetradrachmen nie ein Datum, sondern nur, links vor dem Adler, eine oder zwei Stadtbezeichnungen aufweisen. Die in Asien geprägten Stücke hingegen zeigen Stadtmonogramme links und Jahreszahlen rechts, also in umgekehrter Ordnung; auch finden sich darauf nicht nur eine oder zwei, sondern auch drei bis vier Stadtbezeichnungen, wovon im zweiten Abschnitte Beispiele aufgeführt wurden. Die kyprischen Silberprägungen machen sich ferner durch eine eigenthümliche Manier des Stempels bemerkbar, die sich nur selten bis zum wahrhaft künstlerischen Styl aufschwingt. Die Ptolemaeer, deren drei erste Könige bekanntlich unter den reichsten Fürsten der alten Welt in erster Reihe standen, verwendeten grossartige Summen auf Förderung der Wissenschaften und Künste. Dieser Aufwand übertraf um Vieles die Anstrengungen eines Perikles, der in Athen alle Zweige hellenischer Kunst zur höchsten Blüthe brachte. Und doch, wie weit standen die Resultate von einander ab. In Alexandria erhob sich die weltberühmte Bibliothek, das dortige Museum versammelte an Dichtern und Gelehrten die Träger hellenischer Bildung, Kunstwerke wurden aus dem schon damals geldbedürftigen Griechenland um hohe Preise erworben. Dessungeachtet konnten die verschwenderischen Mäcene die zu grossartigen Schöpfungen nöthige geistige Spannkraft nicht hervorrufen. Den selbstschaffenden Meistern folgten nur mühsam nachahmende Schüler. Aus den Schulen gingen nur Grammatiker, Ausleger und Sammler hervor. Ebenso ging es mit den bildenden Künsten, die Kunst der Stempelschneider mit eingerechnet. Es fehlte eben der belebende Geist der Freiheit, der allein die Keime künstlerischer Bildungskraft zur schönsten Blüthe treibt.

Es steht fest, dass die Buchstaben ΠΑ, ΣΑ und ΚΙ die Bezeichnungen für die kyprischen Münzorte Paphos, Salamis und Kition sind. Diese Zutheilung nach den drei vorzüglichsten Städten der Insel ist eine selbstverständliche. In Kition befand sich der Stratege, in Salamis der Navarch und in Paphos der Oberpriester. Für die Richtigkeit dieser Zutheilung sprechen auch die auf einzelnen Münzen beigefügten Symbole.

Bei ΚΙ befindet sich zuweilen eine Keule, ein Symbol,

das auf die phönikische Abstammung von Tyrus, der Mutterstadt Kitions, und den daselbst einheimischen Kultus des Herakles hindeutet. Einen Beleg hiezu liefert die bei Mionn. S. IX. 8, 46 aufgeführte Tetradrachme des Philadelphus, von der ich nach einem im k. k. Münzkabinete in Wien aufbewahrten schönen Exemplare hier eine genauere Beschreibung gebe.

Av. Der dem Soterkopfe sehr ähnliche Porträtkopf des Philadelphus in reiferem Mannesalter nach rechts, die Stirn etwas gerunzelt, das Haar ziemlich lang und gelockt; die Königsbinde um das Haupt, die Aegis um den Hals geschlungen.

Rev. ΠΤΟΛΕΜΑΙΟΥ ΒΑΣΙΛΕΩΣ Adler auf dem Blitze aufrecht stehend nach links; das Gefieder mehr straffirt als bei den Sotermünzen; vor dem Adler links im Felde L KA (Jahr 21), darunter Herkuleskeule aufrecht stehend und am Griff gebunden mit dem königlichen Bande, dessen Enden in Fransen auslaufen; hinter dem Adler rechts im Felde KI (Kition), zwischen den Fängen des Adlers eine Lanzenspitze nach links liegend, als Symbol des in Kition residirenden Strategen.

Æ. Gr. 7. Gew. 13,700. — Abg. Taf. 3, Nr. 1.

Andere vorkommende Symbole sind

bei **Kition:**

Acrostolium,

Helm mit Sturmbändern,

Makedonischer Helm,

Tiara (nach Schledehaus),

Kriegstrophäe,

Scepter unter dem linken Flügel des Adlers,

Königskrone im Felde, Scepter unter dem Adlerflügel,

Zwei Sterne als Symbol einer Mitregentschaft,
Geflügelter Blitz als Basis des Adlers;

bei Salamis:

Helm,
Keule,
Thyrsus,
Hut mit Bändern,
Tiara (nach Schledehaus),
die zwei besternten Mützen der Dioskuren, als Be-
schützer der Schifffahrer (Salamis war der vorzüglichste
Hafen der Insel),
Stern, Symbol der Dioskuren, deren Kultus in Salamis
einheimisch war,
Eule, Symbol der Pallas, Stern und Scepter,
Orientalischer Helm mit Sturmbändern und Scepter
im linken Adlerflügel;

bei Paphos:

Cista mystica, Symbol des Tempeldienstes,
Modius, Symbol der Fruchtbarkeit,
Füllhorn,
zwei Sterne, als Symbol einer Mitregentschaft.
Taube.

Die Taube auf einem schönen Goldmedaillon der Berenike II.*) dürfte wohl nicht auf Paphos, sondern auf die
judäische Stadt Askalon hinweisen, auf deren Münzen
ebenfalls die Taube als Symbol der Astarte-Aphrodite erscheint. Einen Beleg hiezu gibt eine von mir in Aegypten
erworbene unedirte Tetradrachme des Antiochus VII. Evergetes, deren Beschreibung hier folgt:

---

*) Diese Münze war im Besitze des leider in der Blüthe seiner
Jahre verstorbenen russischen Viceconsuls in Alexandria,
Herrn Salemann, der selbe aus Bagdad erhalten haben soll.

5 *

Av. Porträtkopf des Königs mit dem Diadem nach rechts.
Rev. ΒΑΣΙΛΕΩΣ ΑΝΤΙοΧοΥ. Adler mit dem Palmzweige
aufrechtstehend nach links. Vor dem Adler im Felde
links ΑΣ (Askalon), darunter eine Taube, Symbol der
Aphrodite; weiter unten Monogramm aus MT; hinter dem Adler ΠΡ (Jahr 180 der seleukidischen
Aera).
Æ. Gr. 8. Gew. 214¹/₁₀ Engl. Grs.

Die Prägstätte Paphos wird in der Regel durch ΠΑ,
zuweilen aber auch durch ein einfaches Π bezeichnet,
so auf sehr seltenen Silbermünzen des zweiten und fünften Ptolemaeers, desgleichen auf minder seltenen Kupfermünzen der letzten Kleopatra. Das k. k. Münzkabinet in
Wien besitzt eine hiehergehörige, schöne und sehr seltene
Tetradrachme, deren Beschreibung ich hier beizufügen mir
erlaube:

Av. Schöner Soterkopf im Alter von ungefähr 50 Jahren
aufgefasst; das Kinn etwas stärker als gewöhnlich
aufwärtsgebogen, wie bei Philadelphus; das Diadem
im Haare, die Aegis um den Hals.
Rev. ΠΤοΛΕΜΑΙοΥ ΒΑΣΙΛΕΩΣ Adler nach links aufrecht stehend auf dem Blitze. Das Gefieder in der
Zeichnung ausgeführt, nicht blos durch einfache
Striche angedeutet. Links im Felde vor dem Adler
Π, darunter L B (Jahr 2); hinter dem Adler ein
leeres Feld.
Æ. Gr. 7. Gew. 14.150 Gramme. — Abg. Taf. 3, Nr. 2.

Diese Tetradrachme, die sich in Styl und Fabrik an
die oben beschriebene, den Uebergang zur kyprischen
Münzprägung bildende Soter-Tetradrachme anreiht, dürfte,
wenn nicht noch unter Soter, doch nicht später als im Beginne der Regierung des Philadelphus geprägt worden

sein. — Herr Poole (a. a. O. III. pag. 231) bezeichnet vier im Brit. Museum befindliche Tetradrachmen (bei ihm Didrachmen) mit den Jahreszahlen 2, 5 und 7, welche ebenfalls anstatt des ΠA für Paphos nur das einfache Π haben. Er schreibt diese Münzen dem Ptol. V. Epiphanes zu, und da er die kyprische Silberprägung erst mit diesem Könige beginnen lässt, so ist dies beziehungsweise eine Bestätigung der Ansicht, dass die Bezeichnung der Prägestelle Paphos durch ein einfaches Π nur im Beginne der kyprischen Silberprägung in Anwendung gekommen sei, während wir auf den späteren Silbermünzen Paphos immer durch ΠA bezeichnet finden.

Die mit ΣA (Salamis) und KI (Kition) bezeichneten Münzen unterscheiden sich in der Fabrikation von den mit dem Prägezeichen ΠA (Paphos) versehenen Münzen. Dieser Unterschied ist selbst in den Porträtköpfen der Vorderseite auffallend, auch dann, wenn bei gleichen Jahreszahlen die Prägungen an den Münzstätten gleichzeitig stattgefunden haben.

In Amathus scheint mit der makedonischen Besitzergreifung die autonome Münzprägung ihr Ende erreicht zu haben. Wir finden nirgends einen Beleg, dass unter den Ptolemaeern daselbst eine Prägestätte bestanden habe. Eine von Revd. H. C. Reichardt in Num. Chron. 1864, pag. 189 publicirte sehr seltene Ptolemaeer-Tetradrachme zeigt im Felde der Kehrseite:

L ΛΓ		KAI
A	Adler	ΠA

Herr Poole neigt sich der Ansicht zu, dass hier durch das A eine Prägstelle, Alexandria, vielleicht Amathus bezeichnet werde und dass demnach zu lesen wäre: „Jahr

36., Amathus und Paphos." — Mit mehr Grund wird aber
hier das A auf ein Datum bezogen und es ist in der Zeile
fortzulesen: „Jahr 36 und l, Paphos." Doppeldaten kommen auf den in Kypern geprägten Ptolemaeermünzen öfter
vor, und bezeichnen eine Mitregentschaft; so auf zwei
Münzen des Evergetes I. und auf sechs Münzen der Kleopatra III. und ihres Sohnes und Mitregenten Alexander.
Obige Münze war wohl die erste kyprische Tetradrachme,
wo ein Doppeldatum in Anwendung gekommen, daher durch
das KAI (und) auf das darauffolgende Datum aufmerksam
gemacht wurde. Von der Bezeichnung zweier Prägstellen
auf einer und derselben Münze kyprischer Prägung kommt
kein Beispiel vor.

Ein eigenthümliches Kennzeichen aller in Kypern geprägten Silbermünzen der Ptolemaeer ist das vor den Zahlen stehende Zeichen L, welches Jahr bedeutet. Die Auslegung dieses Zeichens wurde mehrseitig versucht, doch
bis jetzt ist man darüber zu einem sicheren Abschluss nicht
gelangt. — Nach Eckhel (Doctr. IV. 43), dessen Autorität
hier wie immer einen guten Grund hat, ist das Zeichen L
die alte Form für den griechischen Buchstaben Λ als Anfangsbuchstaben des Wortes Λυκάβας, welches Jahr bedeutet.*) Man bediente sich aber der alten Form L an

---

*) Das Wort Λυκάβας, Gen. λυκάβαντος, ist uralt, und findet
sich schon bei Homer; später kam es jedoch ausser Gebrauch.
Die Ableitung dieses Wortes war schon bei den Attikern als
Schwierigkeit angesehen. Man meinte, es sei arkadischen Ursprungs. Macrobius will es von λύκη (Sonnenbahn) hergeleitet
wissen. Ersteres Wort kommt aber bei den Autoren nirgends
vor. Geradezu ungereimt ist die ebenfalls versuchte Ableitung
von λόκος (Wolf), als sollten zwölf im Kreise laufende Wölfe,
deren jeder den voranlaufenden am Schweife festhält, den Kreis-
lauf des Jahres allegorisch ausdrücken. Lucus a non lucendo!

Stelle des gewöhnlichen Λ, weil letztere Form des Lamda gleichzeitig den Werth der Zahl 30 besitzt und daher, neben anderen durch Buchstaben ausgedrückten Zahlen stehend, leicht zu Irrungen hätte führen können. Dass das Zeichen L so viel als Jahr bedeutet, wird durch die in Aegypten geschlagenen Münzen der römischen Imperatoren erwiesen, denn auf letzteren steht bald L, bald ETοΥΣ. (Gen. von ἔτος, da das Datum im Genitiv steht). So finden wir ETοΥΣ ΤΡΙΤοΥ, ΕΤΟΥΣ ΤΕΤΑΡΤοΥ, ETοΥϹ ΕΚΤοΥ, ϹΤ. ϹΝΑΤ, aber auch ϹΤ.Θ und L ϹΝΑΤ., L ΔΕΚΑΤοΥ, L ΔΩΔϹΚΑΤοΥ u. s. w.; am öftesten wird aber das L gebraucht, und auf den Münzen der späteren Imperatoren fast ausschliesslich. Das im griechischen Sprachgebrauche gewöhnlichste Wort für Jahr, — ἐνιαυτός — findet sich nirgends angewendet. Das neunte Jahr ϹΝΑΤΟΥ findet sich am öftesten ausgeschrieben statt Θ, sogar noch auf den spätesten Münzen bei Diocletianus, Val. Maximianus, Constantius Chlorus.

Eine andere Erklärung des L verdanken wir dem rühmlichst bekannten Aegyptologen Dr. Brugsch, der dieses Schriftzeichen auf einem demotischen Papyrus als Bezeichnung für Jahr aufgefunden hat.*) Da dieses demotisch-ägyptische Zeichen auf öffentlichen Urkunden ge-

---

) Wenn in London der obenerwähnte russische Viceconsul, Herr Salemann, als die Autorität für obige Auslegung angesehen wird, so ist dies dahin zu berichtigen, dass das Verdienst der Erklärung des L aus dem Demotischen einzig und allein meinem gelehrten Freunde Dr. Brugsch angehört, und dass Herr Salemann, der ein strebsamer Dilettant in der Numismatik war, sonst aber weder altägyptisch noch koptisch verstand, wohl der Erste war, der die erwähnte Auslegung in London bekanntgemacht hat.

braucht wurde, konnte es auch in analoger Bedeutung auf
Münzen seine Anwendung finden. — Dagegen wird nur
eingewendet, dass das demotische Zeichen für Jahr mit
dem L auf den Münzen in der Form nicht genau übereinstimmt, wie der am Brit. Museum angestellte ausgezeichnete
Numismatiker Herr F. W. Madden nachweist (Handbook
to Roman Numismatics, pag. 163, 164). — Auch ist nicht
zu übersehen, dass das Zeichen L nicht nur auf den Im-
perialmünzen Judaea's, sondern auch vor den Epochen stehend auf den autonomen Münzen von Tyrus, Sidon, Tripolis und anderen Städten Syriens vorkommt, wo die demotische Schrift unbekannt war.

Herr Poole bemerkt, dass das L auf allen in Kypern
geprägten Ptolemaeermünzen zu finden sei, mit Ausnahme
der Goldstücke der Arsinoe II. von Paphos, Salamis und
Kition; er vermuthe daher, dass L ein kyprisches Schriftzeichen sei, nämlich der Anfangsbuchstabe des Wortes
Jahr in kyprischer Sprache. — Bei den vielfachen Beziehungen zwischen Kypern und Phönikien lässt sich allerdings annehmen, dass der Gebrauch eines in Kypern eingebürgerten Münzzeichens für Jahr auch auf dem benachbarten asiatischen Festlande Eingang gefunden habe. Auffallend ist es, dass L als Zeichen für Jahr sich auch auf
den griechischen Inschriften zu Ptolemaïs (Tolometa) und
Teuchira in Cyrenaica vorfindet. Kyrene war eine hellenische Colonie und wurde von Ptolemaeus I. Soter für Aegypten erworben. Das in Aegypten und Kypern gebräuchliche
L hat somit auch nach Kyrene seinen Weg gefunden.

Schwierigkeiten bei Zutheilung der Ptolemaeer-
münzen.

So leicht es nach den obigen Kennzeichen fällt, die
kyprischen Silberprägungen der Ptolemaeer von ihren auf

dem Festlande geprägten Münzen zu unterscheiden, so schwierig ist eine den Anforderungen der Numismatik entsprechende Darlegung der Königsserien und die specielle Zutheilung aller jener Münzen, deren Legende nicht eine bestimmte Person bezeichnet. Die Zahl der letzteren ist aber gerade die überwiegende. Fast möchte es scheinen, als sei die Lagiden-Dynastie absichtlich darauf ausgegangen, über ihre Persönlichkeiten ein geheimnissvolles Dunkel walten zu lassen. Schon im Alterthum fand man Schwierigkeit darin, die gleichnamigen Könige der Aegypter zu unterscheiden. Aelian sagt, wo er von einem Ptolemaeer spricht:„ Der wievielste dies aber war, mögt ihr sie selber fragen."*)

Es ist bereits oben bemerkt worden, dass die Porträtähnlichkeit der Köpfe einen sicheren Anhaltspunkt bei Zutheilung der Ptolemaeermünzen nicht darbietet. Bei den'auf Kypern geschlagenen Münzen wurde auf die Gleichheit des Porträts nicht viel geachtet. Die dortigen Stempelschneider standen wohl auch auf einer niederen Stufe ihrer Kunst, besonders unter den späteren Königen. Hiezu kam noch die Familienähnlichkeit bei stufenweiser Entartung des Stammes, welche in den Ehen zwischen Bruder und Schwester und in der seltenen Racenkreuzung nicht ihren letzten Grund hatte. — Dessungeachtet ist bei Zusammenstellung der Reihenfolgen nicht nur auf die Uebereinstimmung der Zeit und der Fabrik, sondern auch auf die, freilich oft von den Stempelschneidern ungeschickt behandelte Porträtähnlichkeit Rücksicht zu nehmen. Im Allgemeinen wird man wahrnehmen, dass von Münzen, die nach der Zeit und Fabrik zusammengehören, je vier auf ein-

---

*) Vergl. Pinder a. a. O. pag. 214.

ander folgende Stücke nach einem und demselben Prototyp gearbeitet wurden. Es lässt sich auch wahrnehmen, dass dieselben Stempelschneider für verschiedene Prägstätten gearbeitet haben.

Der Porträtkopf des Ptolemaeus I. Soter ist bekannt; der ihn charakterisirende Ausdruck eines freien, hellen Geistes ist nicht leicht zu verkennen. Von der absichtlichen Benützung des Soterkopfes bei Anfertigung der Münzstempel für die Porträtköpfe späterer Könige, von Lenormant die Soterisirung (Sotérisation) genannt, ist bereits die Rede gewesen.

Der weltberühmte Cameo (Onyx 4" 5'" hoch, 4" 3'" breit), mit den Köpfen des Ptolemaeus Philadelphus und der Arsinoe II., der unter den vielen Schätzen des k. k. Münzund Antikenkabinets eine der hervorragendsten Stellen einnimmt, ist bei den wenigen Anhaltspunkten, die der Numismatik bei Classificirung der Lagiden zu Gebote stehen, eine nicht zu unterschätzende Beihilfe. Unser unvergesslicher Josef v. Arneth hat in seinem auf Kosten der kais. Akademie der Wissenschaften veröffentlichten Prachtwerke „Monumente des k. k. Münz- und Antikenkabinetes in Wien. Die antiken Cameen, 1849" eine schöne Abbildung dieses Cameo mitgetheilt; wir erlauben uns nach letzterer zu unseren numismatischen Zwecken eine Abbildung in verkleinertem Massstabe beizufügen (Taf. 3, Nr. 3). Arneth sagt bei Beschreibung dieses Cameo: „Vielleicht die vortrefflichste Arbeit, die uns in dieser Gattung aus dem Alterthum übriggeblieben ist. Es ist ein unbeschreiblicher Adel in diesen beiden Gesichtern, von denen freilich nicht leicht der Beweis zu führen, dass es bestimmt die Köpfe des Ptolemaeus Philadelphus und der Arsinoe

seien, wie Eckhel und Visconti behaupten. Ungemein
schön ist auch die Büste, die in Herculanum ausgegraben
wurde, und von den dortigen Akademikern Ptolemaeus
Philadelphus genannt wird." — Der von K. Otfried Müller
(Handbuch der Archäologie der Kunst, §. 161, 4) in künstlerischer Vollendung noch höhergestellte, fast ¹/₄ Fuss
lange Cameo-Gonzaga in St. Petersburg zeigt nach Visconti's Erklärung (Iconogr. pl. 52) ebenfalls den Kopf des
Philadelphus und der Arsinoe, jedoch nicht der zweiten,
sondern der ersten Königin dieses Namens. — Die Richtigkeit dieser Auslegung wird aber mit noch mehr Grund
bezweifelt, als jener des Wiener Cameo. — Auch das Berliner königl. Museum besitzt einen ausgezeichneten, leider
nicht vollständig erhaltenen Philadelphus-Cameo, der mit
dem Wiener Porträtkopfe übereinstimmt. — Auf den bekannten Goldmedaillons (Mionn. VI. pag. 17) finden wir
ebenfalls den Kopf des Philadelphus, obgleich in einer
Ausführung, die sich mit jener der Cameen in künstlerischer Beziehung nicht messen darf. Ebenso verhält es sich
mit den kyprischen Silbermünzen des Philadelphus. Dr.
Schledehaus (a. a. O. pag. 873) bemerkt mit der den den-
kenden Arzt bezeichnenden Schärfe der Physiognomik:
„Der Kopf, den uns die Mehrzahl dieser Münzen darbietet,
unterscheidet sich von dem oben beschriebenen (des Soter)
durch ein gleichmässiges Verhältniss von Gesichts- und
Schädeltheil, eine gewöhnliche Stirn, Mangel der Pupille,
weniger vortretende Augenknochen und Kinn, und durch
eine verhältnissmässig grössere, meistens leicht gebogene
Nase (manchmal mit aufwärtsgezogenen Nasenflügeln);
das Ganze beschattet durch den Ausdruck eines beschränkten, befangenen, ja umdüsterten Geistes." Wenn
letzterer Ausspruch zu deprimirend scheint, so ist zu be-

merken, dass Dr. Schledehaus nur nach den ihm zu Gebote stehenden Exemplaren geurtheilt hat und dass viele,
darunter vielleicht gerade die schönsten Tetradrachmen
des Philadelphus, erst später in Cairo vorgekommen sind.
Nicht minder streng lautet sein physiognomischer Ausspruch über Evergetes I.: „Das Bildniss dieses dritten
Ptolemaeers ist uns durch die goldenen Medaillons, die man
neuerdings demselben zugeeignet hat, erhalten worden
und unterscheidet sich durch kurzes Haar, kleine be-
deckte Stirn, lange gerade Nase, Mund, Kinn und Backen
von gewöhnlichen, runden, wohlgenährten Formen, und im
Ausdruck des Ganzen eine geringe geistige Belebtheit"
(a. a. O. pag. 874).

Die Bildnisse des Philopator, des Epiphanes und des
Philometor kommen auf Münzen vor, die mit Recht als Beweisstücke gelten. Die bei Mionnet (VI. 252—257 und S.
IX. 96—101) aufgeführten Münzen, welche nach Visconti's
Ansicht die Bildnisse der beiden letzten Könige Auletes
und Dionysius zeigen sollen, sind nach Letronne als verkehrt zugetheilt erkannt worden und werden nach Ansichten von neuerem Datum in eine frühere Periode verlegt.

Mit mehr Bestimmtheit als die männlichen Dynasten
treten bei den Lagiden die Frauen hervor, deren Münzen
entweder durch Bild und Schrift von selbst sprechen, oder
doch nach vorliegenden Beweisstücken eine sichere Zutheilung ermöglichen. Das schöne Geschlecht hat in Aegypten schon unter den Pharaonen eine sehr bedeutende Rolle
gespielt und auf das dort gewöhnlich minder begabte
männliche Geschlecht einen überwiegenden Einfluss ausgeübt. Herodot berichtet uns hierüber einige pikante Ge-
schichtchen. Die ägyptischen Alterthümer liefern untrüg-
liche Beweise davon, wie hoch der Frauenkultus in Aegyp-

ten gestanden. Dieser Kultus blieb unter den Lagiden in voller Blüthe und wurde durch die dynastischen Ehen zwischen Bruder und Schwester und durch Mitregentschaft der Frauen genährt. Nach der Zahl der noch vorhandenen Goldmedaillons zu schliessen, muss die Menge der unter den früheren Ptolemaeern mit den Bildnissen der Königinnen ausgeprägten Goldmünzen eine überaus grosse gewesen sein. Bei der unter den späteren Ptolemaeern eingerissenen heillosen Wirthschaft wurden auch die Damen um den ihnen gewidmeten Tribut edler Metalle verkürzt, und die berühmte Königin Kleopatra, ihres Namens die sechste, verschmähte es nicht, ihr dem Rufe nach so reizendes Conterfei, dazu noch in oft ganz entstellten Umrissen, auf gewöhnlichen Kupfermünzen in den öffentlichen Verkehr zu senden. Die Frauenmünzen bilden überhaupt die interessanteste Partie der ägyptischen Numismatik, nicht nur unter den Ptolemaeern, sondern auch unter den darauffolgenden römischen Imperatoren.

Herr Poole berücksichtigt von der historischen Basis der Aeren ausgehend, auch alle übrigen Factoren, die bei Zusammenstellung der Serien und Zutheilung der einzelnen Münzen in Anschlag zu bringen sind. Er urtheilt nach Zusammengehörigkeit der Münzen in Styl, Fabrik, Metall, Grösse und Gewicht. Die Fabrik ist ein sicherer Zeuge des Alters. Aus vielen Exemplaren, welche die unvergleichliche Sammlung des britischen Museums in reicher Fülle darbietet, stellt er fünf Serien zusammen und geht sofort, nach Angabe der Geschichte, an die Bestimmung und Zutheilung der einzelnen Münzen. Wenn nun dieses Vorgehen, dem Niemand eine wohlverdiente Anerkennung absprechen wird, ihn dennoch zu ganz anderen Resultaten führt, als diejenigen sind, welche die bisherigen For-

schungen numismatischer Autoritäten ans Licht gefördert
haben, so beweist dies zunächst von Neuem, wie überaus schwierig es ist, einen genügenden wissenschaftlichen
Abschluss in der Classificirung von Münzen zu erreichen,
bei denen nicht selten ganz unvermuthet Beweisstücke
auftauchen, welche ein mühsam aufgebautes System wenigstens theilweise schwankend machen. *)

Die Uebung und ein durch Freiheit des Selbstbestim-
mens geschärftes Urtheil sind gewiss auch nicht zu unterschätzende Factoren. Es dürfte leichter sein, Münzen an
grossen geordneten Sammlungen zu studiren, als Münzen
an Ort und Stelle, wo und in dem Zustande wie sie gefunden werden, zu sichten und ohne ausreichende Unterstützung von Hilfsbüchern selbst zu bestimmen. Das Mühsame dieser Lage, selbstverständlich unter Voraussetzung
des Berufes und der wissenschaftlichen Bildung des
Sammlers, lohnt sich aber durch den Gewinn eines freie-
ren Urtheils und durch Erlangung eines gewissen Taktes,
ich möchte sagen eines numismatischen Gefühles, das in
den meisten Fällen auf den richtigen Weg zur Wahrheit
führt. Dem Sammler auf classischem Boden des Alterthums stehen noch andere, bei Münzbestimmungen nicht
zu unterschätzende Behelfe zu Gebote, wie die Kenntniss
des Fundortes, die Vergleichung der in einem Funde beisammen vorkommenden Münzen, die Beschaffenheit des
Metalles, der Grad der Oxydirung.

---

*) Die kyprischen Silbermünzen des Philadelphus und Everge-
tes I. werden bei Poole dem Evergetes II. zugetheilt, mithin
um ein volles Jahrhundert später gesetzt. Eine so auffallende
Differenz lässt sich denn doch nicht mehr in Einklang bringen und es muss entweder das eine oder das andere System
aufgegeben werden.

Von besonderer Wichtigkeit sind die Beweisstücke, d. h. solche Münzen, welche nach Bild und Schrift, oder vermöge anderer untrüglicher Kennzeichen mit voller Bestimmtheit zugetheilt werden und welche gleichzeitig den Beweis für die Richtigkeit oder wenigstens Wahrscheinlichkeit einer analogen Zugehörigkeit bei anderen Münzen liefern, die in Metall, Fabrik, Styl und Typen zwar mit den Beweisstücken übereinstimmen, denen aber die besonderen Kriterien der letzteren fehlen. So sind z. B. nach dem in der Bibliothek in Paris aufbewahrten einzigen Beweisstücke des Ptolemaeus Philometor (Mionn. VI. 22, 174) die ähnlichen Potinmünzen demselben Könige zugetheilt worden. Nach dem den Namen der Kleopatra III. führenden Beweisstücke (Mionn. VI. 26, 207) werden derselben Königin die mit analogen Typen, aber nicht mit ihrem Namen versehenen Kupfermünzen zugetheilt. Die sprechenden Münzen haben für die stummen Zeugenschaft abzulegen.

Die in Kypern geprägten ptolemaeischen Silbermünzen sondern sich in drei grössere Gruppen oder Serien ab, die sich, abgesehen von den Köpfen und Typen, durch Styl, Fabrik und Feingehalt merklich von einander unterscheiden.

Die Münzen der ersten Serie zeichnen sich durch reines Metall und sorgfältigere Arbeit aus, die nicht selten den Anforderungen eines schönen Styles entspricht. Die Prägestellen dieser Serie sind ΚΙ, ΠΑ und ΣΑ (Kition, Paphos und Salamis) und die Jahreszahlen laufen bis L. ΝΔ (Jahr 54) als höchstes bekanntes Datum kyprischer Prägung. Ob diese Zahlen nach der kyprischen Aera von 296 v. Chr. datiren, oder mit den neununddreissig Regierungsjahren des Philadelphus laufen, ist Gegenstand einer Streitfrage, von deren richtiger Lösung die Bestimmung

abhängt, wie viele Münzen dieser Serie in die Regierungsjahre des Nachfolgers Evergetes I. hinüberragen, und
daher diesem Könige mit Sicherheit zugetheilt werden
können.

Die zweite Serie enthält die bei Mionnet VI, S. 22
bis 25 beschriebenen Münzen des Philometor und Evergetes II. Diese Münzen sind durch Bild, Typen und
schlechteren Styl in der Ausführung leicht erkennbar, sie
sind von unreinem Silber, zum Theil von Potin, der
Schrötling ist kleiner, aber dicker und etwas hohl.

Die dritte Serie umfasst die bei Mionnet als unbestimmt aufgeführten, in Paphos geprägten Münzen der
dritten Kleopatra und ihrer Söhne Soter II. und Alexander.
Die hiehergehörigen Silbermünzen sind in Metall, Ausführung und Styl unter einander sehr verschieden; man
findet schöne, einer besseren Kunstperiode würdige Tetradrachmen neben ganz verwahrlosten Exemplaren von
schlechtem Silber und schlechter Fabrik, bei denen sich
kaum der Verdacht unterdrücken lässt, dass sie Produkte
alter Falschmünzerei seien.

Die Zutheilung der einzelnen Münzen dieser drei
Serien, sowie die Zutheilung jener Silbermünzen, die nach
ihren Kriterien keiner der gedachten drei Reihenfolgen
angehören, erstreckt sich auf einen Zeitraum von mehr als
zwei Jahrhunderten und bildet den Gegenstand der speciellen Numismatik der Nachfolger des Gründers der Lagiden-Dynastie.

In der Zutheilung der Goldmünzen, die grösstentheils
von selbst sprechen, ist dermalen keine erhebliche Dunkelheit mehr zu lichten.

Bei Bestimmung der Kupfermünzen, welche nur bei
den Königinnen und dem zweiten Evergetes Namensbe-

zeichnungen aufweisen, ist sich vorzugsweise an die Beweisstücke zu halten. Unter Evergetes I. und seinen Nachfolgern nahm die Ausprägung der Kupfermünzen grossartige Dimensionen an, da der ganze Kleinverkehr auf Kupfergeld angewiesen war. Im ptolemaeischen Münzsysteme
stand die Silberprägung gegen die Kupferprägung zurück.
Die Kupferdrachme ward zur Rechnungseinheit. Die ptolemaeische Drachme = 60 Chalkûs, mithin der Obolus =
10 Chalkûs nach der modificirten attisch makedonischen
Währung, die Tetradrachme im Normalgewichte von
14.23 Grammen. (Brandis a. a. 0. S. 301.)

Die Kupfermünzen scheinen vorzugsweise in Alexandria geprägt worden zu sein. Letztere sind meistens mit
Sorgfalt ausgearbeitet, ihr Schrötling ist vollkommen abgerundet. Man bemerkt auf vielen Münzen noch deutlich
die Kreise, wie sie durch das, wahrscheinlich mittelst der
Drehbank bewerkstelligte Abdrehen der Scheibe entstanden. Genau im Mittelpunkte dieser abgedrehten Stücke
befindet sich zu beiden Seiten eine runde Vertiefung,
welche durch das Einspannen und Festhalten der Schröt-
linge auf der Drehmaschine im Metalle ausgebohrt wurde.
Bei vielen grösseren Stücken ist eine doppelte Erz-
lage bemerkbar; das Innere der Scheibe ist ein Guss aus
reinem Kupfer, die äussere Schichte ist eine schöne, dem
Glockenmetalle ähnliche Composition; der Guss erfolgte
selbstverständlich im Verhältnisse zu einem Normalgewichte, welches durch das Abdrehen des Schrötlings re-
gulirt werden konnte. Die Prägung geschah wahrscheinlich erst nach Vollendung der Scheibe auf dem weichge-
glühten Erze und die Politur war der Schluss der Operation.

Die Grösse dieser Kupfermünzen steigt im Verhältnisse zu Gewicht und Werth nach dem Mionnet'schen

Münzmesser von Grösse 2 bis Grösse 13¹/₂, im Gewichte
bis beinahe hundert Gramme.*) Die ptolemaeischen Bronze-
medaillons gehören daher zu den grössten Stücken der
griechischen Numismatik und werden nur von Olbia, dem
Aes grave Mittel-Italiens und den Erzmünzen der römischen Rebuplik übertroffen. Die Masse des von den Ptolemaeern geschlagenen Kupfergeldes muss eine ungeheure
gewesen sein, wovon die häufigen Funde dieser Münzen
Zeugenschaft ablegen. Dieser Ueberfluss an Kupfergeld
erklärt auch den gänzlichen Mangel an Silberscheidemünze
und an Silberdrachmen und das seltene Vorkommen von
Didrachmenstücken.

---

*) Die beiden grössten Stücke des k. k. Münzkabinetes wiegen
85.620 und 93.9 Gr. In meiner Sammlung befand sich ein
hiehergehöriges schönes Bronzemedaillon in der Grösse von
13³/₄, ungefähr 100 Gr. schwer; die Drachme zu 3.57
Gr. gerechnet, gibt das ein Gewicht von beiläufig 28
Kupferdrachmen.

IV.

Ptolemaeus II. Philadelphus.

Im vorhergehenden Abschnitte wurde bemerkt, dass die autonome Münzprägung in Kypern während der makedonischen Herrschaft eingestellt war, und dass die dortigen Prägstätten erst unter den Ptolemaeern ihre Thätigkeit wieder aufnahmen. Es unterliegt keinem Zweifel, dass noch während der Regierungsdauer des Ptolemaeus Soter daselbst Geld geschlagen wurde.

Abgesehen von der durch Duc de Luynes bekannt· gemachten Münzprägung des ägyptischen Statthalters Menelaos, befindet sich in der Sammlung des Dr. Schledehaus eine inedirte Kupfermünze mit den Köpfen des Soter und der Berenike und einem aus KYΠP zusammengesetzten Monogramme, das nur auf KYΠP ίων ausgelegt werden kann. Das mehr bekannte Monogramm aus KΠP (Mion. Pl. XV. a. 1186) kommt auf späteren in Kypern geprägten Kupfermünzen vor. Letztere unterscheiden sich in Metall, Fabrik und Styl auffällig von den in Alexandria geprägten Kupfermünzen. Sehr wahrscheinlich ist es ferner, dass jene gelungen ausgeführten Soter-Tetradrachmen und Didrach-

men, welche im Felde der Kehrseite weder ein Monogramm
noch ein anderes Beizeichen aufweisen, wie wir im vorhergehenden Abschnitte nachzuweisen versucht haben, dem Beginne der kyprischen Silberprägung angehören und dass
sie noch während Soter's Regierungszeit vor 283 in Kypern
geprägt wurden. Auch die allerdings seltenere Didrachme
dieser Münze berechtigt zur Vermuthung, dass ihre Prägung in eine frühere Periode falle, weil die späteren
Könige, nach Einführung einer den Kleinverkehr hinreichend deckenden Kupferwährung, in der Regel nur
Grosssilberstücke prägen liessen, und daher Unterabthei-
lungen der Tetradrachme nur selten vorkommen.

Anders verhält es sich mit der ersten Reihenfolge der
in Kition, Paphos und Salamis geprägten Vierdrachmenstücke (Normalgewicht 14·23 grm.), deren Daten — mit
einigen bisher noch nicht ergänzten Unterbrechungen in
der ersten Zahlenhälfte — von LB (Jahr 2) bis LNΔ (Jahr
54) laufen.*) Die Zusammengehörigkeit dieser Münzen ist
unverkennbar. Sie überragen in Feingehalt, Fabrik, Styl
und Ausführung bedeutend die Tetradrachmen der zweiten
und dritten kyprischen Serie und berechtigen zur Annahme,
dass ihre Entstehung in die Blüthezeit des Lagidenreiches falle.

Es frägt sich nun, von welchem Zeitpunkte die Daten
dieser ersten Münzfolge zu laufen beginnen?

Vaillant, Pellerin, Eckhel, Sestini, Visconti und Mionnet geben diese Münzreihe dem Ptolemaeus II Philadelphus und legen der Erklärung der Daten eine doppelte
Aera zu Grunde.

---

*) Die Richtigkeit der hohen Jahreszahl 55 (L Nς) auf der
bei Pellerin abgebildeten Münze wird bezweifelt.

Die hohen Daten von MA (41) bis NΔ (54) werden
nach einer Aera des Ptolemaeus Soter, vom J. 321 v. Chr.
berechnet, NΔ fiele demnach auf das Jahr 268 v. Chr.;
hinwieder sollen die Daten Z (7) bis ΛΘ (39) Regierungsjahre des Philadelphus bezeichnen.

Lenormant beginnt die Zählung der Daten mit der
Epoche der Wiedervereinigung Kyperns mit Aegypten
im Jahre 396 v. Chr., von welchem Jahre die kyprische
Aera ausgeht.

Dr. Schledehaus schliesst sich derselben Ansicht an. —
Demnach würde die erste kyprische Münzserie sich unter
drei Könige vertheilen. Die Daten von 1 bis 12, A bis IB,
gehörten dem Soter, die Daten von 13 bis 50, IΓ bis N,
dem Philadelphus, die vier höchsten Daten fielen in die
Regierungsjahre des Evergetes I und NΔ (54) wäre das
vollendete vierte Jahr dieses Königs, nämlich das Jahr
243 v. Chr., da er den Thron am 24. October 247 be-
stiegen hat.

Es macht sich aber noch eine dritte Ansicht geltend,
welche zu vertreten ich nach reiflicher Erwägung kein Bedenken trage. Nach dieser Ansicht laufen die Daten der
ersten kyprischen Folge vom Regierungsantritte des Philadelphus und beziehen sich weder auf eine angebliche
Soter-Aera, noch auf die sogenannte kyprische Epoche.

Nachstehende Gründe sprechen für die Annehmbar-
keit dieser dritten Hypothese.

1. Die kyprischen Ptolemaeermünzen waren keine
autonomen Münzen im engeren Sinne des Wortes, sondern
Königsmünzen, die in den königlichen Prägstätten der
Provinz Kypern für den allgemeinen Geldverkehr des Rei-
ches geschlagen wurden. Die Bezeichnung der Prägorte
KI, ΠΑ und ΣΑ hatte ungefähr denselben Sinn wie die

Bezeichnung unserer modernen Münzstädte durch einzelne Buchstaben, die gewöhnlich am untern Rande der Kopfseite stehen.

2. Die Erwerbung der Insel Kypern war für Aegypten allerdings sehr vortheilhaft, aber sie war doch nicht ein Ereigniss von so allgemeiner Wichtigkeit und so grosser Tragwete, als dass man darauf den Beginn einer Epoche und die Geltung einer kyprischen Aera für das ganze Reich hätte gründen sollen: — die Datirung der Reichsmünze nach einer Provinzial-Aera erschiene daher nicht hinreichend gerechtfertigt.

3. Epochemachend war für ganz Aegypten der Regierungsantritt des Ptolomaeus Philadelphus, der von seinem Vater, zwei Jahre vor dessen Tode und mit Uebergehung seines älteren Bruders Keraunos, nach Angabe des astronomischen Kanons, am 2. November 285 v. Chr. zum Könige eingesetzt wurde, und als solcher die Mitregentschaft übernahm. Nach ägyptischen Quellen erscheint Philadelphus gewissermassen an der Spitze der Dynastie, der 33. Königsdynastie Aegyptens,[*] und seine Thronbesteigung fällt als Epoche ungefähr mit dem Beginne einer neuen Aera, der des Astronomen Dionysius zusammen.[**] Wenn

---

[*] Vergl. Pinder's obencitirte vortreffliche Abhandlung: Die Aera des Philippus. pag. 205.

[**] ΚΛΑΥΔΙΟΥ ΠΤΟΛΕΜΑΙΟΥ ΚΑΝΩΝ ΒΑΣΙΛΕΙΩΝ... par M. l'abbé Halma Paris 1819. — Nach den sieben astronomischen Beobachtungen in den Almagesten fällt die Dionysische Aera auf den Sommer des Jahres 285 v. Chr. — Nach dem Kanon des Ptolemaeus (Halma II. 4.) regierten

Ptolemaeus Lagi . . . . 20 Jahre
Philadelphus . . . . 38 „
Everge:es I. . . . . 25 „
Philopator . . . . 17 „

nach altägyptischer Gewohnheit Denkmäler mit Regierungsjahren bezeichnet wurden, warum sollte Philadelphus, der auf seinen Denkmälern diese Uebung der Pharaonen wieder aufnahm, nicht auch die Aera seiner Thronbesteigung auf die von ihm geprägten Münzen übertragen haben?

4. Bisher wurde noch kein ägyptisches Königsdenkmal von Soter aufgefunden. Es drängt sich daher die Frage auf, wie Pinder a. a. O. scharfsinnig, aber auch sehr gewagt bemerkt, ob überhaupt ein Denkmal, insbesondere eine Münze existire auf welcher Soter sich selbt Βασιλεὺς genannt habe? Die bei Mionnet VI., p. 3, unter 24, 25 und 26 beschriebenen Münzen gehören gewiss nicht dem Soter, sondern dem Philadelphus, da die Porträtähnlichkeit hier nicht entscheidend ist, und bekanntlich der Kopf des Soter sich auf den Münzen der drei ersten Lagiden wiederholt.

5. Das Jahreszeichen L, welches sich auf allen in Kypern geprägten Silbermünzen der Nachfolger Soter's findet, kommt auf keiner der dem Soter bestimmt angehörenden Münzen vor. „Auch ist dieses Jahreszeichen für die Zeit des Soter noch durch keinen Papyrus, keine Inschrift nachgewiesen; es kommt, so weit die jetzt vorhan-

---

Epiphanes .... 24 Jahre
Philometor 35   „
Evergetes II. 29   „
Soter II. 36   „
Neos Dionysios 29   „
Kleopatra 22   „

Claudius Ptolemaeus zählt nach der Aera des Philippus Aridaeus vom 12. November 324 v. Chr. als dem Anfange des ägyptischen Jahres. Vergl. Lepsius: Königsbuch der alten Aegypter. Berlin 1858.

denen Zeugnisse reichen, zuerst sicher unter Philadelphus
vor." Pinder a. a. O. pag. 208.

6. Wenn die hohen Jahreszahlen LMA (Jahr 41) bis
LNΔ (Jahr 54) auf den von Mionnet VI. 89 bis 99, dem
Philadelphus zugeschriebenen Münzen sich auf eine Aera
des Ptolemaeus Soter beziehen sollen, könnte folgerichtig
hier nur die Philippische Aera gemeint sein. Diese Daten
würden unter dieser Voraussetzung auf die Jahre 283 bis
270 v. Chr. fallen. Wie verhielten sich aber dann die drei
obenangeführten, dem Soter irrthümlich zugetheilten Tetradrachmen mit den Jahrzahlen 20, 21 und 23 (Mion. VI.
24, 25, 26)? Nach der Philippischen Aera würden sie in eine
Zeit fallen, wo Kition, ihr Prägort, noch gar nicht in Soter's
Besitze war und, nach dem Jahre 305 v. Chr. gerechnet,
dem Jahre, in welchem Soter Aegypten als König zu
regieren begann, würden sie gerade in die Zeit fallen,
wo bereits Philadelphus als König und Mitregent anerkannt war.

7. Es lässt sich nicht der Beweis herstellen, dass, ab
gesehen von der Münzprägung des Statthalters Menelaos
und von den bekannten nicht datirten Soter Tetradrachmen
und Didrachmen ohne alle Beizeichen, die Prägung der
ersten Serie der kyprischen Vierdrachmenstücke schon vor
Philadelphus begonnen habe. Es ist vielmehr anzunehmen,
dass die Prägstätten Kition, Paphos und Salamis ihre
erweiterte Einrichtung und Bestimmung erst durch Philadelphus erhalten haben.

Wenn nun die eben dargelegten Gründe dafür sprechen, dass die Datirung der kyprischen Silberprägung erst
unter Philadelphus begonnen habe, tritt aus nächster
Ideenfolge die Frage hervor, ob diese Datirung von dem

Zeitpunkte zu rechnen sei, wo Philadelphus im November
285 v. Chr. als König und Mitregent anerkannt wurde,
oder erst von dem Zeitpuncte, wo er, zwei Jahre später,
nach seines Vaters Tode, Alleinherrscher des ägyptischen
Reiches ward?

Für beide Annahmen lassen sich Gründe geltend
machen. Für die erste, nämlich die der Datirung von 285,
spricht der Kanon, nach welchem dem Soter 20 und dem
Philadelphus 38 Regierungsjahre zuerkannt, mithin Letzterem die zwei Jahre seiner Mitregentschaft gutgeschrieben
werden.

In Uebereinstimmung mit dem Kanon vindicirt Herr
Six in Amsterdam dem Philadelphus die datirte kyprische
Serie bis LΛΘ, Jahr 39, gleichwie er demselben Könige
die datirten Ptolemaeermünzen phönikischer Prägung bis
Jahr 39 zutheilt.

Herr Poole hingegen bezeichnet das Jahr 283 v. Chr.
als den Beginn der Aera des Philadelphus (a. a. O. Num.
Chron. 1864).

Zur Begründung seiner Annahme bemerkt er, dass
Arsinoe II. auf ihren Münzen vom J. 283 datire: da sie
ihren Bruder Philadelphus erst in dessen sechstem Regierungsjahre geheiratet habe, seien die Daten desselben
ebenfalls erst vom ägyptischen Jahre 283/282 ausgehend
zu rechnen.

Ich trage kein Bedenken, mich dieser Ansicht anzu-
schliessen, und bei Philadelphus den Beginn der Münzdaten auf das J. 283 zu verlegen. Da aber der genannte
englische Numismatiker dem Philadelphus die kyprische
Silberprägung abspricht, gegen welche Verkürzung bereits
eine entschiedene Verwahrung eingelegt wurde, erlaube
ich mir einen Schritt weiter zu gehen und obige Annahme,

nämlich dass die Daten bei Philadelphus von 283 282 zu
rechnen seien, zunächst bei der ersten Reihenfolge der kyprischen Prägung in Anwendung zu bringen.

Zur Begründung des eben Gesagten berufe ich mich
auf das im dritten Abschnitte erwähnte Beweisstück,
welches sich im Besitze meines gelehrten Freundes Reverend H. C. Reichardt in Corfu befindet, der so gefällig war
mir davon einen vollkommen gelungenen galvanischen Abdruck zu übersenden, dessen getreue Abbildung sich auf
Taf. 3, Nr. 2, findet. Diese merkwürdige Tetradrachme, deren
Styl die Blüthezeit der kyprischen Prägung erkennen lässt,
zeigt auf der Vorderseite den idealisirten Porträtkopf des
Soter, jünger als auf den in Alexandria geprägten Tetradrachmen das Kinn weniger hervorstehend, das reichliche
Haar mit der königlichen Binde geschmückt.

Die Kehrseite zeigt in bester Ausführung, ausser der
gewöhnlichen Umschrift und dem auf dem Blitze stehenden
Adler, im Felde neben dem Adler die Aufschrift: L ΛΓ
ΚΑΙ Α ΠΑ, d. i. Jahr 36 und 1. Paphos.

Diese Daten liefern reichlichen Stoff zu einer nicht
uninteressanten Controverse.

Sie lassen sich ganz einfach auf das letzte Jahr der
Alleinherrschaft des Philadelphus und den Regierungsantritt des Evergetes I auslegen, denn zieht man 36 von dem
ägyptischen Jahre 283/282 ab, so ergibt sich das ägyptische Jahr 247/246, das erste Regierungsjahr des Evergetes I, der nach dem Ableben seines Vaters am 24. October 247 den Thron bestieg.

Herr Reichardt hingegen ist der Ansicht, dass die
Zahl ΛΓ sich auf Soter's Regierungsjahre beziehe und
dass durch das darunter stehende Α der Beginn der Mitregentschaft des Philadelphus bezeichnet werde.

Diese Einwendung setzt voraus, dass Soter auf seinen
Münzen vom J. 321 ab datirt habe, als dem Jahre, wo er
nach Besiegung des übermüthigen Perdikkas sich in der
Verwaltung der Satrapie Aegypten behauptete und noch
neue Erwerbungen hinzufügte.

Wir wissen aber, dass der Diadoche Ptolemaeus Lagi
seine Regentschaft, die er im Namen der Erben Alexander
des Grossen geführt, nach der Philippischen Aera vom
J. 324 rechnete, und erst 305 als König anerkannt wurde,
wonach ihm auch folgerichtig in den Almagesten, der
oben erwähnten Sammlung astronomischer Beobachtungen,
nur 20 Regierungsjahre zuerkannt werden.

Da nun die Daten unserer Münze weder mit der einen
noch mit der anderen dieser beiden Epochen übereinstimmen, scheinen sie auf Soter keinen Bezug zu haben. Ueber-
haupt liegt, wie bereits oben bemerkt wurde, kein Beweis
vor, dass Soter auf Münzen kyprischer Prägung datirt habe.

Herr Reichardt stimmt mit mir insofern überein, dass
auch er die sogenannte kyprische Aera, welche Lenormant zuerst in die Numismatik eingeführt hat, für eine
nicht hinreichend begründete Annahme hält. Er bemerkt aber, dass Philadelphus seine Regierung 285 und
nicht 283 angetreten habe, und dass in Aegypten im J 285
v. Chr. eine neue Aera, die sogenannte Dionysische, entstanden sei, die man, wie es scheint, noch unter Evergetes I. beibehalten habe.

Gegen die Richtigkeit dieser Bemerkung lässt sich
wohl nichts Erhebliches einwenden, nur wird dadurch nicht
die Möglichkeit ausgeschlossen, dass Philadelphus die Datirung seiner Münzen erst mit dem J. 283, dem Zeitpunkte
seiner Alleinherrschaft, begonnen habe, eine Möglichkeit,
die durch den obenerwähnten, von Herrn Poole geführten

Beweis und durch die von mir versuchte weitere Begründung bis zur numismatischen Wahrscheinlichkeit erhoben
wird.

Auch darf nicht unbemerkt bleiben, dass die zufällige
Uebereinstimmung der astronomischen Aera des Dionysius
mit dem Regierungsantritte des Philadelphus nicht genau
ist, denn die Dionysische Aera beginnt nach dem Kanon
im Sommer 285, während Philadelphus seine Mitregentschaft am 2. November des ägyptischen Jahres 28 ½/28 ¼ antrat.

Der eigentliche Fragepunkt bleibt immer der, ob Soter
seine Regierung vom J. 321, der Epoche seines Sieges über
Perdikkas, gezählt und hienach auch auf seinen Münzen
datirt habe? Die im Verlaufe dieser Abhandlung dargelegten Gründe für eine verneinende Beantwortung dieser Frage
scheinen mir gewichtiger zu sein, als jene, die für eine Be-
jahung derselben geltend gemacht werden. Um aber keiner
numismatischen Autorität zu nahe zu treten, wollen wir
diese Frage als eine offene bezeichnen.*)

---

*) Bei diesem Anlasse erlaube ich mir ein von mir schon lange
genährtes pium desiderium zur Sprache zu bringen, nämlich „die Gründung eines Vereines deutscher Numismaten“
und die persönliche Begegnung derselben gelegenheitlicher
Numismaten-Versammlungen, bei welchen Anlässen streitige
Fragepunkte der Münzkunde durch Meinungsaustausch und
Abstimmungen entschieden und zum Abschlusse gebracht
werden könnten. — Die Herausgabe einer deutschen Numismatischen Jahrschrift wäre dadurch bedingt. Die Abhand-
lungen, die jetzt zersplittert in den Berliner Blättern, in Grote's Münzstudien, in den numismatischen Monatsheften und in
andern Zeitschriften erscheinen, könnten in einem einzigen
grössern Unternehmen dieser Art sich vereinigt finden. —
„Könnten wir Deutsche uns nicht wenigstens in der Numismatik vertragen?“ (Worte aus einem Briefe meines gelehrten

In der Controverse über unser Beweisstück lassen sich noch andere Gründe pro et contra anführen, die mehr oder weniger erheblich, in keinem Falle aber entscheidend sind.

Zu Gunsten meiner Annahme kann bemerkt werden, dass der Prägeort Paphos anfangs nicht durch ΠΑ, sondern einfach nur durch Π bezeichnet wurde, wie wir diess bei der auf Taf. 2. 2 abgebildeten Tetradrachme sehen. Wäre nun die in der Frage stehende Münze wirklich beim Regierungsantritte des Philadelphus, daher im Beginne der kyprischen Prägung geschlagen worden, so müsste folgerichtig Paphos durch ein Π bezeichnet erscheinen, da wir auf der eben angeführten Münze bei dem nächstfolgenden Jahre des Philadelphus LB das Prägezeichen Π und noch dazu oberhalb der Jahrzahl vor dem Adler stehend finden. Wir finden Π für Paphos noch auf Münzen des Philadelphus von den Jahren 5, 7 und 11. Entscheidend ist allerdings dieser Grund nicht.

Die freie und schöne Ausführung in Zeichnung und Fabrik, durch welche sich die Münze mit dem Doppeldatum auszeichnet, gibt Herrn Reichardt einen weiteren Anhaltspunkt zur Begründung der Annahme, dass die Anfertigung dieser Münze in die Soterperiode falle, da sie in Styl und Fabrik die kyprischen Prägungen mit hohen Daten weit

---

Freundes H. Julius Friedlaender in Berlin.) Die deutschen Jahrbücher für numismatische Studien könnten unter guter Redaction für Deutschland bald das werden, was den Franzosen und Belgiern ihre Revue numismatique und den Engländern ihr Numismatic Chronicle ist. Die Italiener leiden in der Wissenschaft an derselben Zersplitterung wie wir Deutsche Wer wird z. B. die vortrefflichen numismatischen Arbeiten eines Cavedoni in einer ursprünglich hierarchisch gefärbten Zeitschrift suchen?

überrage. — Gegen diese beachtenswerthe Einwendung erlaube ich mir zu bemerken, dass die Stempelschneide-kunst unter den drei ersten Lagiden sich auf gleicher Höhe erhielt, und der Verfall der Kunst erst unter den späteren Ptolemaeern auffallend hervortrat. Der Schönheitsgrad der Münze aus jener ersten kyprischen Serie hing daher von der Hand des Künstlers ab, dem die Anfertigung des Münz-stempels anvertraut ward.

Gleich im darauffolgenden Jahre LAZ (37) wurde in Salamis eine Tetradrachme geprägt, die sich durch Schön-heit des Styls und der Ausführung auszeichnet und zu dem Besten gehört, was die Numismatik der Lagiden aufzu-weisen hat. Von dieser Münze enthielt meine Sammlung ein vortrefflich erhaltenes Exemplar, das sich jetzt in der berühmten Sammlung des Herrn Addington in London befindet.

Auffällig ist es, dass wir von demselben Jahre 36, in welchem die in der Frage stehende Münze in Paphos ge-prägt wurde, auch in Kition und Salamis geprägte Tetra-drachmen haben, die nur das Datum LAC und nicht auch das zweite Datum A enthalten. Diess gibt der Vermuthung Raum, dass letztere Münzen bereits geprägt waren, als der Regierungsantritt des Evergetes I. erfolgte (24. October 247), oder dass Paphos schon damals als Hauptprägstätte des Landes angesehen wurde. Später wurde es bekanntlich die alleinige kyprische Prägstätte, das Kronmünzamt der Ptolemaeer.

Wenn früher in den numismatischen Sammlungen die Ptolemaeermünzen, in Ermanglung eines andern bestim-menden Zutheilungsgrundes, bloss nach der Porträtsähn-lichkeit bei Soter angehäuft, und dessen Nachfolger sehr spärlich betheilt wurden, ist es die Aufgabe der tiefer

gehenden Forschungen der Gegenwart, den guten Soter von
seiner numismatischen Plethora thunlichst zu befreien und
das ihm Unzukömmliche auf seine wenig bedachten Epigonen rechten Ortes zu übertragen. Bedenkt man, dass
Soter als Diadoche so lang und so viel mit den Alexandertypen nach dem attisch makedonischen Fusse geprägt hat,
so wird seine Münzthätigkeit wohl nicht beeinträchtigt,
wenn er einen Theil der nach dem später eingeführten
leichteren Fusse (Tetradrachme = 14, 23 grm.) ausgeprägten Münzen abzugeben hat. Jede Lücke — und deren
sind noch sehr viele — die in den Münzreihen der Lagiden mit annehmbaren Beweisen für die richtige Zutheilung
ausgefüllt wird, ist ein Schritt weiter zur Vervollständigung
der alten Numismatik Aegyptens. An Bekanntes und Er-
wiesenes anknüpfend, müssen wir Ungewisses zu bestimmen und einzureihen bemüht sein, denn nichts ist pein-
licher für den Forscher als die Medailles incertaines.

Die Annahme des Jahres 283 als Beginn der phila-
delphischen Münzdatirung wäre demnach schon desshalb
von numismatischer Bedeutung, weil dadurch in der ersten
kyprischen Münzreihe zwei Jahre für Evergetes I. gewonnen werden, und somit das höchste bisher bekannte Datum
dieser Serie als bis zum neunzehnten Regierungsjahre dieses Königs hinabreichend anzunehmen wäre.

Zur leichteren chronologischen Uebersicht erlaube
ich mir nach den Angaben, welche der berühmte Aegyp-
tologe C. Richard Lepsius in seinem Königsbuche der
alten Aegypter, Berlin 1858, aus dem Kanon und andern
authentischen Quellen geschöpft hat, auszugsweise diejenigen Daten zusammen zu stellen, welche auf die Numismatik der Lagiden Bezug nehmen.

32. Dynastie in Aegypten.

Die Dynastie der drei Makedonischen Könige dauert
27 Jahre.

Jahr v. Chr.

332   Alexander erobert Aegypten.

324   Am 12. November, Beginn der Philippischen
Aera.

323   Im Juni, Alexander stirbt. (Nach Seyffarth
erst 321.)

„   Philippus Aridaeus regiert 7 Jahre.

317   Alexander II. Sohn der Roxane, ist durch 6
Jahre König.

316   Philipp Aridaeus ermordet.

312   Am 12. October Beginn der Aera der Seleukiden.

311   Alexander II ermordet.

33. Dynastie in Aegypten.

Die Dynastie der fünfzehn Ptolemaeer dauert 275
Jahre.

Jahr v. Chr.

305   Ptolemaeus, Sohn des Lagos, regiert 20 (22)
Jahre; nennt sich Βασιλεὺς (am 1. Thoth. des
20. Jahres der philippischen Aera oder am 7.
Nov. 305) und Σωτὴρ (nach Ausspruch des Am-
mon-Orakels, 304).

285   Im Sommer beginnt die Aera des Astronomen
Dionysios.

„   Philadelphus regiert 38 Jahre.

283   Soter stirbt. Alleinherrschaft des Philadelphus.

Jahr v. Chr.

281   Philadelphus heiratet Arsinoe I., Tochter des Lysimachus.

277   Philadelphus heiratet seine Schwester Arsinoe II.

272   Beginn der Phoenixperiode.

247   Evergetes I. regiert 25 Jahre, dessen Gemalin Berenike II., Tochter des Magas von Kyrene.

222   Philopator I. regiert 17 Jahre; Arsinoe III. dessen Schwester und Gemalin.

209   Arsinoe III. ermordet.

205   Epiphanes gelangt zur Herrschaft am 27. März 204; reg. 24 Jahre.

193   Epiphanes heiratet Kleopatra I., Tochter des Antiochus III. von Syrien.

181   Philometer regiert 35 Jahre.

174   Kleopatra I. stirbt.

170   Philometor regiert gleichzeitig mit seinem Bruder Evergetes II.

146   Evergetes II. Alleinherrscher; zählt seine Regierungsjahre von 170, sein erstes der Alleinherrschaft als 25.

143   Evergetes II. verstosst seine Gemalin Kleopatra II. und heiratet Kleopatra III., die Erbtochter seines Bruder.

141   Evergetes II. regiert mit beiden Kleopatren bis 130.

117   Kleopatra III. nimmt ihren älteren Sohn Soter II. zum Mitregenten an.

114   Alexander, ihr jüngerer Sohn, tritt seine Regentschaft in Kypern an.

111   Soter II. regiert ohne seine Mutter.

Jahr v. Chr.

107   Soter II. wird vertrieben. Kleopatra III. nimmt ihren zweiten Sohn Alexander zum Mitregenten an. — Alexander zählt seine Regierungsjahre von 114.

99   Alexander regiert mit Berenike III.

89   Kleopatra III. von Alexander ermordet.

88   Alexander vertrieben, stirbt.

89   Soter II. kehrt nach Aegypten zurück; er zählt seine Regierungsjahre von 117.

81   Neos Dionysos, Soter's II. unehelicher Sohn, reg. 29 Jahre; heiratet Kleopatra V.

52   Kleopatra VI. regiert seit Mai 51 mit ihrem Bruder Philopator.

37   Kleopatra VI. regiert mit M. Antonius.

30   Kleopatra und Ptolemaeus XVI. Caesar, der letzte Sprosse der Dynastie, sterben.

___

275 Jahre.

Nach demselben Königsbuche finden sich in Hieroglyphen die phone isch ausgeschriebenen Namensringe (Cartouche) nachstehender Glieder der Lagiden-Dynastie.

Ptolemaeus I Soter I.

    Gemalin: Berenike I.

Ptolemaeus II Philadelphus I.

    Gemalin: { Arsinoe I fehlt. / Arsinoë II.

    Schwester: Philotera.

Ptolemaeus III Evergetes I.

    Gemalin: Berenike II.

Ptolemaeus IV Philopator.

    Gemalin Arsinoe III.

Ptolemaeus V Epiphanes.

Gemalin: Kleopatra I.

Ptolemaeus VI Eupator.

Ptolemaeus VII Philometor I.

Gemalin: Kleopatra II.

Ptolemaeus VII mit seinem Bruder Ptolemaeus IX und Beider Schwester Kleopatra II.

Ptolemaeus VIII Philopator II.

Ptolemaeus IX Evergetes II.

Gemalin: { Schwester Kleopatra II. { Nichte Kleopatra III.

Kleopatra III.

Ptolemaeus X Philometor II Soter II. (Erste Regierung.)

Gemalin: Kleopatra IV.

Mutter: Kleopatra III.

Ptolemaeus XI Alexander I Philometor III. Gemalin: Berenike III. Mutter: Kleopatra III.

Ptolemaeus X Soter II.

(Zweite Regierung.)

Berenike III.

Ptolemaeus XII Alexander II.

Ptolemaeus XIII Philopator III Philadelphus II Neos Dionysos.

Gemalin Kleopatra V Tryphaena.

Kleopatra VI. (Ptolemaeus XIV und Ptolemaeus XV.) Mitregent: Ptolemaeus XIV,

deren Sohn: Ptolemaeus XVI Caesar.

Ptolemaeus XVI Caesar mit der Mutter Kleopatra VI.

Die Ptolemaeer regierten nach dem ägyptischen Jahre seit Menes von 3591 bis 3866; nach den griechischen Olympiaden von Olymp. 118, 4 bis Olymp. 187, 3.

Uebersicht der von Philadelphus geprägten Münzen.

Gold.

Pinder (Beiträge p. 215) bemerkt: „Am meisten muss es befremden, in Mionnet's Werk dem langregierenden, mächtigen, überaus reichen und prachtliebenden Philadelphus gar keine Goldmünzen zugeschrieben zu sehen, während seine grossen Summen Goldes, z. B. bei Athenaeus, erwähnt werden."

Diesem Uebelstande ist nun abgeholfen. Die bekannten Goldmünzen mit den Köpfen des Soter, der Berenike, des Philadelphus und der Arsinoe, welche Mionnet als Restitutionsmünzen des Evergetes I. aufführt, wurden schon unter Philadelphus geprägt und werden daher auch in Sammlungen bei den Münzen dieses Königs eingelegt. Ohne Zweifel wurden diese Goldstücke auch unter den Nachfolgern des Philadelphus fortgeprägt, gleichwie diess unter den Lagiden bei allen Currentmünzen der Fall war; ausgenommen waren selbstverständlich jene Münzen, welche vermöge beigesetzter Jahrzahlen oder specieller Bezeichnungen zur Nachprägung minder geeignet erschienen.

Die hieher gehörigen Goldstücke wurden als Drachmen, Tetradrachmen und Octodrachmen ausgeprägt, oder, was dasselbe ist, als Hemistater, Distater und Tetrastater. Hier folgt die Beschreibung eines im kais. Münzkabinete in Wien befindlichen schönen Exemplars eines Tetrastaterons oder Achtdrachmenstückes. (Abg. Taf. **3**. Nr. 1.)

Av. ΘΕΩΝ. Die mit dem Diadem geschmückten Profilköpfe des Ptolemaeus Soter und seiner Gemalin Berenike, nebeneinander stehend *) und nach rechts schauend das Ganze in einem Perlenkranze.

Rev. ΛΔΕΛΦΩΝ. Die nebeneinander stehenden, nach rechts schauenden Profilköpfe des Philadelphus und seiner zweiten Gemalin und Schwester Arsinoe; Philadelphus mit der königlichen Kopfbinde und dem Königsmantel (Chlamys, Paludammentum? oder Himation?); Arsinoe mit Diadem und Schleier; hinter den Köpfen ein länglicher Schild, in dessen Mitte der Donnerkeil (Magdolon?): das Ganze in einem Perlenkranze. N. Gr. 7¹/₄. Gew. 27.780 Gramme.

Die merkwürdigste unter diesen bei Mionnet VI, 17, 144 bis 150 beschriebenen Goldmünzen**) ist das durch ein einziges in Paris befindliches Exemplar vertretenes Tetrastateron mit der Revers-Legende ΘΕΩΝ ΑΔΕΛΦΩΝ. Diese Aufschrift wird als Beweis angesehen, dass dieses Medaillon nicht von Philadelphus selbst, sondern erst nach erfolgter Apotheose des Königspaares von dem Nachfolger Evergetes geprägt worden sei. Dagegen lässt sich bemerken, dass Philadelphus und Arsinoe sowohl auf griechischen Inschriften, wie in hieroglyphischer Bezeichnung, Geschwister-Götter (θεοὶ ἀδελφοί) genannt werden, und dass der Stempelschneider diese schmeichelhafte Benennung eben so gut auch auf Münzen des noch lebenden Königspaares anbringen konnte. Feststehend ist jedoch die Annahme, dass die Entstehung dieser Goldstücke nicht vor dem Jahre 277 v. Chr. stattfinden konnte, weil Philadelphus seine Schwester Arsinoe erst in diesem Jahre geheiratet hat.

---

*) Wir haben im Deutschen kein genau bezeichnendes Wort für das französische têtes accolées.

**) Bei Gréau Catal. Paris 1867, ein Exemplar mit dem Monogr. aus AP hinter den Doppelköpfen der Kehrseite.

Dass Philadelphus, als Mitregent von 285 und als Autokrator von 283 angefangen nicht nur bis 277, sondern auch noch länger fortgefahren habe, die unter Soter in den Verkehr gelangten Goldmünzen in Alexandria nachprägen zu lassen, unterliegt wohl keinem Zweifel. Die goldenen Triobolen mit dem Soterkopfe im vorgerückten Alter werden noch jetzt in Aegypten oft gefunden, woraus sich schliessen lässt, dass diese bequeme Verkehrsmünze in sehr grosser Menge vorhanden gewesen und auch nach Soter's Tode fortgeprägt worden sei.

Nicht zu übersehen ist, dass die bekannten grossen Goldstücke der Arsinoe ebenfalls zum grössten Theil auf Rechnung der Goldprägungen des Philadelphus kommen. Es lässt sich daher der diesem Könige von den alten Schriftstellern nachgerühmte Goldreichthum recht gut erklären.

Pinder (a. a. O. p. 217) vindicirt ferner dem Philadelphus jenen äusserst seltenen Stater, welchen Mionnet (VI. 2, 14, und 15) dem Soter zuschreibt, und bezeichnet es als wahrscheinlich, dass diese Didrachme bei Gelegenheit des Festes geprägt worden sei, welches Philadelphus zur Verherrlichung seines Vaters und seiner eigenen Thronbesteigung in Alexandria feiern liess. Dieses Goldstück zeigt auf der Vorderseite den Kopf des Ptolemaeus Soter mit Diadem und Aegis, und auf der Kehrseite unter der Aufschrift ΠΤΟΛΕΜΑΙΟΥ ΒΑΣΙΛΕΩΣ die Bildnissstatue Alexander des Grossen, nach andern Jupiter oder eine vergötterte Person, den Blitz haltend, auf einem von vier Elephanten gezogenen Triumphwagen stehend. Dieser Typus bezieht sich wahrscheinlich auf jenen Prachtzug, dessen

Beschreibung uns Athenaeus in seiner Δειπνοσοφιςἀι erhalten hat.*)

L. Müller(Numismatique de l'ancienne Afrique. Copen-
hague. 180. Vol. I. 140 n° 365) gibt eine Abbildung des bei
Mionnet VI., 2, 15. aufgeführten Pariser Exemplars dieses
merkwürdigen Staters. Am untern Abschnitte der Kehrseite
findet sich als Beizeichen ein Fruchtzweig des in der Mythe
berühmten Baumes mit den goldenen Aepfeln aus dem Garten der Hesperiden, das Symbol der Stadt Hesperis (Evesperides), die an der östlichen Einfahrt der grosen Syrte
nahe beim See Tritonis lag, wo jetzt Bengasi, einer der
bedeutendsten Handelsplätze der Regentschaft Tripolis
steht. Unter der ägyptischen Herrschaft gab Evergetes I.
der Stadt Evesperides den Namen Berenike zu Ehren

---

*) Athenaeus, aus Naukratis, einer griechischen Colonie und
  Hauptort des gleichnamigen Nomos in Unterägypten gebürtig,
  lebte zu Ende des 2. und Anfang des 3. Jahrhunderts nach
  Chr. Sein für die Alterthumskunde höchst wichtiges encyclo-
  pädisches, in Gesprächsform abgefasstes Werk: „Das Gast-
  mahl der Gelehrten" gibt (V. 34) eine Beschreibung jenes
  Festes, und erwähnt bei diesem Anlasse der vielen reichen
  indischen Waaren, die in Alexandria aufgespeichert lagen,
  ein Beweis für die Lebhaftigkeit des Seehandels, der unter
  den ersten Ptolemaeern auf dem rothen Meere betrieben wurde.
  Philadelphus baute auch die Häfen Berenike und Myos-
  Hormos (Mäusehafen bei Suez). Letzterer Umstand berechtigt
  zur Annahme, dass die Prägung der Soter-Tetradrachmen mit
  dem Monogramme aus MY für Myos-Hormos (Abschn. II.,
  p. 25) in die Zeit des Philadelphus falle. — Philadelphus
  war für die Erhaltung der Elephanten sehr besorgt: er ver-
  bot durch ein eigenes Decret die Jagd auf die so edlen Thiere,
  die damals noch in Aegypten selbst einheimisch waren Jetzt
  finden sich Elephanten im wilden Zustande am weissen Nil
  erst bei den Kik Negern unterm 9° n. B.

seiner Gemaliu, der Tochter des Magns. Evesperides war eine der fünf Städte, nach welchen Kyrenaika zu jener Zeit den Namen Pentapolis erhielt. Der in die Nähe dieser Stadt verlegte Garten der Hesperiden kommt schon auf den ältesten kyrenaischen Münzen vor (Müller a. a. O. p. 11 u. 23) und erscheint auch noch auf den ägyptischen Münzen der römischen Kaiser. Ein schönes und sehr seltenes Bronze-Medaillon des Antoninus Pius (Mion. VI., 250, 1703) zeigt den Herkules, wie er im Garten der Hesperiden von dem durch eine Schlange bewachten Baum die goldene Frucht pflückt.

Kyrenaika (Κυρηναία ἡ Κυρηναϊκή) war zur Zeit, als der Stater mit der Elephanten-Quadriga in Kyrene geprägt wurde, von Aegypten abhängig, da der von Soter im Jahre 308 als Statthalter eingesetzte Magas, ein Sohn der Berenike I. aus erster Ehe und mithin Soter's Stiefsohn, erst nach des Letzteren Tode sich von Aegypten unabhängig machte und zum König von Kyrenaika aufwarf. Die von griechischen Colonisten unter den Battiaden gegründeten Kyrenaischen Städte hatten als kleine blühende Republiken ihre Unabhängigkeit bis 322 v. Chr. bewahrt. Sie waren dem makedonischen Welteroberer nicht unterworfen, sondern nur dessen Verbündete.

L. Müller weist nach, dass in Kyrenaika keine Alexandermünzen mit der Aufschrift ΑΛΕΞΑΝΔΡΟΥ geprägt wurden. Dem Diadochen Ptolemaeus Lagi gelang es, nach Besiegung des Perdikkas auch die freien Städte Kyrenaikas von Aegypten abhängig zu machen.

Unter Ochelles erlangten sie im Jahre 313 wieder ihre Selbstständigkeit, wurden aber schon 308, mithin zu einer Zeit, wo in Aegypten selbst noch das Interregnum dauerte,

durch die von Magas befehligten ägyptischen Truppen
überwältigt.

Die nach Soter's Tode zwischen Magas und seinem
Stiefbruder Philadelphus ausgebrochenen Zerwürfnisse
wurden nach mehrjährigem Hader durch einen Vergleich
geschlichtet, zu dessen Besieglung Berenike, die Tochter
und Erbin des Magas, mit dem ägyptischen Thronfolger
Evergetes verlobt wurde. Die Vermählung erfolgte aber
erst, nachdem Magas nach fünfzigjähriger Statthalterschaft
258 gestorben war. Evergetes vereinigte 246 die kyrenaischen Städte unter Gewährleistung ihrer freien Commu-
nalverfassung mit Aegypten, zu welchem Reiche sie in
mehr oder weniger gelockerter Abhängigkeit bis 66 v. Chr.
vereinigt blieben. Die in den kyrenaischen Städten geprägten ägyptischen Königsmünzen sind in L. Müller's
o. a. Werke (Monnaies royales I, p. 136—151) beschrieben.
Der in Abschnitt II unserer Abh., p. 16, erwähnte kyrenaische Stater mit den Alexandertypen ist nach L. Müller
(a. a. O. n° 221, p. 53 und 70) eine autonome Widmungs-
münze der Stadt Kyrene zu Ehren des Ptolemaeus Lagi,
wie die von dem genannten Gelehrten nach dem Pariser
Exemplare genauer gelesene Umschrift KYPENAI (OI)
ΠΤΟΛΕΜΑΙΩ beweise.

In der „Collection de M. Prosper Dupré, Paris 1867
n° 345" wird eine als unique und inédite bezeichnete
Theilmünze dieses Staters beschrieben:

Av. Unbärtiger behelmter Kopf, n. r. (Minerva? Alexander?)

Rev. ΠΤΟΛΕΜΑΙΟΥ. Siegesgöttin stehend, mit der Rechten einen Kranz haltend, mit der Linken eine Trophäe; vorn ein Schild; im Felde EY (Evesperides?)
und ΦΕ.

A*l*. 3. Gewicht nicht angegeben.

Durch die Aufschrift dieses Hemistaters wird die oben angeführte Müller'sche Lesung des, wie es scheint, minder gut erhaltenen Pariser Staters wieder in Frage gestellt.

Silber.

Hier kommt vor Allem die erste Serie der durch Philadelphus in Gang gebrachten kyprischen Silberprägung in nähere Erwägung zu ziehen.

Bei übersichtlicher Vergleichung gut erhaltener Exemplare der zu dieser ersten kyprischen Serie gehörigen Tetradrachmen wird man, trotz aller Abweichungen und Fehler, die sich die Stempelschneider zu Schulden kommen liessen, über die Zusammengehörigkeit dieser Münzen nicht lange in Zweifel sein und eine Verlegung derselben in eine viel spätere Periode kaum zulässig finden.

Die erste bis Jahr 54 laufende Reihenfolge kyprischer Prägung enthält, wie bereits oben bemerkt wurde, in der ersten Hälfte bedeutende Lücken.

Während meines langjährigen Aufenthaltes im Orient gelang es mir 53 zur ersten kyprischen Serie gehörige Tetradrachmen insgesammt von tadelloser Erhaltung zusammenzubringen: Da bekanntlich die Vorderseite eine dem Soter-Originalporträt mehr oder weniger ähnliche Kopie darstellt, und da Legende und Typus der Kehrseite bei allen Stücken dieselben bleiben, genügt es zur Ersichtlichmachung dieser Serie, die Kriterien der Unterscheidung anzugeben, nämlich Jahrzahl, Prägort und allfällige Beizeichen. Nach der oben nachgewiesenen Zeitbegrenzung gehören aus der ersten kyprischen Münz-

folge d e m P h i l a d e l p h u s nachstehende Tetradrachmen. *)

KI. Kition.

L A. Jahr 1. Keule ....Schledehaus 115 unter
                    Evergetes I.

*L B. „ 2. Ohne Beizeichen.....Huber Catal. 976.

L B. „ 2. Stern und Keule ....Mion. S. IX. 57.

L B. „ 2. Keule, der Blitz des
           Adlers geflügelt.... Schled. 116 unter Ever-
                    getes.

L Δ. „ 4..... ....Mion. S. IX. 58.

L E. „ 5. Keule .. ..Mion. VI. 132 unter
                    Evergetes.

L. ⊟. „ 7.............. ...Gréau Catal. Paris. 1867.

L IΘ. „ 19. Keule und Hathor-
           Schmuck ....Schled. 95.

L K. „ 20. Geflügelte Keule. . .Mion. S. IX. 43.

L K. „ 20. Keule........... Mion. S. IX. 44.

L K. „ 20. Akrostolium........Mion. VI. 24.

L KA. „ 21. Geflügelte Keule; zwi-
           schen den Adlerfängen

---

*) Die mit einem Sternchen bezeichneten Stücke meiner Samm-
lung finden sich weder in der reichhaltigen Sammlung des
Dr. Schledehaus noch bei Mionnet. Das Verzeichniss der
Schledehaus'schen Sammlung steht in Grote's Münzstudien,
1862, p. 838. u. f. Schledehaus wird bei solchen Stücken
citirt, die in Mionnet's Werke fehlen. Die von Herrn Poole
dem Epiphanes und dessen Nachfolgern zugeschriebenen kyprischen Tetradrachmen konnten, als auf einem von unserer
Ansicht ganz abweichenden Zutheilungsgrunde beruhend, hier
nicht berücksichtigt werden.

eine Lanzenspitze ...Mion. VI. 25. unter
Suter, scheint iden-
tisch mit der nach-
stehenden Münze.

L KA. J. 21. Keule mit der Königsbinde; zwischen den
Adlerfängen eine Lan-
zenspitze. (Abg. Taf.
2 Nr. 1.)..........Mion. S. IX. 46. unter
Philadelphus, nach
Eckhel, Cat. Mus.
Caes. Vindob. I, p.
261, 2.

L KГ. „ 23. ....Mion VI. 26. unter Soter, und S. IX. 47.
dieselbe Münze un-
ter Philadelphus.
(Kaisl. Münz-Cab. in
Wien.)

L KΔ. „ 24. ....Mion. VI. 105.
L KZ. „ 27. ....Schled. 96.
L KH. „ 28. ....Mion. VI. 108.
L KΘ. „ 29. .. ..Mion. VI. 109.
L ΛΔ. „ 31. ....Mion. VI. 110.
L ΛB. „ 32. Akrostolium ....Schled. 98. 99.
L ΛB. „ 32. Tiara? Auf meinem
Exemplar Helm mit
Kinnspangen ....Schled 100.
L ΛГ. „ 33. ....Schled 101.
*L ΛГ. „ 33. Trophäe. Sehr schöne
Medaille..........Huber. Catal, 982.
L ΛГ. „ 33. Helm ....Schled 102.

L ΛΔ. J. 34. Stern ....Schled 103.
L ΛΔ. „ 34. Akrostolium ....Schled 105.
L ΛE. „ 35. ....Schled 105.
L ΔΓ. „ 36. ....Mion VI. 113.
*L Λϛ. „ 36. ....Huber Catal. 986.

Die beiden letzten Münzen fallen, wenn die Datirung
von der Alleinherrschaft des Philadelphus gerechnet wird,
auf das Todesjahr dieses Königs und den Regierungsantritt seines Nachfolgers Evergetes I. Auf beiden Münzen
findet sich die Form des Stigma in verschiedener Weise
ausgedrückt, obgleich sie aus einer und derselben Prägstätte hervorgingen. Da die Quadratform des Stigma Γ für
die Zahl 6 eines der besonderen Merkmale der ersten kyprischen Serie ist, sollte es befremden, dass gleichzeitig
an demselben Orte für 6 die Form ϛ gebraucht worden sei,
wie diess bei dem obigen unedirten Stücke meiner Sammlung der Fall ist. Und dennoch gehört diese Münze an
keinen anderen Platz. Sie kann weder dem Philopator,
noch dem Epiphanes zugetheilt werden, weil die Zahl 36
für die Regierungsjahre dieser Könige zu hoch ist. Unter
den späteren Ptolemaeern hinwieder wurde in Kition nicht
mehr geprägt. Obige Variante beweist neuerdings, dass die
Münzstempel gleichzeitig und an einem und demselben
Orte von verschiedenen Stempelschneidern angefertigt
wurden, deren jeder nach seiner Manier arbeitete. Bei der
Art der alten Münzprägung muss die Abnützung und der
Verbrauch der Stempel sehr stark gewesen sein. Hieraus
erklärt sich auch die unendlich grosse Mannigfaltigkeit
der alten Münzen, bei der es schwer fallen dürfte, zwei in
allen Einzelheiten vollkommen übereinstimmende Exemplare herauszufinden.

ΠΑ. Paphos.

L A. Jahr 1. Ohne Beizeichen .... Schled. 134 unter Ever-
                       getes, vielleicht So-
                       ter II.

L B. „ 2. Π (statt ΠΑ) vor dem
           Adler ober der Jahr-
           zahl; das Feld hinter
           dem Adler leer. (Abg.
           Taf. 3. Nr. 2.) ..... Kais. Münz - Cab. in
                                Wien.

L B. „ 2. .... Schled. 135. 136. unter
                                Evergetes.

L Γ. „ 3. .... Schled. 137. 138. unter
                                Evergetes.

L Η. „ 7. .... Mion. VI. 100.

L H. „ 8. .... Mion. S. IX. 41.

L IA. „ 11. Hinter dem Adler Stern
           und Π (statt ΠΑ) .... Lenormant pag. 10. Pl.
                                II. 5.

L IS. „ 16. .... Mion. S. IX. 42.

L IΘ. „ 19. .... Mion. VI. 101, 135 und
                                136 unter Evergetes.

L K. „ 20. .... Mion. VI. 102.

L KA. „ 21. .... Mion. VI. 103.

L KB. „ 22. .... Mion. VI. 104.

L KΓ. „ 23. .... Mion. VI. 105.

L KΔ. „ 24. .... Mion. VI. 106.

*LKE. „ 25. .... Huber Catal. 976.

L KΓ. „ 26. .... Mion. VI. 107.

L KZ. „ 27. .... Schled. 118.

*LKH. „ 28. .... Huber Catal. 977.

*L Λ. „ 30. Der Avers zeigt den

Porträtkopf des Phi-
ladelphus mit Diadem
und Aegis, die markir-
ten Gesichtszüge im
reifen Mannesalter auf-
gefasst, spitze Nase,
stark hervorstehendes
Kinn, volle Lippen,
längeres , lockiges
Hauptbaar. *)......Huber Catal. 978.

L ΛΛ. Juhr31 ....Schled. 119 und 120.

L ΛB. „ 32. ....Mion. S. IX. 48.

L ΛΓ. „ 33. ,. ....Schled. 123.

L ΛE. „ 35. ....Mion VI. 112.

L ΛΣ KΛI A Jahr 36 und 1. (Oben beschrieben) Uebergang
zu Evergetes.   Reichardt.

ΣΛ. Salamis.

L B. Jahr 2. Thyrsus $\frac{A}{M}$ statt ΣA). Schled. 140.

L ♇. „ 7. Besternte Mützen der
            Dioskuren und Tiara . Schled. 141.

L K. „ 20. ....Mion. S. IX. 45.

L KB. „ 22. ....Schled. 142.

L KΓ. „ 23. ....Schled. 143.

L KΔ. „ 24. Dioskurenhütchen,
             Vase ....Gréau Catal.

L KZ. „ 27. ....Schled. 144.

*L KH. „ 28. ....Huber Catal. 978.

---

*) Diese unedirte Tetradrachme befindet sich jetzt in der
Sammlung des Herrn A. Tauber in Wien. Aus derselben
Sammlung sind auch die drei in Absch. II beschriebenen
Taf. I, Nr. 2, 3 und 4 abgebildeten Sotermünzen.

L Α. Jahr 30. ....Schled. 145.

*L ΑΑ. „ 31. Keule unter der Jahr-
zahl............Huber. Catal. 980.

L ΑΒ. „ 32. Tiara ....Schled. 146.

L ΑΒ. „ 32. Helm ....Schled. 147 und 148.

L ΑΓ. „ 33. .... Mion. VI. 111.

L ΑΔ. „ 34. Stern............Schled. 150.

L ΑΔ. „ 34. Ohne Stern.......Huber Catal. 984. *)

*L ΑΓ. „ 36. Der Adler hält unter
dem linken Flügel ein
schräggestelltes
Scepter. Diese schöne
Tetradrachme fällt
bereits in das erste
Regierungsjahr des
Evergetes I.......Huber Catal. 986.

Ueber den Antheil des Philadelphus an den Silberprägungen der von den Ptolemaeern behaupteten Gebiets-
theile des vorderasiatischen Festlandes ist bereits oben die
Rede gewesen. Herr Six erkennt in den Daten der Sidon-
Tetradrachmen, gleichwie in den analogen Daten der ersten
kyprischen Serie Regierungsjahre des Philadelphus, setzt

_____

*) Die zu Nr. 983 des englischen Auctions-Cataloges meiner
Sammlung beigefügte Bemerkung: „Es scheine Ptolemaeus
II und III haben die Daten auf ihren Münzen zuweilen nach
der Regierung Soter's und zuweilen nach ihrer eigenen
Thronbesteigung gezählt," fällt, sowie manche andere überraschend naive Bemerkung im gedachten Catalogе lediglich
auf Rechnung des Zusammenstellers desselben (in London).
Ich verwahre mich um so mehr gegen die Autorschaft dieser Zuwüchse fremder Gelehrsamkeit, als in dem systema-
tisch geordneten Manuscript-Catalogе meiner Münzsammlung
zu derlei Bemerkungen kein Anlass geboten war.

aber den Beginn dieser Datirung auf das Jahr 285 v. Chr., während nach unserer, in diesem Punkte mit Herrn Poole übereinstimmenden Annahme die Datirung erst von 283 ab zu beginnen hätte, mithin die beiden letzten Daten des Philadelphus bereits seinem Nachfolger Evergetes zu Gute kämen.

Diese von Herrn Six ausgesprochene Ansicht beruht auf einem einfachen, naheliegenden Zutheilungsgrunde und ist eben desshalb überzeugend. Sie beseitigt eine Menge Zweifel und Einwendungen, welche sich aufdrängen, wenn die Datirung den Regierungsjahren Soter's oder einer anderen Aera angepasst werden soll. Die Daten finden sich vorzugsweise auf Tetradrachmen mit der Aufschrift ΣΩΤΗΡΟΣ. Diese Münzen waren eben eine Fortsetzung der unter Soter begonnenen Prägungen und die beigefügten Daten lassen sich als eine Anerkennung der erst unter Philadelphus stabil gewordenen ägyptischen Oberherrlichkeit erklären. Den freien Griechen war das Wort Βασιλεύς verhasst, wie Demosthenes in seinen von Freiheitsliebe beseelten Philippischen Reden offen ausspricht.*) Ebenso mochte in den autonomen Städten semi-

---

*) Demosthenes: Philipp. II. 23—25, wo er sich auf die Anrede bezieht, die er als Gesandter an die Messenier gehalten, um diese vor einem Bündnisse mit Philipp von Makedonien zu warnen. Seine Ansicht über das Königthum gipfelt in dem Satze: „Βασιλεὺς γὰρ καὶ τύραννος ἅπας ἐχθρὸς ἐλευθερία καὶ νόμοις ἐναντίος.“ Diese Abneigung der freien Griechen gegen das Königthum entsprach ihrer Ueberzeugung, dass ein König nicht nach Gesetzen, sondern nur nach seinen Launen regiere. Demosthenes und Aeschines bestätigen diese Ansicht. Selbst der milde Plato gibt unter Voraussetzung einer gleich guten Regierung dennoch der Republik den Vorzug, weil diese ihre Lebenskraft aus sich selbst erneue.

tischen Ursprungs des Wort Σωτήρ (Erlöser) viel angeneh-
mer geklungen haben als der Königstitel.

Bei den altkoptischen Autochthonen Aegyptens war
gerade die gegentheilige Gesinnung festgewurzelt; eine
Regierung ohne König war ihnen unverständlich. Die in
Alexandria geprägten Ptolemaeermünzen führen daher, mit
Ausnahme der Goldmünzen mit den vier Köpfen und der
Münzen der Arsinoe I, II und III, insgesammt den Kö-
nigstitel.

Dass unter Philadelphus auch in Alexandria Silbergeld
ausgemünzt worden, unterliegt keinem Zweifel.

Einige am rothen Meere gelegene Städte gelangten
durch den zunehmenden Handelsverkehr mit Arabien und
Indien erst unter dem zweiten Ptolemaeer zur Blüthe, wonach die mit den Namens-Monogrammen jener Städte versehenen Vierdrachmenstücke zum grossen Theil wahrscheinlich erst nach Soters Tode geprägt worden sind. Da
aber, wie bereits bemerkt wurde, eine strenge Ausscheidung dieser Tetradrachmen unthunlich ist, scheint es das Gerathenste zu sein, sämmtliche in Alexandria geprägten, den
Soterkopf aufweisenden Silbermünzen in den Sammlungen
unter Soter einzureihen.

Kupfer.

Die wenigen sicheren Anhaltspunkte, welche die Silberprägung der Lagiden für eine bestimmte Zutheilung der
einzelnen Münzen darbietet, werden bei der Kupferprägung
dieser Könige noch seltener. Die Zutheilung dieser Kupfermünzen ist daher zum grössten Theil auf das Feld der
numismatischen Wahrscheinlichkeit verwiesen. Bei der er-
schreckend grossen Menge der von Mionnet als ungewiss

bezeichneten Ptolemaeermünzen ist jeder Versuch einer annehmbaren Zutheilung ein Schritt vorwärts.

Philadelphus hat, wie es bei den Gold- und Silbermünzen der Fall war, auch die unter der Regierung seines Vaters in Alexandria begonnene Kupferprägung fortgesetzt. Von den bei Soter L einzureihenden schönen Bronzemünzen mit dem belorberten Kopfe des Jupiter und den Monogrammen der Städtenamen im Felde der Kehrseite (Mion. VI. 302 bis 316 und S. XI. 125, 126) sind ohne Zweifel viele erst unter Philadelphus geprägt worden.

Analog mit dem lorbeergekränzten Jupiterkopfe auf den eben erwähnten Münzen ist auch der Kopf auf den bei Mion. VI. 318, 319 und S. XI. 121, 123, 124 beschriebenen Kupfermünzen. Wahrscheinlich sind letztere unter Philadelphus geprägt worden, weil auf den Kupferprägungen, welche Evergetes I. in grossen Dimensionen als Landeswährung eingeführt hat, und auch auf den späteren Kupfermünzen der Kopf des olympischen Zeus mit dem Lorbeerkranze nicht mehr erscheint, sondern dessen Stelle durch den Kopf des einheimischen, den religiösen Anschauungen Aegyptens näherliegenden Jupiter Ammon mit dem Diadem und Widderhorn vertreten wird.

Von den Münzen mit dem Kopfe des Jupiter Ammon wird bei Evergetes I. die Rede sein; ebendaselbst werden auch die bei Mionnet unter Evergetes I. aufgeführten niedlichen Bronzemünzen besprochen werden, deren Vorderseite einen jugendlichen Kopf mit Diadem und Ammonshörnern zeigt.

Der Antheil, den Philadelphus an diesen Kupferprägungen genommen hat, kann des Zusammenhanges halber auch nur an ebenderselben Stelle in Erwägung gezogen werden.

Arsinoe I. und Arsinoe II. Φιλάδελφος.

Die Neigung des Philadelphus zu seiner älteren Schwester Arsinoe scheint sich schon in frühester Jugend ent-
wickelt zu haben, weil er dieser Neigung seinen Beinamen
verdankte, den er schon vor seiner ersten Verehelichung
führte. *)

Jeder Ptolemaeer erhielt bekanntlich einen meistens
göttlich erhaben klingenden Beinamen, welchem aber unter
den schlechten Königen der Volkswitz einen Spottnamen
hinzufügte, durch den die allgemeine Missstimmung sich
Luft machte. Obwohl Soter seinen aus vierter Ehe mit Berenike entsprossenen Sohn Philadelphus so sehr liebte, dass
er ihn mit Uebergehung seines älteren, aus dritter Ehe
stammenden Sohnes Κέραυνος (Blitzstrahl) zum Nachfolger
bestimmte, mag ihm doch die leidenschaftliche Geschwisterliebe seiner Kinder, vielleicht in Vorahnung des späteren
Verfalles seiner Dynastie, bedenklich erschienen sein. Die
Trennung der Geschwister wurde beschlossen, und Arsinoe
wurde an ihres Vaters einstmaligen Waffengefährten, den
bejahrten thrakischen König Lysimachus, verheiratet. **)

---

*) Bei dem Mangel verlässlicher historischer Nachweise dürfte
obige sich einfach erklärende Annahme gestattet sein. Herr
Poole (a. a. O. IV. p. 45) gibt über die Familienverhältnisse
des Philadelphus sehr beachtenswerthe Aufschlüsse.

**) Angeblich um das Jahr 300 v. Chr. Dieses Datum ist offen-
bar zu früh. Philadelphus war damals erst eilf Jahre alt.
Selbstverständlich führte die Königsbraut damals noch nicht
ihren Beinamen, der ihrem Gemal sicherlich anstössig gewesen wäre.

Philadelphus hinwider heiratete die Tochter seines Schwagers Lysimachus, die ebenfalls Arsinoe hiess. *) Dieses Ehebündniss scheint noch von Soter selbst eingeleitet worden zu sein und um das Jahr 285 stattgefunden zu haben, obgleich der Kanon die wirkliche Verehelichung erst auf das Jahr 281 v. Chr. setzt.

Die Sprossen dieser Ehe waren die Söhne Evergetes, der Thronerbe, und Lysimachus und die Tochter Berenike, später Gemalin des Antiochus II. von Syrien. Es ist auffällig, dass auf den hieroglyphischen Inschriften der Namensring dieser ersten Arsinoe gar nicht vorkommt; ein Umstand, der vermuthen lässt, dass sie wenig Ansehen genossen und sich der Neigung ihres königlichen Gemals in geringem Grade zu erfreuen gehabt habe, oder dass ihr Namensring nach ihrer Verbannung auf den Steininschriften wieder ausgemeisselt worden sei. Nach dem um 281 erfolgten Tode des Königs Lysimachus kehrte dessen Witwe Arsinoe, nach vielen ausgestandenen Drangsalen wieder in ihr Heimatland Aegypten zurück, wo sie von ihrem Bruder mit Freuden aufgenommen wurde.

Die Geschwisterliebe erwachte mit neuer Leidenschaftlichkeit. Philadelphus verstiess um d. J. 279 seine erste Gemalin, nachdem diese unglückliche Prinzessin, von Eifersucht gefoltert, das Leben ihrer Nebenbuhlerin bedroht hatte, und heiratete seine Schwester Arsinoe, welche aus

---

*) Der Name Arsinoe kommt im Alterthum theils als Frauenname, theils als Städtename öfters vor. Das Wort Ἀρσινόη ist wahrscheinlich aus ἄρσι und νοή (von νοέω, νοῦς) zusammengesetzt, und bedeutet somit schnelldenkend, ähnlich wie ἀρσίπους den Fuss hebend, schnellfüssig. Letztere Wort leitet man von ἀείρω heben, und πούς ab.

diesem Anlasse denselben Beinamen Φιλάδελφος erhielt.
Diese zweite Ehe erfolgte nach dem Kanon im Jahre 277 v.
Chr., mithin im siebenten Jahre nach Soters Tode. Philadelphus war damals 34 Jahre alt. Nach anderen Quellen ward
dieses Bündniss um zwei Jahre früher geschlossen.

Arsinoe II. war, durch Schönheit, Geist un1 Herzens-
güte gleich ausgezeichnet, der Gegenstand allgemeiner
Huldigung. Ihr Gemal und Bruder liebte sie innigst und
betraute sie mit der Theilnahme an den Regierungsgeschäften. Ihr Stiefsohn Evergetes, den sie adoptirt hatte,
verehrte sie wie eine wirkliche Mutter und feierte ihr Andenken noch nach ihrem Tode. Sie starb 249 v. Chr., Philadelphus überlebte sie um drei Jahre.

Nebst den Goldtriobolen des Soter kommt das Tetrastateron mit der Legende ΑΡΣΙΝΟΗΣ ΦΙΛΑΔΕΛΦΟΥ unter
den Goldmünzen der Ptolemaeer am öftesten vor, und wird
in Aegypten und im südwestlichen Asien noch immer aufgefunden. Mionnet beschreibt in seinem Werke sechzehn
Varianten dieses schönen Medaillons, wozu noch einige bei
Mionnet nicht aufgeführte Stücke kommen. Zur Bezeichnung des Grundtypus folge hier die Beschreibung eines
im kais. Münzcabinete in Wien befindlichen Exemplars.
Av. Schöner Porträtkopf der Arsinoe n. r. im Alter von
ungefähr dreissig Jahren aufgefasst; am Vorderhaupte
ragt das breite königliche Diadem empor, dessen hintere Hälfte von einem Schleier bedeckt wird, der vom
Scheitel in plastischen Linien auf die Schultern herabsinkt; auf dem Schleier in der Mitte des Hauptes
ist der Pschent angebracht, der symbolische Kopfschmuck der ägyptischen Göttin Isis, nämlich der
von zwei Kuhhörnern gehaltene Monddiscus; im Felde
links A, das Zeichen der Prägstätte Alexandria;

das Ganze umfasst von einem scharf ausgedrückten Perlenkranze.

Rev. ΑΡΣΙΝΟΗΣ ΦΙΛΑΔΔΕΛΦΟΥ. Aufgerichtetes Doppelfüllhorn, Kornähren, Trauben und andere Früchte darbietend, in der Mitte umschlungen von der königlichen Binde, deren mit Perlenfransen geschmückte Endschleifen zu beiden Seiten des Doppelhornes herabwallen, — das Symbol des Naturreichthums des von beiden Geschwistern beherrschten Reiches; das Ganze in einem Perlenkranze.

Æ. Gr. 7, Gew. 27,950 Grm. (Abg.Taf. I Nr. 4).

Das Tetrastateron der Arsinoe wurde nicht nur in Alexandria, sondern auch in Kition, Paphos und Salamis auf Kypern, dann in Sidon, Tyrus und wahrscheinlich auch in andern Städten der zu Aegypten gehörigen asiatischen Provinzen geprägt, wie aus den beigefügten Bezeichnungen der Prägstätten zu ersehen ist. Diese Münzen sind theils mit Jahreszahlen bezeichnet, theils ohne Datum. Der Kopf der Vorderseite erscheint bald mit, bald ohne den Götterschmuck, der gewöhnlich als Lotusblume bezeichnet wird. Dieser Kopfschmuck ist das obenbeschriebene Symbol der Isis; auf einigen Stücken trägt der Monddiscus noch die beiden Federn des Osiris; dann ist dieser aus Kuhhörnern, Discus und Osirisfedern zusammengesetzte Kopfschmuck das Symbol der Göttin Hat-hor, der ägyptischen Venus, welches Symbol auf den Ptolemaeermünzen eine grosse Rolle spielt. Bei dem Umstande, dass die Stempelschneider die Zeichnung dieses Götterschmuckes im verkleinerten Massstabe nicht immer genau ausführten oder, weil die Conturen der Zeichnung durch den Umlauf der Münzen abgegriffen sind, kommt es, dass sich das gedachte Symbol meistens in der Form einer tulpenartigen Blume darstellt,

was die Ausleger veranlasste, hierin die Lotusblume zu
erkennen, wie auch bei Mionnet dieses Symbol durchgehends als Lotus bezeichnet wird.

Es wird angenommen, dass der erwähnte Götterschmuck auf dem Haupte der Arsinoe ein Symbol ihrer
Apotheose sei, und dass demnach die Münzen, auf welchen
die Königin mit den Insignien der Gottheit erscheint, erst
nach dem Tode derselben geschlagen worden seien. Diese
logisch richtige Voraussetzung begegnet aber auf den
Münzen häufige Ausnahme. Nach dem Untergang der
Freiheit sowohl bei den hellenischen Stämmen, wie auch
später in Rom machte sich ein trivialer Sinn der Unterwürfigkeit immer breiter. Tyrannische Herrscher, selbst
wenn sie nur gekrönte Ungeheuer waren, erzwangen von
dem geknechteten Volke eine Verehrung, welche sonst das
religiöse Gefühl der freien Völker nur der Gottheit darbrachte.

Die Münzstempelschneider, wie bereits oben bemerkt
wurde, ermangelten nicht, dieser niederträchtigen Gesin-
nungsrichtung durch angebrachte schmeichelhafte Attribute einen plastischen Ausdruck zu geben. Die Numismatik der benachbarten Seleukiden liefert hiezu viele Belege.

Warum sollten nicht auch die Lagiden dieser Zeit-
richtung gehuldigt haben? In Aegypten hatte sich das
Volk nach Untergang der demokratischen Hyksoskönige,
seit der Gewaltherrschaft der hierachisch gesinnten thebaischen Dynastien schon durch Jahrhunderte in eine ge-
dankenlose Unterwürfigkeit hineingelebt, und sich daran
gewöhnt, in ihren Zwingherren die Emanationen und Stell-
vertreter der Götter zu erblicken. Die von den späteren
Ptolemaeern verübten Frevel verletzten jedes bessere Gefühl und machten sie jeder Auszeichnung unwürdig. Die
der Mitregentin Arsinoe II. dargebrachte Huldigung hin-

gegen konnte nicht anstössig erscheinen, da die vortrefflichen Eigenschaften dieser Königin eine besondere Auszeichnung rechtfertigten. Arsinoe III, Gemalin des Königs
Philopator, wird auf einer ihrer Münzen ebenfalls mit dem
Hat-horschmucke scheinbar als Kopfzierde abgebildet,
obwohl diese Münze ohneZweifel noch bei ihren Lebzeiten
geprägt worden ist. Nach dieser Voraussetzung kann das
oben erwähnte Tetrastateron mit den vier Köpfen und der
Aufschrift ΘΕΩΝ ΑΔΕΛΦΩΝ ober den Köpfen des Philadelphus und der Arsinoe eben so gut auf eine Apotheose
dernochlebendenköniglichenGeschwisterausgelegtwerden.

Die Streitfrage wegen des erwähntenGötterschmuckes
und seines Vorkommens auf den Münzen der ägyptischen
Königinnen wird einfach umgangen, wenn man annimmt,
dass dieses Zeichen nichts Anderes ist, als die in ein göttliches Symbol oder in die ihm ähnliche Lotusblume auslaufende Spitze des Scepters, der an der linken Schulter
lehnend aufrecht gehalten wird, so dass dessen verzierte
Spitze über dem Haupte bald mehr, bald weniger nach vorn
sichtbar wird. Bei einigen Münzen, wie bei einer der Arsinoe III ist das Scepter auch in seinem unteren Theile sichtbar. Obige Annahme gewinnt daher an Wahrscheinlichkeit.

Arsinoe II. wird auf ihren Münzen in drei Altersstufen
dargestellt, in jugendlicher Blüthe, in gereifter Frauen-
schönheit und als Matrone. In den mit K (Kition) bezeichneten Medaillons kommt sie in der zweiten und auch in
der dritten Altersstufe vor; zwischen beiden Darstellungen
liegt nach demGesichtsausdrucke ein Zeitraum von wenigstens zwanzig Jahren.

Mionnet macht in der Münzzutheilung keinen Unterschied zwischen der ersten und zweiten Arsinoe; er gibt
sämmtliche hieher gehörige Münzen der zweiten Königin

dieses Namens, Tochter des Soter und der Berenike I. und
Schwester-Gemalin des Philadelphus. In neuerer Zeit wird
versucht, der ersten Arsinoe, Tochter des Lysimachus, einen
Antheil an diesen Medaillons zu vindiciren.

Herr Poole (a. a. O. 1865, p. 152) gibt der Arsinoe
I. die Goldstücke mit jugendlichem Porträt und den Daten
von ΛΔ 3⅟ bis Γ 6, ferner Silberdekadrachmen (bei ihm
Pentadrachmen); der Arsinoe II. hingegen gibt er die Goldstücke mit älterem Porträt datirt von ΙΓ 13 bis ΛΓ 33, ferner Tetrastater mit den vier Köpfen. Erstere seien geprägt
unter Ptolemaeus I. und im Anfange der Regierung des
Philadelphus. Sie dienen auch, meint Herr Poole, als Datum
für die Verehelichung der Arsinoe I. und könnten schon
geschlagen worden sein, bevor sie noch Königin ward. Die
letzteren Münzen, jene der Arsinoe II., seien unter Philadelphus geprägt worden, und jene mit den vier Köpfen
unter Evergetes I.

Die Frage, welche von diesen Münzen der ersten und
welche der zweiten Arsinoe angehören, kann nur dann
mit Sicherheit beantwortet werden, wenn die Zutheilungs-
gründe bei kritischer Prüfung als stichhältig befunden
werden. Der Porträtkopf ist hier, wie in den meisten Fäl
len bei den Ptolemaeern, nicht entscheidend. Die von Herrn
Poole vorgeführten, sehr merkwürdigen zwei Arsinoe-Mün-
zen von Ephesus und Chalcis in Euboea (?) lassen die
Frage unentschieden. Wir besitzen kein sicheres Porträt
der Arsinoe I., da der berühmte Petersburger Cameo ein
solches nur muthmasslich liefert. Die Umschrift ΑΡΣΙΝΟΗΣ
ΦΙΛΑΔΕΛΦΟΥ kann sich auf beide Königinnen beziehen
auf Arsinoe I. als Gemalin des Philadelphus (τὸ νόμισμ
ΑΡΣΙΝΟΗΣ τῆς τοῦ ΦΙΛΑΔΕΛΦΟΥ γυναικός), wie z. B
bei Αρσινόης Φιλοπάτορος; und ebenso auf Arsinoe II. al

Genitiv des ihr bei ihrer Vermählung mit ihrem Bruder gegebenen Epithetons Φιλάδελφος, da dieses zusammengesetzte Beiwort den männlichen Ausgang in beiden Ge-
schlechtern beibehält.

Es wäre sich daher lediglich an die Jahrzahl zu halten. Wenn Herr Poole das Jahr ΛΔ, 34 als erstes Jahr der
Arsinoe I. bezeichnet, so bezieht er dieses Datum auf die
Regierungsdauer des Soter, und als Ausgangspunkt müsste,
wenn nicht schon die Philippische Aera, doch wenigstens
das Jahr 322 als Uebernahme der Satrapie Aegypten angenommen werden. Unter letzterer Voraussetzung würde
ΛΔ auf das Jahr 288/287 n. Chr. fallen, in welchem Jahre
der dreiundzwanzigjährige Philadelphus weder Mitregent
noch mit Arsinoe I. verheiratet war.

Das von den Herren Six und Poole citirte Datum ΛΔ
erscheint auf einem weder bei Mionnet noch meines Wissens in einem anderen Werke beschriebenen Tetrastateron
meiner Sammlung (Catal.-Nr. 994). *)

Av. Schöner Porträtkopf der Arsinoe mit Diadem und
Schleier.

Rev. Aufschrift und Typus wie gewöhnlich. Im Felde links
ΛΔ (34) und das bekannte Monogramm aus TYP
für Tyrus; unten Θ, wahrscheinlich ein Zeichen der
Prägstätte oder des Münzmeisters.

N. Gr. 7, Gew. 425 engl. Grs, oder 27·538 Gramm.

Als höchstes Datum der Arsinoemünzen erscheint bei
Mionnet das Jahr ΛΖ 37 auf dem von ihm VI. 14, 122 beschriebenen Tetrastateron mit den Anfangsbuchstaben ΣΙ
(Sidon) und ΔΙ (Diospolis). Da selbstverständlich die Daten
auf den Münzen der Königinnen, die nur Mitregentinnen und

---

*) Ich erwarb dieses seltene Goldstück von weiland Vice-Con-
sul Salemann, der es angeblich aus Bagdad erhalten hatte.

nicht alleinherrschend waren, nicht als selbstständige angenommen werden können, sondern mit den Daten ihrer Gemale, als jenen der regierenden Könige, übereinzustimmen haben, ergibt sich für obiges Datum das Jahr 248, wenn Philadelphus nach der Hypothese des Herrn Six von 285 ausgehend datirte, und das Jahr 246, wenn nach meiner Annahme Philadelphus auf seinen Münzen nur die Jahre seiner Alleinherrschaft zählte. Nach beiden Hypothesen wurde dieses Tetrastateron erst nach dem Tode der Arsinoe Philadelphos geprägt. *)

Wenn hinwieder Herr Poole der ersten Arsinoe die datirten Goldmedaillons von LB (Jahr 2) bis Lϛ (Jahr 6) vorbehält, so ist gegen diese Zutheilung nichts Erhebliches einzuwenden. Das bei Mionnet VI. 9, 49 beschriebene Stück zeigt das Jahr 2, LB, und den Buchstaben Π statt ΠΑ (Prägstätte Paphos). Dieses Jahr stimmt mit der Vermälungszeit der ersten Arsinoe überein, und das Π statt ΠΑ zeigt, dass die Münze in den Beginn der Prägstätte Paphos fällt, und ist in dieser Beziehung analog mit der oben beschriebenen, auf Taf. 3, 2 abgebildeten Tetradrachme des Philadelphus.

Eingewendet könnte werden, dass die Lotusblume, besser gesagt der Isisschmuck, auf dem Haupte der Königin (welcher auch als Scepterspitze angesehen werden könnte) auf eine nach ihrem Tode vergötterte Person zu deuten sei. Diese Einwendung ermangelt aber des Beweises, im Gegentheile liegen Belege vor, dass der Pschent, der Kopfschmuck der Isis und Hat-hor, und selbst die Haartracht der Isis von den Königinnen angenommen oder ihnen wenigstens von dem Zeitgeschmacke der Plastik angedichtet

---

*) Das königl. Museum im Haag besitzt ein Sidon-Tetrastateron der Arsinoe II. mit der Jahrzahl 38.

wurden. Die bisherige von Herrn M. Pinder und auch von Dr. Schledehaus vertretene Hypothese, es sei diese Münze erst unter Evergetes I geprägt worden, stösst auf die unseres Erachtens gegründete Einwendung, dass dieser König auf Kypern mit der Aera des Philadelphus fortgeprägt hat und auf den daselbst von ihm geprägten Goldmünzen doch gewiss keine besondere Datirung eingeführt haben wird. *)

Die Goldmedaillons mit ΑΡΣΙΝΟΗΣ ΦΙΛΑΔΕΛΦΟΥ sind in allen Münzstätten des ägyptischen Reiches, theils mit, theils ohne Jahrzahlen geprägt worden. Wir bezeichnen hievon nach den besonderen Merkmalen:

Vorderasien.

ς (6). ΣΙ Sidon. darunter H. .. . .Poole, a. a. 0. Pl. II. 7.

ΚΓ (23), Monogramme aus ΣΤΡ
und ΠΡ, Stratono-Pyrgos.Mion. VI. 13, 120.

ΚΓ (23), Monog. aus ΙΟΠ,Joppe..Poole. IV. p. 52.

ΛΔ (34), Monog. von Tyrus und Θ.Huber. Catal.-Nr. 994

Λ Ⱶ. (37), ΣΙ, ΔΙ. Sidon und Diospolis, Der Kopf mit dem Isisschmucke........... .....Mion. VI. 14, 122.

ΛΗ (38), ΣΙ Sidon und Mon. aus
ΗΛ Heliopolis............Königl. Mus. im Haag.
ΔΙ, Diospolis, ohne Jahrzahl.
Sehr jugendlicher Porträtkopf
mit dem Isisschmucke......Mion. VI. 13, 118.

---

*) Mit Rücksicht auf die Autorität der genannten beiden Numismatiker wurde deren obengedachter Ausspruch auch im Absch. III unserer Abhandlung einfach wiedergegeben. Von der Einwendung, dass es sich hier ja um Münzen der ersten und nicht der zweiten Arsinoe handle, geschah an jener Stelle keine Erwähnung.

Kypern.

LB (Jahr 2), Π (Paphos). Mit dem
    Isisschmucke . . . . Mion. S. IX, 9, 49 nach
                           Eckhel , Num. vet.
                           anecdoti, p. 290.

Lϛ (Jahr 6) Salamis? unter dem Füll-
    horn Lotus und Mon. aus HMB
    (Mion. S. IX. Nr. 968.) . . . . . Mion. S. IX. 9, 50 nach
                           Eckhel, Num. vet. p.
                           290. Tab. XV. Fig. 14.

LΛ (Jahr 30), ΠΛ Paphos. Taube . Schled. a. a. O. p. 861.

L ΛIΛ (Jahr 31), ΠΛ (Paphos),
    Taube. . . . . Gréau, Catal. Paris. 1867.

L ΛΓ (Jahr 33), ΠΛ (Paphos), Taube
    den Kopf auf den Rücken
    legend . . . . Lenormant a. a. O. Pl.
                           IX. Nr. 1.

ΣΛ (Salamis) und Mon. ⋈ . . . . Mion. S. IX, 9, 52 und
                           Mon. 962.

K (Kition) hinter dem Kopfe. Schönes
    Porträt in mittlerem Alter. Gr.
    8. Gew. 27, 80 Grm. . . . . Mion. VI. 14, 126. Hu-
                           ber, Catal.-Nr. 992.

K (Kition). Das Porträt einer Ma-
    trone mit scharfen Zügen. Gr.
    7 $\frac{1}{2}$, Gew. 27, 70 Grm. . . . . . Huber Catal.-Nr. 993.

    Herr Poole citirt (a. a. O. IV. p. 52) noch Arsinoe-Te-
trastater mit den Daten: 1 Tyrus, 3 Joppe, 4 Tyrus, 13
Salamis, 16 Kition.

Aegypten.

A (Alexandria) hinter dem Kopfe. . Mion. VI. 14, 123.
H Desgleichen . . . . Mion. S. IX. 9, 53.
Θ hinter dem Kopfe . . . . Mion. VI. 14, 124.
I desgleichen . . . . Mion. S. IX. 9. 54.
Λ ebenso . . . . Mion. VI. 14, 125.
Ξ hinter dem Kopfe; unter dem
    Füllhorne Blitz und K. . . . . . Mion. S. IX. 10, 55.
Köcher im Felde ohne andere Bei-
    zeichen . . . . Mion. VI. 13, 121.
Blitz und K unter dem Füllhorne . Mion. S. IX. 9, 51 nach
                                  Fröhlich Not. elem. Tab.
                                  XI. Nr. 7. p. 159.

Die Buchstaben hinter dem Kopfe sind wahrscheinlich Zeichen der Münzämter oder der Münzmeister, die
weder auf Jahrzahlen noch auf Ortsnamen auszulegen sind.
Demnach wäre vielleicht auch das K nicht auf Kition zu
deuten.

Auf den Tetradrachmen des Ptol. Soter I. kommt zuweilen in den Haarlocken der Buchstab Δ vor. Herr Poole
(Num. Chron. II. 1865, p. 152) erkennt in diesem Δ einen
Künstlernamen, und da er dieses Zeichen auf vielen Exemplaren gefunden hat, zieht er aus diesem Umstande den ganz
richtigen Schluss, dass gedachte Münzen ziemlich zu einer
und derselben Zeit geprägt worden sind. Auch L. Müller
theilt mit andern Numismatikern die Ansieht, dass den auf
vielen Münzen vorkommenden einzelnen Buchstaben und
Zeichen keine gezwungene Auslegung zu geben sei, da
darin nur Bezeichnungen der Münzämter oder Werkmeister
zu erkennen seien.

Die Silbermünzen mit der Umschrift ΑΡΣΙΝΟΗΣ
ΦΙΛΑΔΕΛΦΟΥ gehören zu den seltensten Münzen der
Lagiden. Nach dem Gewichtsverhältnisse wurden diese
Münzen als Dekadrachmen und als Tetradrachmen ausgeprägt. Die Typen der Zehndrachmenstücke sind analog
mit jenen der Goldstücke. Mionnet (VI., 14, 128 und 129
dann S. IX., 10. 56) bringt drei Varianten der Dekadrachme. Herr Poole beschreibt die bei ihm (IV. Pl. V. 6)
abgebildete Vorderseite einer Dekadrachme wie folgt:

„Kopf mit dem Schleier und der Tiara, nach rechts; da
Haar breit, unter der Tiara in aufgelösten, gegen das Hin-
terhaupt sich erhebenden Flechten; unter dem Ohre ist das
Ende eines Widderhorns sichtbar; ober dem Haupte die
Spitze des Scepters; das Porträt jugendlich; die Aus-
führung schön; — im Felde hinter dem Haupte B B.“

In dem unter dem Ohre sichtbaren Schnörkel, der sich
in der Abbildung auf den ersten Blick wie eine vom
Schleier (χαλύπτρη) halbbedeckte kurze Haarlocke (βόστρυξ)
ausnimmt, das Ende eines Widderhorns zu erkennen, dürfte
gewagt erscheinen. Derselbe Schnörkel unter dem Ohre,
in welchem Herr Poole das Ende eines Widderhorns erkennt, und der wirklich für eine Haarlocke sehr steif erscheint, findet sich auch auf Tetrastatern der Arsinoe. Die
Steifheit der um's Ohr sich windenden Locke mag übrigens
auch den Stempelschneidern zur Last fallen, oder sie mag
eine Bizarrerie damaliger Haartracht gewesen sein. Mionnet findet auf den von ihm beschriebenen Exemplaren in
dieser Beziehung nichts zu bemerken.

Das von der Knuph-Transfiguration des thebaischen
Ammon-Ra entlehnte und hellenisirte Widderhorn des libyschen Jupiter Ammon spielt in der ägyptischen Numisma-

tik eine grosse Rolle und wir werden bei Evergetes darauf
zurückkommen. Wie käme aber eine Prinzessin zu diesem
Symbole männlicher Stärke? Sollte etwa bei Arsinoe I.
durch das Widderhorn deren Abstammung von dem thrakischen Lysimachus angedeutet werden, auf dessen Münzen bekanntlich ein gehörnter jugendlicher Kopf, nicht sein
eigener, sondern der des grossen Alexander, dargestellt erscheint? Nach der Apotheose Alexanders erscheinen die
Diadochen auf ihren Münzen öfters mit dem Hornattribute
und zwar mit dem Stierhorne oder dem Horne des Buce-
phalus; so Demetrios Poliorketes, Seleucus Nicator und
dessen Nachfolger, auch Ariarathes IV Cappadociae R.
und andere. Die Fluss- und Waldgötter wurden auf Münzen mit Hörnern abgebildet; auch Lunus, Μήν, wie
auf dem sehr seltenen Didrachmen von Camarina (semitischen Ursprungs, arabisch Kamar Mond), wo sein jugendlicher gehörnter, von vorn dargestellter Kopf auf einem
Halbmonde ruht. Artemis wurde in der althellenischen
Plastik mit schöngeflochtenem Lockenhaare (Ἄρτεμις
εὐπλόκαμος πλόκος, Haarflechte von πλέκω wickeln), aber
nicht mit dem Halbmonde dargestellt; erst in Folge erhielt
sie dieses Attribut, und auf Bronzebüsten aus römischer Zeit
erscheinen an der Stelle der Mondhörner auf dem Haupte
der Göttin zwei schneckenartig gewundene Haarwülste. —
Noch weniger erkennt man in dem obenerwähnten locken-
artigen Schnörkel die Spitze eines Kuhhornes, des Attri-
butes der ägyptischen Göttinen Isis und Hat-hor. Das Hör-
nertragen bei Frauen dürfte ebensowenig dem Geiste alt-
hellenischer Kunst entsprochen haben, als in der Neuzeit
dem hornartigen Kopfaufsatze der Drusenfrauen am Libanon ein Geschmack abzugewinnen ist.

Von grösster Seltenheit ist die Tetradrachme der Arsinoe II. Das schöne, vortrefflich erhaltene und mit einem Ansatze von Hornsilber, diesem in der Numismatik so schätzbaren untrüglichen Zeichen der Echtheit, versehene Exemplar meiner Sammlung ist in meinem engl. Auctions-Cataloge (Pl. Nr. 995) zuerst publicirt worden, und befindet sich jetzt in der ausgezeichneten Sammlung des General Fox in London. Wir geben hier eine deutlichere Beschreibung (Abg. Taf. 1. Nr. 5).

Av. Porträtskopf der Arsinoe II. mit schönen, edlen Zügen, in mittlerem Alter aufgefasst; grosse Augen, gerade Nase, rundes Kinn und voller Hals; das reichliche Haar in aufgelösten Flechten nach rückwärts geschlungen, vorn durch das breite, reich verzierte königliche Diadem etwas auf die Stirn herabgedrückt; das Hinterhaupt bedeckt mit dem Schleier, der in langgezogenen Falten auf die Schulter herabsinkt.

Rev. ΑΡΣΙΝΟΗΣ ΦΙΛΑΔΕΛΦ . . Adler in emporgerichteter Stellung nach links, auf dem Blitze stehend; der Kopf gross, der Schweif fächerartig, der untere Theil der Beine unbefiedert; zwischen den Fängen das Zeichen ✕ ; das Ganze in einem Perlenkranze, von welchem jedoch nur der obere Theil sichtbar ist.

Æ. Gr. 8. Gew. 218⁶/₁₀ engl. Grs., oder 14,164 Gramm.

Aus der gleichförmigen Zeichnung des Adlers auf dieser Arsinoe-Tetradrachme und des Adlers auf einem mit K B datirten Vierdrachmenstücke seiner Sammlung schöpft Herr Six (a. a. O. Brief an Herrn Poole) einen weiteren Beweis für die Richtigkeit seiner Hypothese, dass die Daten (bis 39) der in Phoenikien geprägten Sotertetradrachmen der Regierungsaera des Philadelphus angehören. Indem ich dieser Ansicht vollkommen beipflichte, glaube

ich zur weiteren Unterstützung derselben nicht unerwähnt
lassen zu sollen, dass diese Arsinoe-Tetradrachme im Nildelta zusammen mit einer Partie posthumer Soter-Tetradrachmen gefunden wurde, in welcher auch die oben
Absch. II. D. aufgeführten datirten Stücke von Sidon und
Tyrus enthalten waren. Jener Fund bestand nur aus Vierdrachmenstücken, die im Gewichte wenig von einander
abwichen. Nach der Höhe der Münzdaten und der gleich-
förmig frischen Erhaltung der Exemplare zu schliessen,
mochte diese Münzpartie ungefähr zur Zeit des Regierungs-
antrittes des ersten Evergetes vergraben worden sein.*)

---

*) In Europa ist der Preis der gewöhnlichen Arsinoe-Goldme-
daillons bedeutend gesunken, während in Aegypten für ta-
tellose Exemplare die Mionnet'schen Preise noch immer festgehalten werden. In Cairo werden von einheimischen Gold-
arbeitern mit vieler Kunstfertigkeit Arsinoe-Tetrastater angefertigt, die in Gewicht und Feingehalt des Goldes vollkommen normal und daher von den echten Stücken schwer
zu unterscheiden sind. Zum Gusse werden schlecht erhaltene
römische, byzantinische und arabische Solidi von reinstem
Golde benützt. Der Revers dieser Falsificate ist vollkommen
correct, nur am Avers finden sich hie und da kleine Körn-
chen, die von der Porosität der Thongussform zurückbleiben;
der Rand ist mit grösster Sorgfalt behandelt, nur ist bei
gleicher Peripherie selbstverständlich der Guss etwas dicker
im Schrötling als die geprägte Originalmünze. Diese täu-
schend gelungenen Nachahmungen werden an europäische
Reisende verkauft. — In Aleppo (Haleb) besteht eine Fabrik,
aus der Tausende von Abgüssen in Erz und Potin nach ungefähr vierzig Prototypen antiker Münzen von Syrien, Phönikien und Palästina hervorgehen und zum Vertriebe an befreundete
Geldwechsler (Serafen) nach den Handelsplätzen des Orients
versendet werden. Smyrna und Syra sind wegen ihrer schönen
Nachahmungen bekannt. Selbst Fabrikate von antiken Münzen,
die in der Wirklichkeit nie bestanden, werden in den

Mionnet (VI. 14, 130 und 131) beschreibt unter Arsinoe II. noch zwei Kupfermünzen, welche ausser der vorauszusetzenden Porträtähnlichkeit des mit Diadem und Schleier geschmückten Frauenkopfes der Vorderseite keine sicheren Anhaltspuncte darbieten, die der erwähnten Zutheilung zur Rechtfertigung dienen könnten. Die Kehrseite zeigt die gewöhnliche Legende und den üblichen Adlertypus der Ptolemaeer-Kupfermünzen. Die Buchstaben A I im Felde sind nicht auf ein Datum auszulegen, sondern sind nur ein auch auf andern Bronzemünzen vorkommendes Zeichen des Münzamtes oder des Werkmeisters. Nur der im Felde des Reverses angebrachte Stern könnte, nach Analogie der kyprischen Tetradrachmen mit Doppeldaten, als Bezeichnung einer Mitregentschaft ausgelegt, und daher auch auf die von Philadelphus mit Regierungsgeschäften betraute Arsinoe II. bezogen worden.

Handel gebracht. Die fettlich anzufühlenden, durch die Unreinheit der Contouren auffälligen Grossilberstücke, die aus Serbien kommen, sind mit grosser Vorsicht aufzunehmen. Leider findet der Kenner und Verehrer der Antike in manchen und selbst in grossen Sammlungen noch Münzexemplare, die er lieber nicht darin gesehen haben möchte. Jede echte, tadellose antike Münze ist daher preiswürdig. Man würde weniger die Preise herabdrücken, wenn man bedächte, welche Opfer der Sammler im Orient bringen und wie oft er unbrauchbaren Plunder ankaufen muss, um aus selbem eine einzige für ihn brauchbare preiswürdige Münze aussel eiden zu können.

V.

Ptolemaeus III. Evergetes I.

Nach Angabe des astronomischen Kanons bestieg
Evergetes I. den Thron Aegyptens nach dem Tode seines
Vaters Philadelphus am 24. October 247 v. Chr., mithin
kurz vor Beginn des ägyptischen Jahres 246. Entspre-
chend einer in der Familie der Lagiden herrschenden
Norm führte Evergetes als Thronerbe den Namen Ptolemaeus; den göttlich klingenden Beinamen ἐυεργέτης
(Wohlthäter) erhielt er von den Priestern in dankbarer
Anerkennung seiner besondern Fürsorge für den religiösen Cultus, die er schon im syrischen Feldzuge
bethätigte, als er die von dem Tempelschänder Kambyses
geraubten und nach Persien entführten kostbaren Götter-
statuen wieder nach Aegypten zurückbrachte.

Seine fünfundzwanzigjährige Regierung war durch
kriegerische Unternehmungen und Gebietsvergrösserun-
gen bezeichnet, nachdem Aegypten unter Philadelphus,
mit Ausnahme der zwei Feldzüge gegen Magas von
Kyrene und Antiochus II. von Syrien, einen langen

Frieden genossen hatte und durch Handel reich geworden war. Durch seine Heirath mit Berenike, der Erbtochter des Magas, hatte Evergetes Kyrenaika wieder
mit Aegypten vereinigt. Die Ermordung seiner Schwester
Berenike, der zweiten Gemalin des Antiochus Deus von
Syrien, rächte er an ihrer Mörderin Laodike und deren
Sohn Seleukos Kallinikos, gegen den er so glücklich
kämpfte, dass er mit seinem siegreichen Kriegsheere bis
an den Taurus und bis in das Herz des ehemaligen
Perserreiches eindrang. Obgleich er nach seinem Abzuge
und nach Abschluss eines zehnjährigen Waffenstillstandes
den Besitz dieser weitläufigen Ländereien wieder aufgeben musste, behauptete er doch Palästina und Coele-
syrien in gesicherter Herrschaft. Auch gegen Süden
waren seine Unternehmungen grossartig. Dem Laufe des
Nil entgegenziehend, drang er durch Nubien muthmasslich bis an den Zusammenfluss des weissen und blauen
Nil vor und soll selbst westlich die Grenzen von Darfur
erreicht haben. Südöstlich drang er angeblich durch das
Stromgebiet des blauen Nil, durch den zum jetzigen
Aegypten gehörigen Sennaar, bis nach Abessynien vor,
welches Land er seiner Herrschaft unterwarf. Am rothen
Meere unterhielt er eine starke Flotte, die an den
Küstenplätzen ägyptische Besatzungen ausschiffte und
durch das Bâb-el-Mandeb segelte. Auch im Yemen, dem
glücklichen Arabien, fassten seine Truppen festen Fuss *).

---

*) Das angeblich bei Adule in Aethiopien aufgefundene
Monumentum Adulitanum, bestehend aus einer Marmortafel und
dem sogenannten Thron des Ares, enthält in griechischer Inschrift den Namen und Titel des Ptolemaeus Evergetes und die
Aufzählung seiner Thaten und Eroberungen.

Zur Zeit der Waffenruhe war Evergetes darauf bedacht, seine Macht zu befestigen und die innern Zustände
gedeihlich zu ordnen. Nach dem Beispiele seines Vaters
und Grossvaters beförderte er den Handel, die vorzüglichste Quelle des Reichthums der Ptolemaeer. Zur Erleichterung des Verkehrs mit den neuen Erwerbungen im
Süden legte er Karavanenstrassen an, die noch später
von den Römern benützt wurden. Von den Häfen Myos-
Hormos und Berenike führten Strassen nach dem Nil-
thale, wo Koptos der vorzüglichste Handelsplatz Oberägyptens war.

Als dankbarer Schüler des Aristarchos ehrte Evergetes die Wissenschaft, unterstützte die Gelehrsamkeit
und vermehrte die alexandrinische Bibliothek, an welcher

Kosmas gab zuerst eine Abschrift des Marmor Adulitanum im 6. Jahrhunderte in seiner Topographia Christiana,
aus der sie in Montfaucon's Nova Collectio Patrum, Paris 1706,
überging. Einen Auszug daraus gab G. G. Bredow im zweiten
Bande seiner Untersuchungen, S. 786.

Ausführlich handelt darüber Buttmann: Ueber die Echtheit des adulitanischen Monuments, im Museum der Alterthums-
wissenschaft von Wolf und Buttmann. II. 1, Berlin 1810. — Letronne
erkennt darin eine Urkunde über Entdeckung und Besitznahme
eines Hafens. — Adule, am erythraeischen Meer, der bedeutendste
Seehandelsplatz der Troglodyten in Aethiopien, ist wahrscheinlich entweder das heutige Zulla, ein kleiner Ort mit vielen
Ruinen in der Annesley-Bai oder das heutige Harkiko, von wo
die gegenüber auf einer Insel gelegene Handelsstadt Massaua
ihr Trinkwasser bezieht. Auf einer Insel des benachbarten
Dahlak-Archipels finden sich viele alte Gräber, die wahrscheinlich in die Zeit der Ptolemaeer zurückreichen. — Alle diese in
archäologischer Beziehung denkwürdigen Lokalitäten sind uns
durch den abessynischen Feldzug der Engländer wieder auf-
geschlossen worden.

zu jener Zeit Eratosthenes Vorstand war. Eine besondere
Fürsorge widmete er der Wiederherstellung des altägyptischen Cultus. Er besuchte die alte Hauptstadt Theben,
stellte die Hieroglyphen wieder in ihrer ursprünglichen
Reinheit her und verschönerte die Tempel der National-
götter.

Gegen das Ende seiner Regierung verband er sich
mit dem Spartanerkönige Kleomenes gegen die Achaeer
und deren Bundesgenossen, den makedonischen König
Antigonus Doson. Der unglückliche Kleomenes wurde
bei Sellasia geschlagen und flüchtete sich nach der Ein-
nahme von Sparta zu Evergetes nach Aegypten.

Nach dem Zeugnisse der alten Geschichtschreiber
starb Ptolemaeus Evergetes I. nach 25jähriger Regierung
(222/221 v. Chr.), als der mächtigste und reichste
Fürst seiner Zeit. Er war nach demselben Zeugnisse der
letzte gute König unter den Ptolemaeern.

Es ist eine schwer zu lösende Aufgabe, die Münzen
dieses reichen Königs zu bezeichnen und zu ordnen. Das
Epitheton Evergetes fehlt in der Aufschrift aller hieher
gehörigen Münzen, denn die Erzmünzen mit der Legende
ΒΑΣΙΛΕΩΣ ΠΤοΛΕΜΑΙοΥ ΕΥΕΡΓΕΤοΥ gehören nicht
dem ersten Evergetes, sondern dem Evergetes II. Phys-
kon. Die Vergleichung der Porträtähnlichkeit hinwieder
mit einem an und für sich nicht als bestimmt anerkannten
Originalkopfe berechtigt nicht zum Anspruche auf sichere
Bestimmung. Diese Bestimmung muss daher auf anderem
Wege und durch andere Hilfsmittel zu erzielen versucht
werden. Ich erlaube mir diesen Versuch anzutreten.

Uebersicht der unter Ptolemaeus III. Evergetes I. geprägten Münzen.

Gold.

Mionnet gibt dem ersten Evergetes nur die unter Philadelphus beschriebenen Goldmünzen mit den vier Köpfen, die er als Restitutionsmünzen bezeichnet. Es ist anzunehmen, dass nach der bestehenden Uebung diese Grossgoldstücke sammt deren Theilmünzen auch noch unter Evergetes I. fortgeprägt worden sind, wie im vorhergehenden Abschnitte gezeigt wurde. Eine sichere Ausscheidung der Stücke, deren Prägung in die Regierungsjahre dieses Königs fällt, ist jedoch nicht durchführbar. Die in der Rede stehenden Goldmünzen sind daher bei Philadelphus einzureihen.

Die dem ersten Evergetes eigenthümlich angehörigen Goldmünzen wurden früher, und selbst noch bei Mionnet, dem zweiten Soter zugetheilt; doch bemerkt schon Mionnet (Suppl. IX. pag. 16, a) dass diese Goldmünzen vielmehr dem Evergetes I anzugehören scheinen. In der von M. Pinder im Jahre 1851 publicirten Uebersicht der antiken Münzen des königlichen Museums in Berlin erscheint ein Tetrastateron dieser Goldmünze noch unter Ptolemaeus VIII. Lathyrus. Fr. Lenormant hingegen (a. a. O. pag. 149) nimmt die von seinem Vater Lenormant Senior, ausgegangene Evergetes-Zutheilung als bekannt und unbestritten an.

Nachstehend die Beschreibung eines schönen Tetrastaterons, das mit der berühmten venezianischen Sammlung Tiepolo in das kaiserliche Münzkabinet in Wien übergegangen ist.

Av. Porträtbüste des Königs nach rechts, jugendliches, wohlgenährtes Gesicht mit behaglichem, geistig wenig belebtem Ausdrucke; grosses Auge, kleiner Mund, volles Kinn mit doppeltem Ansatz, einem Familiengesichtszuge der Lagiden. Das Haupt bedeckt mit einer langgezackten Stralenkrone, die durch das Stirnband gehalten wird, dessen lange Enden auf den Nacken herabsinken und von dort über die Schultern gelegt nach vorn auslaufen. Brust und Rücken sind mit der Aegis bedeckt, deren Vorder- und Hinterstück an der Schulter durch deutlich bezeichnete Schlangenknoten befestigt sind. An Stelle des Scepters trägt die Büste einen an der rechten Schulter aufliegenden, kunstreich gearbeiteten Dreizack. Das Ganze in einem Perlenkranze.

Rev. ΠΤοΛΕΜΑΙοΥ ΒΑΣΙΛΕΩΣ. Reichverziertes Füllhorn, Weizenähren, Trauben und andere Früchte darbietend; über diesem Symbole der Fruchtbarkeit erhebt sich an der Mündung des Füllhorns, in Form eines Glorienscheines, das königliche Stralendiadem mit der dazu gehörigen Stirnbinde, deren in Fransen auslaufende Schleifen zu beiden Seiten des Füllhorns herabwallen. Unter der Biegung des Füllhorns, ΔΙ. Das Ganze in einem Perlenkranze.

N. Tetrastateron. Gr. 8.

Gew. 27,770 Grm.

(Abg. Taf. IV n. 1.)

Das Berliner Exemplar wiegt 27,690 Grm.

Vergleicht man das Gewicht der Soter-Pentadrachmen mit dem Gewichte der unter Evergetes I geschlagenen Octodrachmen (Tetrastater), so bemerkt man, dass nach Soter die Golddrachme oder der Hemistater etwas leichter ausgeprägt wurde.

Vergleichen wir z. B. die vier nachstehenden Goldstücke, deren Prägung in die Zeitgränze von ungefähr
hundert Jahren fällt und deren Erhaltung und Vollwich-
tigkeit nichts zu wünschen übrig lässt:

a) das Soter-Pentadrachmon aus dem Wiener kais.
Münzkab. (abg. Taf. IV, Nr. 8);

b) die Arsinoe-Octodrachme (beschr. in Absch. IV);

c) die eben beschriebene Octodrachme des Evergetes I. und

d) die schöne Octodrachme der Arsinoe Philopator
(abg. Taf. 3 n. 5 Jahrg. 1867), so ergeben sich für die
Golddrachme die Gewichtsverhältnisse:

bei a) Gew. 17,850 : 5 = 3,570 Grm.

„ b)   „   27,950 : 8 = 3,494   „

„ c)   „   27,770 : 8 = 3,471   „

„ d)   „   27,750 : 8 = 3,469   „

Diese geringe Abminderung wurde wohl nur durch
das Verhältniss des steigenden Goldwerthes zum Silber-
werthe veranlasst und kann als keine Verschlechterung
der Valuta bezeichnet werden. Silber war der Regulator
des Gold- und Kupferwerthes.

Nach Mommsen (Geschichte des römischen Münz-
wesens, Berlin 1860, p. 40—43), welcher mit Letronne
übereinstimmt, war unter den spätern Ptolemaeern das
Gewicht einer Drachme zwischen 3·486 und 3·466 Grm.
Die Gold-Octodrachme war = 1 Min Silber oder 100
Drachmen, mithin das Verhältniss von Gold zu Silber
wie 1 : 12·5 *). Das Gewicht der Kupferdrachme war das-

---

*) Im französischen Münzsystem ist das Werthverhältniss
des Goldes zu Silber normirt wie 1 : 15½; daher die Abnahme
des Silbergeldes.

selbe. Kyprisches Kupfer wurde sehr geschätzt und stand im Preise sehr hoch. Das Verhältniss von Silber zu Kupfer war wie 1:60, mithin von Gold zu Kupfer wie 1:750. Eine Gold-Octodrachme galt ein Talent (60 Min) Kupfer. Die grossen Kupferstücke, die bis zum Gewichte von 100 Gramm ausgeprägt wurden, galten daher ungefähr 30 Kupferdrachmen oder eine halbe Silberdrachme. Nach Letronne war die Alexandriner-Drachme = 1 römischer Denar oder ungefähr 5 attische Obole.

Die Silberdrachmen der ersten Lagiden sind äusserst selten, da das Kleinsilbergeld reichlich durch Kupfergeld ersetzt wurde. Nachstehend die Beschreibung einer merkwürdigen Soterdrachme des Wiener kais. Münzkabinets.

Av. Aeltlicher Porträtkopf des Ptolemaeus I. Soter, wie auf den in Alexandria geprägten Tetradrachmen mit Diadem und Aegis.

Rev. Adler auf dem Blitze nach links gewendet, mit ausgebreiteten Flügeln; verschieden von dem Adler auf den Vierdrachmenstücken und ganz ähnlich in Stellung und Ausführung dem Adler auf den unter Soter I. beschriebenen schönen Erzmünzen. Vor dem Adler links im Felde ein ovaler Schild, bekanntlich das Symbol einer Festung. Ueber dem Schilde die Spuren von Σ Monogr. der Gränzfestung Magdolon.

Æ. Gr. 3½, Gew. 3,310 Grm. (abgeb. Taf. IV n. 2).

Nach Hultsch (Metrologicorum Scriptorum Reliquiae) war unter Kleopatra VI. das τετράδραχμον, das man auch ςατήρ genannt haben soll, gleich vier römischen Denaren.

Herr Poole gibt in seiner neuesten mit ausgezeichneter Gelehrsamkeit geschriebenen Abhandlung über die Stater der Ptolemaeer *) nach Boekh, Letronne, Amadeo Peyron, Reuvens, Hultsch und Brandis eine kritische Uebersicht der bezüglichen metrologischen Untersuchungen zur Rechtfertigung des von ihm aufgestellten, von andern Numismatikern abweichenden Eintheilungssystems der Ptolemaeermünzen. Schliesslich verspricht Herr Poole, was mit Dank anzuerkennen ist, dass er in Zukunft zur Vermeidung möglicher Irrungen die Benennung Didrachme statt der bisher üblichen Tetradrachme nicht mehr gebrauchen werde; er verwahre sich aber auch auf das Entschiedenste gegen die Benennung Tetradrachme, und werde in Zukunft, um sich nichts zu vergeben, das Grosssilberstück mit dem allgemeinen Namen Stater bezeichnen. Es steht zu hoffen, dass in der Folge, sei es auch nur um des lieben Friedens willen, die Ptolemaeer-Tetradrachme am Brit. Mus. wieder ihr altes Bürgerrecht erlangen werde.

Zu den Goldmünzen des Evergetes I. zurückkehrend, erlaube ich mir zur obigen Beschreibung des schönen Goldmedaillons noch einige Bemerkungen beizufügen. Das Haupt des Königs erscheint hier zum ersten Male, nicht mit dem einfachen makedonischen Diadem, wie bei Soter und Philadelphus, sondern mit einem langgezackten Stralendiadem geschmückt. Dieser Schmuck erinnert an das auf den bekannten Münzen von Rhodus abgebildete Stralenhaupt des Sonnengottes, durch dessen Einwirkung der griechische Mythos die Insel aus den Meeresfluten emportauchen liess. Die freundschaftlichen Beziehungen zwischen Aegypten und Rhodus waren fest begründet.

---

*) Numismatic Chronicle. 1867. Part. III. Remarks on the Staters of the Ptolemies.

Die ersten Ptolemaeer hatten für diese Insel eine besondere Vorliebe und überhäuften sie mit Beweisen ihres
Wohlwollens, wofür auch die Rhodier ihre Dankbarkeit
bei jeder Gelegenheit an den Tag legten. Gleichwie der
Grossvater Soter ihr Erlöser aus Kriegsdrangsalen war,
wurde der Enkel Ptolemaeus III im vollen Sinne des
Wortes ihr 'Ευεργέτης.

Im 4. Jahre der 135. Olympiade wurde die Insel
von einem furchtbaren Erdbeben heimgesucht, das einen
grossen Theil der Stadt und ihres Hafens zerstörte, die
dort vor Anker liegenden Schiffe zertrümmerte und selbst
den weltberühmten Koloss, das riesige Standbild des
Sonnengottes, umstürzte. Bei der Kunde des Unglücks
kam die hellenische Humanität von allen Seiten den
schwer getroffenen Rhodiern mit reichlichen Spenden zu
Hilfe. Aegyptens König aber übertraf alle übrigen Bei-
steuernden durch wirklich verschwenderische Freigebig-
keit. Vaillant*) verzeichnet die ungeheuren Spenden an
Geld (für Aufrichtung des Kolosses allein 3000 Talente),
an Lebensmitteln, Baumateriale, Schiffsbestandtheilen,
nebst einer grossen Anzahl von Baumeistern und Werk-
leuten, welche Evergetes nach Rhodus gesendet hat. Die
dankbaren Insulaner erkannten in einem so grossmüthi-
gen Wohlthäter ihren zweiten Helios.

Im altägyptischen Reiche wird auf den hieroglyphischen Inschriften den Pharaonen stets das Epitheton
Sohn der Sonne beigelegt, da Sonne gleichbedeutend ist
mit Gott, dem höchsten Wohlthäter. Evergetes hatte sich
nach Rückkehr von seinen kriegerischen Unternehmungen

*) Historia Ptolemaeorum-Amstelaedamis. 1701. pag. 47,
nach Polybius. I. 5.

ägyptisirt. Er setzte den alten Cultus wieder in seine vollen Rechte ein und brachte die alte Hauptstadt Theben, von den Griechen Diospolis genannt, wieder zu Ehren. Durch Verschmelzung des altägyptischen und hellenischen Mythos bildete sich in der plastischen Kunst eine eigene Symbolik aus, die auf den Münzen häufig zum Ausdruck kam und deren Einfluss unter der Römerherrschaft noch bis zur Einführung des Christenthums fortdauerte. Das Haupt des Sonnengottes findet sich auf einer gleich nach Erlöschen der Lagiden-Dynastie in Alexandria geschlagenen seltenen Erzmünze des Canidius Crassus und auf sehr vielen aus der Alexandriner Werkstätte stammenden Imperatorenmünzen.

An Stelle des Scepters trägt Evergetes einen kunstvoll gearbeiteten Dreizack, der dem Poseidonsdreizacke auf den Erzmünzen des sicilianischen Königs Hiero II. gleicht. Bei Evergetes I., dem Erbauer neuer Häfen, dem Unternehmer grossartiger Seefahrten und Landungen, findet dieses Symbol der Seeherrschaft eine selbstverständliche Erklärung.

Es erübrigt noch die Deutung des ΔI auf der Kehrseite unseres Goldmedaillons. Dieses ΔI bezeichnet keine Jahrzahl, denn im Zahlensystem der ägyptischen Münzen steht die Einheit nie vor dem Zehner, sondern regelmässig hinter demselben, welche logische Zahlenstellung bekanntlich auf den griechischen Imperatoren- und Colonialmünzen nicht immer eingehalten wurde. Auch ist zu bemerken, dass auf den Ptolemaeermünzen die Jahrzahl nicht am untern Rande, sondern im Felde steht. Dieselbe Bemerkung gilt auch für die Städtenamen, deren Monogramme oder Inizialen ebenfalls im Felde und nicht am Rande stehen.

Vaillant, der dieses Goldmedaillon unter Auletes aufführt, legt das Δι auf Diospolis aus und meint die Münze sei daselbst geprägt worden. Diese Annahme ist ebenso willkürlich wie die Zutheilung. Evergetes I. brachte zwar Diospolis, wie damals die alte Hauptstadt Theben genannt wurde, als heilige Stadt des grossen Gottes Amon-Ra wieder zu vollen Ehren, es ist aber nicht nachweisbar, dass er daselbst eine eigene Prägstätte eingerichtet habe. Aus dem Umstande, dass bei Theben häufig altatheniensische Tetradrachmen (Gew. 17·20 Grm.) gefunden werden, lässt sich höchstens die Vermuthung folgern, dass daselbst in der Zeit vor Alexander M. Geld geprägt worden sei.

Dasselbe Δι kommt auch auf Silbermünzen und auf sehr vielen in Alexandria geprägten Kupfermünzen vor und bezeichnet muthmasslich den Namen des Stempelschneiders oder Werkmeisters, in welchem Falle die Anfertigung der mit diesen Buchstaben bezeichneten Münzen einer und derselben Zeit angehören dürfte. Dieses Δι könnte auch ein in der Manipulation des Münzamtes in Alexandria eingeführtes Prägezeichen sein.

Das bei Mionnet VI. 27, 213 beschriebene, mit Grösse 2½ bezeichnete Theilstück derselben Goldmünze ist der Octodrachme ganz ähnlich und hat ebenfalls das Δι. Nach den, Mion. S. IX. Pl. V. 2 und 3, vorliegenden Abbildungen sind beide Münzen unverkennbar aus der Hand desselben Stempelschneiders hervorgegangen.

In der Collection Gréau, Paris 1867, wird ein Goldmedaillon des Evergetes I. (Gr. 7, Gew. fehlt) aufgeführt mit Monogramm und ⊥ am Revers.

Das im königl. Museum in Berlin befindliche Exemplar ist ohne B izeichen.

Silber.

Mionnet (VI, 132—138 und S. IX. 57, 58) führt unter Evergetes I. nur acht Silbermünzen auf, die noch obendrein schwerlich diesem Könige angehören. Mionnet stützt sich nach Visconti's Iconographie grecque auf die Porträtähnlichkeit und lässt den Evergetes I. auf seinen kyprischen Münzprägungen seine eigenen Regierungsjahre zählen, von denen er die Daten 2, 4, 5, 7, 8 und 19 ersichtlich macht.

Lenormant, der Erfinder der kyprischen Aera, gibt dem dritten Ptolemaeus die hohen Daten kyprischer Prägung die, vom Jahre 296 gerechnet, über das Jahr 247 hinausfallen.

Dr. Schledehaus acceptirt einerseits Lenormant's kyprische Aera, lässt aber nach Mionnet den Evergetes I. auf Kypern gleichzeitig auch mit seinen eigenen Regierungsjahren prägen. Zufolge seiner Hypothese (a. a. O. pag. 882) prägte man unter diesem Könige: in Kypern mit dem Königstitel und

1. mit den Daten der kyprischen Aera von 49—54, L ΜΘ bis L ΝΔ,

2. mit Regierungsdaten von 1—26, L A bis L KC;

in Aegypten, Phönikien, Galiläa und Palästina mit dem Königstitel ohne Daten.

Unter Voraussetzung dieses doppelten Datirungsmodus verzeichnet Schledehaus (a. a. O. pag. 905) unter dem ersten Evergetes 7 in Kition, 13 in Paphos und 1 in Salamis geprägte Tetradrachmen.

Herr Poole lässt diesen König in Kypern gar kein Silber prägen, er kommt daher auch in Betreff der Daten in keine Verlegenheit.

Ich habe wiederholt zu bemerken Anlass gefunden, dass die Porträtähnlichkeit bei den Ptolemaeermünzen der Zutheilung keinen festen Halt darbietet, und glaube nun hinzufügen zu sollen, dass durch die Hypothese einer Münzdatirung nach gleichzeitig laufenden doppelten Aeren die Schwankungen nur vermehrt werden.

Ich habe nachzuweisen versucht, dass die Lenor-mant'sche Hypothese einer kyprischen Aera nicht hinreichend begründet sei und auf die Datirung der in Kypern geprägten Münzen keine Anwendung finde.

Einen Schritt weiter gehend, habe ich ferner die numismatische Wahrscheinlichkeit hervorgehoben, dass Soter I in Kypern gar keine datirten Münzen geprägt habe, und dass die Datirung der ersten Tetradrachmen-Serie kyprischer Prägung erst mit der Alleinherrschaft seines Sohnes Philadelphus beginne.

Nach Cousinery's Ansicht hat Ptolemaeus Lagi, auch nachdem man ihn König genannt, mit den Typen Alexander des Grossen fortgeprägt und hat derselbe Münzen mit seinem eigenen Bildnisse nicht geschlagen. Wenn nun auch letztere Behauptung gewagt sein dürfte, gibt doch der Ausspruch dieses Numismatikers, dessen Ansichten durch langjährigen Aufenthalt im Orient zur Reife gelangt waren, einen wichtigen Fingerzeig für den stufenweisen Entwicklungsgang, welchen die Ptolemaeische Münzprägung während der ersten vierzig Jahre nach Alexander durchgemacht hat. Wie lang zauderte der vorsichtige Diadoche Ptolemaeus Lagi die Münztypen des grossen Königs und seiner Erben durch jene seiner eigenen Dynastie zu ersetzen! Als er sich dazu entschloss, geschah es nur unter der bescheidenen Aufschrift ΠΤΟΛΕΜΑΙΟΥ ohne Königstitel, welchen er endlich einer sanften Pression nachgebend, denn doch annahm, nachdem ihm die übrigen Diadochen als Usurpatoren vorangegangen waren. Dass Soter I in seinen späteren Regierungsjahren mit dem Königstitel geprägt habe, wird vermuthet, lässt sich aber nicht bestimmt nachweisen.

Fest steht, dass das Königthum in seiner absoluten Bedeutung erst mit Philadelphus seine wahre Begründung erlangt hat. Die Königsära oder die Aera des Autokraten Philadelphus beginnt eigentlich mit des letzteren Alleinherrschaft nach seines Vaters Tode im Jahre 283 v. Chr., mit welchem Zeitpunkte auch die Datirung der ersten kyprischen Serie ihren Anfang nimmt, wie im vorhergehenden Abschnitte nachzuweisen versucht wurde.

Es unterliegt keinem Zweifel und es wird auch von den Anhängern der Lenormant'schen Hypothese nicht in Abrede gestellt, dass Evergetes I die von seinem Vater überkommene Datirung fortgesetzt hat. Da jedoch bei Zugrundelegung dieser Aera die bisher bekannten Daten der ersten kyprischen Serie nur bis zum siebenten Regierungsjahr des Evergetes I reichen würden, und da demnach eine Lücke von achtzehn Jahren offen gelassen würde, octroyirt man diesem Könige noch eine zweite Münzdatirung nach seinen eigenen Regierungsjahren, so zwar, dass Evergetes gleichzeitig an einer und derselben Münzstätte Tetradrachmen mit zweierlei Daten, nämlich mit dem Datum der kyprischen Aera und mit dem Datum seiner Regierung, geprägt haben müsste. Hiernach wäre z. B. in Paphos gleichzeitig eine Tetradrachme mit der Jahrzahl L N, J. 50, und eine andere mit der Jahrzahl L B, J. 2, geschlagen worden.

Die gleichzeitige Anwendung eines zweifachen Datirungssystems entbehrt aber der Wahrscheinlichkeit. Bei Vergleichung der einzelnen Stücke, welche, obschon sie verschiedene Jahrzahlen aufweisen, dennoch zufolge obiger Hypothese aus gleichzeitiger Prägung herstammen sollen, zeigen sich in Fabrik, Styl und Bild so auffallende Abweichungen, dass die entstehenden Bedenken durch andere Exemplare, die eine vielleicht nur zufällige Zusammengehörigkeit vermuthen lassen, nicht gehoben werden. Dr. Schledehaus, der die Hypothese der zweifachen Datirung mit der ihm eigenen Gründlichkeit vertritt, bemerkt selbst (a. a. O. pag. 879). „Diese gleichzeitige und getrennte Anwendung zweier verschiedenen Datirungssysteme müsste mit Recht befremden, wenn es nicht denkbar wäre, dass man dadurch den Uebergang von einer Rechnung zur andern dem Volke erleichtern wollte." — Sollte dies wirklich ein ausreichender Grund für einen so befremdenden Vorgang gewesen sein?

Nach dem Gesagten glaube ich die Ansicht festhalten zu dürfen, dass Evergetes I. in Kypern nur nach einem einzigen Datirungssystem und zwar nach jenem der bekannten Königs- oder Philadelphus-Aera geprägt hat.

Das mehrmals besprochene Reichardt'sche Beweisstück (abgebildet auf Taf. III, n. 2) zeigt, dass der Regierungsantritt des Evergetes I. in das 36. Münzjahr seines Vaters Philadelphus fällt. Fortzählend von diesem Jahre gelangen wir zum höchsten bisher als sicher bekannten Datum L NΔ, Jahr 54, welches auf das 19. Regierungsjahr des Evergetes fällt. Mit diesem Jahre bricht die erste, reichlich ausgestattete Serie der kyprischen Silberprägung plötzlich ab. Hiernach würden für Evergetes I. noch sieben Münzjahre fehlen und die sein letztes

Regierungsjahr bezeichnende Tetradrachme dieser Reihenfolge müsste das Datum L ΞA, Jahr 61, aufweisen. Wenn bisher Münzen mit den fehlenden hohen Daten nicht aufgefunden wurden, ist dadurch noch nicht bewiesen, dass selbe gar nicht existirt haben.

Die Richtigkeit des von Pellerin (Additions etc. p. 79) citirten Datums L NϚ, J. 56, wird zwar in Zweifel gezogen, da man vermuthet, dass dieser verdienstvolle Numismatiker bei seinem geschwächten Augenlichte sich geirrt habe. Dieser Vermuthung wäre aber mit Grund zu widersprechen, denn da Pellerin die in der Frage stehende Münze einer besonderen Beachtung unterzog, wird er sich wohl auch von der Richtigkeit seiner Lesung die Ueberzeugung verschafft haben. Uebrigens mag auch bei der in Schwung gebrachten starken Prägung von Kupfergeld und bei dem financiellen Gewinn, den die Kupferwährung dem Fiscus abwarf, die Silberprägung in den letzten Jahren dieses Königs nachgelassen haben.

Anknüpfend an die im vorhergehenden Abschnitte unter Philadelphus aufgeführten Tetradrachmen der ersten kyprischen Reihenfolge, gebe ich nach demselben Schema ein Verzeichniss der zu dieser Serie gehörigen Grosssilberstücke, die unter Evergetes I. in Kition, Paphos und Salamis geprägt wurden. Die aus meiner Sammlung aufgeführten Stücke finden sich weder bei Mionnet noch bei Dr. Schledehaus *).

*) Zu den unter Philadelphus in Salamis geprägten Münzen notire ich nachträglich aus der Sammlung des H. S. Egger in Wien eine unedirte Tetradrachme:

A v. Kopf des Philadelphus mit starken Zügen in kräftigem Mannesalter, mit Diadem und gut ausgeprägter Aegis.

142

KI. Kition.

L ΛZ. Jahr37. Unter dem linken
Adlersflügel ein
schrägstehendes
Scepter. Der Avers
zeigt den ausgezeich-
net schönen Porträt-
kopf des Philadel-
phus, obwohl die
Münze nach dem Re-
gierungsantritte sei-
nes Nachfolgers ge-
prägt worden ist...Huber Catal. Nr. 988.

L ΛH. „ 38. Im Felde ober der
Jahrzahl eineKönigs-
krone. Der Adler
trägt ein Scepter.
Schöne Arbeit.   Huber 988.

L MA. „ 41.Der Adler hält unter
dem linken Flügel
ein schrägstehendes
Scepter ....Mionnet VI. 89, unter
Philadelphus.

L MB. „ 42. ....Schled. 107.

L MΓ. „ 43. ....Mion. VI. 90.

L MΔ. „ 44. ....Huber 990.

_____

Rev. Aufschrift und Adlertypus wie gewöhnlich. LE (Jahr 5)
ΣA (Salamis). Im Felde die besternten Hütchen der Dioskuren,
darunter links eine orientalische Tiara.

Æ. Gr. 6½, Gew. 14,230 Grm. Eine ähnliche Münze, jedoch
vom Jahr 7, bei Schledehaus, 141.

LMϚ.Jahr46. ....Mion. VI. 37, nach
Eckhel, Cat. Mus. Caes.
Vindob. I. 261.

LMH. „ 48. ....Mion. VI. 93.
LMΘ. „ 49. Dioskurenhütchen .Mion. VI. 94.
LMΘ. „ 49. Tiara ....Schled. 110.
LN. „ 50. Ein Stern ......Mion. VI. 95.
LN. „ 50.⎱ Im Felde zwei
A. „ 1.⎰Sterne (abg.Taf. 5,
n. 3, Jahrg. 1867) .Huber 997.
LNA. „ 51. ....Schled. 112.
LNB. „ 52. ....Huber 997. Vgl. Mion.
S. IX. 38.
LNΓ. „ 53. Der Adler steht auf
einem geflügelten
Blitze ....Huber 997.
L.NΓ. Gewöhnlicher Blitz. Schled. 113.
LNΔ. „ 54. ....Mion. S. IX. 39.
LNΔ. „ 54. Keule ....Schled. 114.

ΠΑ. Paphos.

LΛꞀ. „ 37. Schöne Fabrik ....Huber 988.
LΛΘ. „ 39. ....Mion. VI. 114.
LMH. „ 48. ....Mion. VI. 92.
LMΘ. „ 49. Cista mystica.....Huber 996.
LMΘ. „ 49. Modius ....Schled. 127.
LMΘ. „ 49. Ohne Beizeichen ..Schled. 126.
LN. „ 50. ....Schled. 128.
LN. „ 50. Kranz..........Schled. 133.
LN. „ 50.⎱ Zwei Sterne.....Huber 996.
A. „ 1.⎰
LNB. „ 52. ....Mion. VI. 96.

L NΓ.Jahr 53. . . . . .Mion. VI. 98.

L NΓ. „ 53. Modius . . . . .Schled. 130.

L NΔ. „ 54. . . . . .Schled. 131.

L NΔ. „ 54. Lorbeerkranz . . . . .Mion. VI. 99.

ΣΑ. Salamis.

L ΛΖ. Jahr 37. Der Adler hält mit
dem linken Flügel
ein Scepter. Ausge-
zeichnet schöne Te-
tradrachme, jetzt im
Cab. Addington . . . Huber 987.

L ΛΘ. Jahr 39. . . . . .Huber 989.

L M. „ 40. Stern und Scepter .Schled. 151.

L MA. „ 41. . . . . .Huber 990.

L MB. „ 42. . . . . .Schled. 152.

L MΔ. „ 44. . . . . .Mion. VI. 91 und dieselbe Münze S. IX. 7,
36.

L ME. „ 45. · . . . . .Schled. 153.

L MH. „ 48. . . . . .Schled. 154.

L MΘ. „ 49. . . . . .Huber 990.

L NA. „ 51. . . . . .Schled. 156.

L NB. „ 52. . . . . · . . . . .Mion. VI. 97.

L NΓ. „ 53. Der Blitz geflügelt.Huber 998.

Eine besondere Beachtung verdienen die in Kition
und Paphos geprägten schönen Tetradrachmen mit den
zwei Sternen und dem Doppeldatum L N, A, Jahr 50, 1.
Beide, früher nicht bekannte Stücke, fand ich in einer
Anzahl Ptolemaeermünzen, die mir in Cairo ein Araber
verkauft hatte. Ich erlaube mir eine genaue Beschreibung

des in Kition geprägten Exemplars hier folgen zu lassen*).

Av. Porträtkopf des Königs n. r. im jugendlichen Alter dargestellt; das volle Gesicht hat einen behaglichen, geistig wenig erregten Ausdruck; grosses Auge, etwas gebogene, sich herabsenkende Nase; das Kinn übervoll und aufwärts gedrängt, ein Familiengesichtszug der Lagiden; reichliches, stark gelocktes Haupthaar; die Stirn mit dem Diadem geschmückt; um den fetten Hals die Aegis.

Rev. ΠΤοΛΕΜΑΙοΥ ΒΑΣΙΛΕΩΣ. Adler auf dem Blitze aufrecht stehend n. l.; feines Gefieder, der rechte Flügel etwas gehoben, freier Kopf. Im Felde vor dem Adler L N (Jahr 50), darunter Stern und unter diesem, A (1); hinter dem Adler KI (Kition), darunter Stern.

Æ. Gr. 7, Gew. 13,820 Grm. (Abgebildet auf Taf. III, n. 3.)

Die zweite hieher gehörige Tetradrachme aus der Prägstätte ΠΑ (Paphos) ist der vorstehenden ganz ähnlich, nur ist das Gesicht des Königs minder voll und dessen Ausdruck belebter. Styl und Fabrik beider Münzen sind für die kyprische Prägung als schön und gelungen zu bezeichnen.

Die Ansichten über die historische Begründung dieser Doppeldaten sind verschieden, je nachdem die Systeme divergiren, die man der Erklärung der kyprischen Datirung zu Grunde legt.

---

*) Befindet sich jetzt in der Sammlung des Herrn Alfred Tauber in Wien.

Dr. Schledehaus, der Vertreter der vom J. 296 v. Chr. ausgehenden kyprischen Aera, erkennt darin eine Rechtfertigung derselben und den Uebergang zu einer neuen Datirung (a. a. O. pag. 878).

Ich glaube von einer Widerlegung dieser Ansicht hier Umgang nehmen zu dürfen, nachdem ich im Verlaufe dieser Abhandlung bemüht gewesen, das Unhaltbare der sogenannten kyprischen Aera nachzuweisen und hinwieder die für die Annahme der Königsaera des Philadelphus sprechender Gründe darzulegen. Uebrigens würde selbst nach der kyprischen Aera das erste Jahr des Evergetes I. auf L M, Jahr 49, und nicht auf L N, Jahr 50, fallen.

Herr Reichardt bezieht, wie bereits im vorhergehenden Abschnitte angeführt wurde, das Doppeldatum L AE KAI A auf den Regierungsantritt des Philadelphus; folgerichtig sucht er auch das zweite Doppeldatum L N-A durch ein während der Regierung dieses Königs stattgehabtes wichtiges Ereigniss, namentlich durch eine Mitregentschaft zu erklären. Diese Mitregentschaft glaubt Herr Reichardt auf Magas, den von seinem Stiefvater Soter eingesetzten Statthalter von Kyrenaika, beziehen zu sollen. Magas habe nach Soter's Tode in Kyrenaika wirklich regiert und es sei anzunehmen, dass er von seinem Halbbruder Philadelphus als Mitregent anerkannt worden sei, und zwar im J. 270 v. Chr., d. i. im 50. Jahre der Soter-Aera (321 v. Chr.), oder im 15. Jahre der von Philadelphus angenommenen dionysischen Aera. Bekanntlich habe Magas sich gegen seinen Halbbruder aufgelehnt. Der Aufstand habe, wie es scheine, bis 266/265 gedauert; dieser Zeitpunkt falle in das 54. Jahr der Soter-Aera oder das 19. der dionysischen Aera. In demselben Jahre, nach Besiegung des Magas, sei Philadelphus wieder Alleinherrscher über das ganze aegyptische Reich geworden und habe aufgehört sich auf seinen Münzen der Aera seines Vaters zu bedienen. Wenn auf kyprischen Münzdaten die Mitregentschaft de Magas notirt erscheine, brauche Letzterer deshalb nicht in Kypern residirt zu haben, denn die kyprischen Münzen seien für den Verkehr in ganz Aegypten, mithin auch für jenen in Kyrenaika geschlagen worden, gleichwie es Ptolemaeer-Erzmünzen mit dem Monogramme des Magas gebe, die nach Fabrik und Metall wahrscheinlich auch in Kypern geprägt worden seien.

Aus der in Dunkel gehüllten Geschichte des kyrenaischen Magas dürften sich aber schwerlich directe Beziehungen zur Doppeldatirung auf kyprischen Münzen ergeben. L. Müller *) bemerkt diesfalls, dass aus den Nachrichten der alten Schriftsteller nicht klar zu entnehmen sei, zu welchem Zeitpunkte diese Begebenheiten (Unabhängigkeits-Erklärung des Magas und dessen Fehde mit Philadelphus) stattgefunden haben. Die meisten neueren Geschichtsschreiber vereinigen sich in der Ansicht, dass die erwähnten Begebenheiten in die letzten Lebensjahre des Magas fallen, dass er daher nur kurze Zeit als König geherrscht habe. Die Fehde mit Philadelphus wurde durch einen Vergleich beigelegt und Magas blieb Regent in Kyrenaika bis an sein Lebensende.

Weitere Einwendungen, die gegen die obige Erklärung des Doppeldatums gemacht werden könnten, erlaube ich mir um so mehr auf sich beruhen zu lassen, als ich mich von der Richtigkeit der Voraussetzung, der Soter-

---

*) Numismatique de l'ancienne Afrique, pag. 148.

Aera nämlich, zu überzeugen nicht im Stande bin, und vielmehr die Ansicht festhalte, dass Soter auf den von ihm geprägten Münzen gar nicht datirt habe. Cousinery und in neuester Zeit Herr Six in Amsterdam sind sogar der Ansicht, dass Ptolemaeus Lagi gar keine Münze mit seinem eigenen Bilde habe schlagen lassen.

Da ich die Streitfrage wegen der Datirung nach einer Soter-Aera als eine offene bezeichnet habe, trage ich um so grösseres Bedenken über die oben mitgetheilte Ansicht meines gelehrten Freundes abzusprechen, als die von mir versuchte Erklärung des Doppeldatums L N-A ebenfalls nur auf Vermuthungen beruht.

Es drängt sich nämlich vor Allem die Frage auf, ob es historisch nachzuweisen sei, dass im 15. Regierungs-jahre des ersten Evergetes eine Mitregentschaft bestanden habe? Diese Frage muss verneinend beantwortet werden. Die Dunkelheit der alten Geschichtschreiber über die Lagidendynastie verweist uns nur auf das Feld der Ver-muthungen. Wir wissen, dass Evergetes um diese Zeit sein Augenmerk vorzugsweise auf Oberaegypten und die jen-seits der Nilkatarakten gelegenen Länder gerichtet hatte. Während seiner andauernden Abwesenheit von den nörd-lich gelegenen Reichstheilen musste für die Verwaltung der wichtigen Insel Kypern durch Einsetzung einer Re-gentschaft fürgesorgt werden. Diese Regentschaft wurde wahrscheinlich dem präsumtiven Thronfolger Ptolemaeus, genannt Philopator, übertragen, und da dieser minder-jährig war, wurde ihm ein sicherer Sosibius, ein Intri-gant, der sich in das Vertrauen des Königs eingedrängt hatte, als Mentor und Geschäftsleiter beigegeben. Möglich dass auch die königliche Gemalin Berenike, die ihren Gatten völlig beherrscht zu haben scheint, einen Antheil an dieser Mitregentschaft hatte, wenigstens in ihrem Stammlande Kyrenaika.

Philopator mochte zu jener Zeit 15 bis 16 Jahre alt gewesen sein. Seine Mutter Berenike, die Erbtochter des Magas, hatte ihren Verlobten, den aegyptischen Thronfolger Evergetes, zwar erst nach dem Tode ihres Vaters, aber noch zur Lebenszeit ihres Schwiegervaters und Stiefoheims Philadelphus geheiratet, und Ptolemaeus Philopator war der erstgeborne Sprössling dieser Ehe. Aus derselben Ehe stammte ferner ein zweitgeborner Sohn Namens Magas und eine Tochter Arsinoe, welche später die Gemalin ihres Bruders Philopator wurde. Ein Turiner Papyrus gedenkt noch einer zweiten Prinzessin Namens Berenike, welche im neunten Regierungsjahre des Königs Evergetes in Alexandria, während der daselbst abgehaltenen Festlichkeiten, in ihrer Jugendblüthe verstarb, und zu deren Andenken, als Tröstung für die trauernden Eltern, die Verfasser des Papyrus, die in der Hauptstadt versammelten Oberpriester, eine jährlich abzuhaltende Todtenfeier anordneten.

Andrerseits gibt uns derselbe Papyrus die Bestätigung, dass unter Evergetes I. wieder die altaegyptische Gewohnheit befolgt wurde, nach welcher in öffentlichen Urkunden das Datum nicht nach einer festgesetzten Aera sondern nach den Regierungsjahren des jemaligen Königs bezeichnet wurde.

Diese aus der Selbstüberschätzung despotischer Dynasten und dem Knechtsinn unterdrückter Völker hervorgegangene Uebung beschränkte sich unter den drei ersten Ptolemaeern auf monumentale Inschriften und auf Urkunden. In der Folge ging diese altaegyptische Uebung auch auf die Münzdatirung über und ward dadurch für die Numismatik die Quelle der heillosen Verwirrung, die in den chronolpgischen Reihenfolgen der Ptolemaeermünzen herrscht. Evergetes I. hat zwar auf den in Kypern geschlagenen Münzen seinen unmittelbar nach dem Tode seines Vaters erfolgten Regierungsantritt durch das KAI A (und 1) bezeichnet, er hat aber die von Philadelphus in Anwendung gebrachte Königsaera respectirt und hat mit den Daten dieser Aera fortprägen lassen. Insofern entsprach er auch der griechischen Anschauungsweise, zufolge welcher die Datirung auf Münzen nach Epochen und Aeren und nicht nach der Regierungsdauer der Könige statt fand, wovon die Münzen der Seleukiden und anderer Dynastien Beweise liefern.

Anders kam es unter Ptolemaeus IV. Philopator. Wir finden den Beginn der von seinem Vater ihm anvertrauten Mitregentschaft in Kypern auf den Münzen durch L N-A, Jahr 50 (und) 1, bezeichnet; als er aber nach seines Vaters Tode zur Alleinherrschaft gelangt war, nahm er bei seinen kyprischen Münzprägungen die aegyptische Datirung an, nämlich die Zählung nach Regierungsjahren; ja er ging noch weiter, er zählte nicht nur die 17 Jahre seiner Alleinherrschaft, er zählte auch noch die 11 Jahre seiner kyprischen Statthalterschaft hinzu. Nur auf diese Weise lassen sich die Daten jener kyprischen Tetradrachmen erklären, die mit vieler Wahrscheinlichkeit dem Ptolemaeus IV. Philopator zugetheilt werden können.

Diesem Vorgange in Betreff der kyprischen Münzdaten folgten auch die spätern Ptolemaeer. Sie zählten nicht nur die Jahre ihrer wirklichen Regierung, sie rechneten auch noch jene Jahre hinzu, in welchen sie nur eine Art Mitregentschaft geführt oder selbst nur eine Regierungsanwartschaft besessen hatten. Von einer stabilen

Aera ist nach dem Tode des ersten Evergetes auf den in Kypern geprägten Ptolemaeermünzen keine Spur mehr zu finden.

Die wenn auch nur lückenhaft vorhandene Reihenfolge der in Phoenikien geprägten d a t i r t e n Ptolemaeermünzen liefert den Beweis, dass die Daten derselben sich nicht auf Regierungsjahre, sondern auf Jahre nach einer bestimmten Aera beziehen. Diese Aera ist, wie oben nachzuweisen versucht wurde, keine andere als die Königsaera des Philadelphus, ausgehend von dem Jahre 283/282 v. Chr., dem Beginn seiner Alleinherrschaft, und parallel fortschreitend mit den Jahreszahlen der ersten kyprischen Münzserie. Dies vorausgesetzt würden die Sidon-Tetradrachmen mit den Daten ΛZ und ΛH (37, 38) in den zwei ersten Regierungsjahren des Evergetes I. geprägt worden sein und somit auf 247/246 und 246/245 v. Chr. fallen. Die im letzten Regierungsjahre dieses Königs in Phoenikien mit einem Datum geprägte Tetradrachme müsste, falls sie je aufgefunden werden sollte, die Jahrzahl Ξ A, 61, zeigen, wie dies oben bei der analogen Münze der ersten kyprischen Serie bemerkt wurde. Leider wird die phoenikische Serie, von J. 39 ab, durch eine starke Lücke unterbrochen und beginnt erst wieder mit Ξ E, 65. Evergetes I. erscheint daher an den phoenikischen Prägungen fast gar nicht betheiligt. Vielleicht wird diese Lücke durch künftige Münzfunde zum Theil ergänzt.

Nach einer Unterbrechung von 27 Jahren erscheint die datirte phoenikische Reihenfolge wieder gut vertreten und zwar durch 15 Tetradrachmen und 5 Didrachmen. Herrn Poole gebührt das Verdienst, diese merkwürdigen Münzen in eine chronologische Uebersicht gebracht und zum grössten Theil zuerst edirt zu haben. Rechnet man die bezüglichen Jahrzahlen nach der Königsaera des Philadelphus, so fallen die Tetradrachmen mit den Daten Ξ E. OA, OB, OΔ, OZ und OH (letztere von Herrn Six publicirt), d. i. 65, 71, 72, 74, 77 und 78, auf die Jahre v. Chr. 219/218, 213/212, 212/211, 210/209, 207/206 und 206/205, mithin auf die Regierung des Ptolemaeus IV. Philopator. Die folgenden Daten Π (ausnahmsweise am untern Rande), ΠA, ΠB, ΠΓ und ΠΔ, d. i. 80, 81, 82, 83 und 84, fallen auf die Jahre 204/203, 203/202, 202/201, 201/200 und 200/199, gehören sonach dem Ptolemaeus V Epiphanes, der noch ein Knabe laut des Kanons am 27. März 204 v. Chr. zur Herrschaft gelangte und dem im Jahre 199 die aegyptischen Besitzungen im vorderasiatischen Küstenlande von Antiochus III. von Syrien entrissen wurden. Auf einer unedirten Tetradrachme des Herrn S. Egger in Wien steht am untern Rande das Datum OΘ (79, d. i. J. 205/204). Das Gewicht ist 14,305 Grm. Auf einem zweiten vor mir liegenden Exemplar steht ΠA (81), ebenfalls unter dem Blitze am untern Rande. Das Gewicht ist 14,280 Grm., um 0,05 stärker als das Normalgewicht. Styl und Fabrik beider Stücke sind bedeutend roher als bei den gleichzeitigen Tetradrachmen mit dem Porträtkopfe des Epiphanes. Die Daten ΠH, ΠΘ (in Monogramm) und ꝗ, d. i. 88, 89 und 90, fallen in die Jahre 196/195, 195/194 und 194/193, zu welcher Zeit Antiochus III. dem Epiphanes seine Tochter Kleopatra I. zur Gemalin gab, die ihrem jungen Gatten einen Theil der ihm abgenommenen Ländereien als Mitgift zurückbringen sollte.

Die Daten der von Herrn Poole zuerst edirten Didrachmen PB, PE (beide auf dem Blitze angebracht), P-Θ, B-IP und P-IZ, d. i. 102, 105, 109, 112 und 117 fallen

auf die Jahre 182/181, 179/178, 175/174, 172/171 und
167/166, mithin auf Ptolemaeus VI Eupator (181/180)
und Ptolemaeus VII Philometor.

Aus dem Obigen ergibt sich, dass bei den phoenikischen Münzprägungen der Lagiden nicht die aegyptische
Datirungsweise nach den Regierungsjahren der jeweiligen
Könige in Anwendung kam, sondern dass daselbst die
griechische Datirungsart nach Aeren beibehalten wurde.

Rückblick auf Münztypen früherer Prägung.

Mionnet (VI., 138—143 und S. IX., 59—61) führt
unter dem dritten Ptolemaeus eine Reihe von Erzmünzen
auf, deren Entstehung einer früheren Periode angehört.
Der schematische Typus dieser Münze ist:

Av. Jugendlicher, bartloser Kopf nach rechts, mit
langen auf den Nacken zurückflatternden Haaren; die
Stirn mit dem Diadem geschmückt; um das Ohr windet
sich das von den Schläfen ausgehende Ammonshorn.

Rev. ΠΤοΛΕΜΑΙοΥ ΒΑΣΙΛΕΩΣ. Adler mit ausgebreiteten Flügeln auf dem Blitze nach links gewendet.
Im Felde der Kehrseite folgende Beizeichen:

Korinthischer Helm ohne Busch, Helm und Monogr.
aus ΠΥ,

Akrostolion und Helm,

Akrostolion allein,

Keule und Α,

Keule und Π (Mion. VI. 142),

Monogr. ⊦Ρ (Heraclea?),

Monogr. Χ wie auf den Soter-Goldtriobolen.

Diese niedlichen Münzen, deren Styl und Ausführung
bei manchen Exemplaren auf wirkliche Schönheit An-

spruch machen, gehören in Aegypten nicht zu den seltenen. Ich fand davon Stücke in der Grösse von 2, 3, 3 1/2, 4, 4 1/2, 5 bis 5 1/2, Gr. mithin kleinere und grössere als bei Mionnet. Die Verschiedenheit der nicht selten vernachlässigten Fabrik lässt vermuthen, dass die Prägung dieser Münzen einen ziemlich langen Zeitraum umfasste.

Mionnet erkennt in dem Kopf der Vorderseite keine bestimmte Persönlichkeit, bemerkt aber (S. IX. pag. 11, a), dass Cousinery darin den Porträtkopf Alexander des Grossen zu erkennen glaubt. Cousinery's Ansicht ist nunmehr die vorherrschende, und der ausgezeichnete Numismatiker am Berliner königl. Museum Herr Julius Friedlaender hat durch ein daselbst aufbewahrtes Exemplar nachgewiesen, dass die Entstehung dieser von Ptolemaeus Lagi zuerst geprägten Münze in das zweite Decennium nach Alexander des Grossen Tode fällt. Dieses Beweisstück gleicht den oben beschriebenen, früher dem Evergetes I. zugetheilten Erzmünzen; es zeigt den jugendlichen Kopf Alexander's mit Ammonshorn und Diadem, auf der Kehrseite den Adler, jedoch mit der Aufschrift ΠΤόΛΕΜΑΙοΥ allein, ohne den Titel ΒΑΣΙΛΕΩΣ *). Diese Münze wurde demnach geprägt, bevor noch Soter den Königstitel angenommen hatte, und reiht sich an die Abtheilung der von Soter als Statthalter geschlagenen Münzen.

Herr J. Friedlaender war so gütig, mir brieflich eine Uebersicht des von ihm aufgestellten Systems mitzutheilen, nach welchem sich die in Aegypten seit Alexander M. bis auf Philadelphus geprägten Münzen aneinander-

---

*) Sieh weiter unten die Beschreibung einer ähnlichen im Wiener kais. M. K. befindlichen Münze.

reihen, und wonach er auch die bezügliche Münzpartie des königl. Museums geordnet hat.

Ich erlaube mir diese Uebersicht hier folgen zu lassen.

Erste Abtheilung. Alexandermünzen in Aegypten geprägt:

1. Stater mit ägyptischen Beizeichen.

2. Die seltenen Tetradrachmen mit dem Kopf in der Haut des Elephantenkopfes, und dem Zeus-Aëtophor (Abg. Taf. 1. n. 1).

3. Die Tetradrachmen und Theilstücke mit demselben Kopf und der Pallas Promachos.

4. Erzmünzen mit demselben Kopf und der stehenden Nike.

5. Die kleinen Erzmünzen mit dem jugendlichen, unbedeckten Kopf, und im Revers mit ΛΛE und dem Adler.

Alle diese Münzen haben Alexander's Namen, mögen aber zum Theil nach seinem Tode geprägt sein.

Zweite Abtheilung. Münzen des Ptolemaeus Lagi als Statthalter von Aegypten:

1. Stater und Theilstücke mit den Typen Alexander's und der Aufschrift ΠΤοΛΕΜΑΙοΥ, ohne Königstitel.

2. Erzmünzen, deren Vorderseite den jugendlichen Kopf Alexander's mit Diadem, Ammonshorn und flatternden Haaren, und deren Kehrseite den Adler auf dem Blitze und die Aufschrift ΠΤοΛΕΜΑΙοΥ ohne Königstitel zeigt.

Dritte Abtheilung. Die kleine Goldmünze, auf welcher schon der Kopf des Ptolemaeus Soter erscheint, deren Kehrseite jedoch die Aufschrift ΠΤοΛΕΜΑΙοΥ o h n e Königstitel und den Typus des Alexanderstaters, die stehende Nike, zeigt. (Abg. in den Beiträgen zur älteren Münzkunde. Taf. VIII. 6.)

Vierte Abtheilung. Münzen des Ptolemaeus Soter mit dem Königstitel, aber mit dem Kopfe Alexander's:

1. Die oben beschriebenen Erzmünzen, welche früher dem Evergetes I. zugetheilt wurden.

2. Erzmünzen mit dem Alexanderkopfe in der Elephantenhaut; Kehrseite: Name, Titel und Adlertypus des Ptolemaeus *).

Fünfte Abtheilung. Hier folgen alle Münzen des Ptolemaeus Soter I. mit seinem eigenen Bildniss und mit dem Königstitel ohne alle Beziehung auf Alexander.

Die vorstehende chronologische Aneinanderreihung der in die verwickelte Diadochenperiode fallenden aegyptischen Münzprägungen ist meines Erachtens ebenso scharfsinnig als belehrend und anregend. Sie entspricht dem naturgemässen Entwicklungsgange und ist daher überzeugend. Wir sehen hier durch die sprechenden Zeugen der Kulturgeschichte auf numismatischem Wege ein Stück Weltgeschichte abgespielt. Mit der Sonde dieser Münzmetamorphosen erforschen wir die esoterischen Bestimmungsgründe eines humanen, sehr klugen, aber dennoch von Usurpazionsgelüsten heimgesuchten Machthabers; geleitet von dem Geiste, der aus den Münzen spricht, gewahren wir, wie sich aus dem treuen Diener seines Herrn allmälig ein Autokrat und Gründer einer neuen Königsdynastie entpuppte.

---

*) Diese Münzen sind bei Mionnet unter Ptolemaeus IX, Alexander I. beschrieben. Herr J. Friedlaender bemerkt: dass man diese Münzen immer wieder prägte, stört nicht die Zutheilung der älteren durch ihre Sauberkeit sich unterscheidenden Stücke.

Die im zweiten Abschnitte dieser Abhandlung aufgestellten Serien A, B und C umfassen die Münzen,
welche in Aegypten während der drei Perioden der Statthalterschaft des Ptolemaeus Lagi (von 323 bis 305) geprägt wurden. Diese Münzen fallen daher in die vier
ersten Abtheilungen des von Herrn Friedlaender aufgestellten Systems.

Ueber einen Punkt, in welchem meine Ansichten von
jenen des genannten Numismatikers abweichen, erlaube
ich mir Folgendes zu bemerken.

Nach der in Aegypten vorherrschenden Ansicht trug
ich bisher kein Bedenken den Kopf auf den Tetradrachmen mit der Pallas Promachos als den Porträtkopf des
jüngern Alexander, Sohnes der Roxane, zu bezeichnen.
Ich fand diese schönen sorgfältig ausgeprägten Vierdrachmenstücke immer unter Soter-Tetradrachmen alexan-
drinischer Prägung, denen sie in Styl, Fabrik und Gewicht ganz gleich sind; es schien mir natürlich, dass Vor-
mund und Mündel zusammengehörten. Ebenso unbedenklich fand ich es, dass die Künstlerhand des Stämpel-
schneiders das Bildniss eines Knaben idealisiren und in
dem frühreifen Gesichtsausdrucke des Sohnes die üppig-
weiche Schönheit der persischen Mutter mit den kühnen,
ich möchte sagen Achilleïschen Zügen des Vaters ver-
schmelzen wollte. Aehnliches sieht man auf den Münzen
des syrischen Königsknaben Antiochus VI. Epiphanes
Dionysos. — Ob in diesem Conterfei der Vater oder der
Sohn gemeint sei, dürfte zuletzt auf dasselbe hinauskom-
men. Diese Tetradrachmen und deren Theilstücke, sowie
die hieher gehörigen Erzmünzen mit AΛE sind jedenfalls
Münzen, welche in die von dem Kanon als zweiunddreis-

sigste aegyptische Dynastie bezeichnete Periode der drei makedonischen Könige fallen.

Die in der zweiten und dritten Serie der Sotermünzen beschriebenen u n e d i r t e n Münzen wären nach der obigen Eintheilung gehörigen Ortes einzureihen. Zur Beleuchtung dieser interessanten Uebergangsperiode müsste vor Allem ein beschreibendes Verzeichniss der bisher bekannten hiehergehörigen Münzen vorliegen.

Herr J. P. Six *) gibt dem Ptolemaeus Soter :

1. Die in Aegypten nach Alexander's Tode mit dessen Namen und Typen geprägten Stater und Tetradrachmen;

2. die seltenen Alexander-Tetradrachmen mit Diadem, Ammonshorn und Elephantenhaut als Kopfbedeckung;

3. die Alexander-Tetradrachmen mit der Pallas Promachos und Monogrammen von Städtenamen, darunter jenes von Gaza, welche Stadt Soter, der damals im Namen des jüngeren Alexander regierte, von 320 bis 315 in seiner Gewalt gehabt habe;

4. nach dem Tode des jüngeren Alexander um 311, halbe Goldstater mit den gewöhnlichen Alexandertypen, jedoch mit der Aufschrift ΠΤοΛΕΜΑΙοΥ.

5. Kupfermünzen in grosser Zahl, darunter auch solche, die gewöhnlich in eine viel spätere Zeit gesetzt werden.

Wie bereits früher erwähnt wurde, verlegt Herr Six die in den phoenikischen Städten mit Soter's Bilde geprägten Ptolemaeermünzen in die Regierungszeit seiner Nachfolger, indem er in Uebereinstimmung mit K. B. Stark

---

*) Over de Munten, die den Naam van Ptolemaeus Soter dragen. Amsterdam, 1863.

annimmt, dass Soter noch gar nicht im Besitze der phoenikischen Städte gewesen sei. Dagegen lässt sich freilich
einwenden, dass nach der entscheidenden Schlacht von
Gaza im Jahre 312 der siegreiche Ptolemaeus durch
nichts gehindert war, die flache Seeküste Palaestina's bis
an den Libanon in Besitz zu nehmen. Wahrscheinlich
hat er es auch nicht verabsäumt. Daraus folgt aber noch
nicht, dass Soter in den phoenikischen Städten datirte
Tetradrachmen geprägt habe, und ich erkläre mich mit
Herrn Six dahin einverstanden, dass die in der Frage stehende Datirung als erst von Philadelphus ausgehend
anzunehmen sei. Zufolge der hiehergehörigen datirten
Münzen, deren Zeugniss doch in letzter Instanz entscheidend ist, beginnt diese Datirung, sowohl in Phoenikien
wie in Kypern, mit dem Jahre 283/282 v. Chr. Nach
dieser Annahme lassen sich sowohl die Doppeldaten, als
auch die übrigen Jahrzahlen geschichtlich erläutern.

Vor Besprechung der unter Evergetes I. in gross-
artigem Massstabe eingeführten Kupferwährung erlaube
ich mir einige im kaiserlichen Münz- und Antiken-Kabinet
in Wien befindliche Münzen zu beschreiben, deren Prägung
in die Periode der drei ersten Ptolemaeer fällt, und welche
bei Mionnet entweder gar nicht vorkommen oder daselbst
nur flüchtig beschrieben sind. Bei diesem Anlasse ent-
spreche ich einer angenehmen Pflicht, wenn ich mit auf-
richtigem Danke die von dem humansten Geiste der
Wissenschaft geleitete Gefälligkeit hervorhebe, mit welcher die Herren Beamten des genannten kaiserlichen
Museums mich in meiner vorliegenden Arbeit mit Rath
und That unterstützen, eine Humanität, die ich um so
mehr zu würdigen verstehe, als meine leider sehr
geschwächten Augen mir nicht mehr die Freiheit des

Umblickes und die Sicherheit der Beobachtung wie in jüngeren Jahren gewähren.

1. Tetradrachme.

Av. Soter's Porträtkopf im gereiften Mannesalter mit Diadem und Aegis.

Rev. ΠΤοΛΕΜΑΙοΥ ΣΩΤΗΡοΣ. Adler, sehr schlank gebaut, auf dem Blitze nach links gewendet; vor dem Adler im Felde links, das Monogramm von Aradus Æ; hinter dem Adler rechts, eine Lanzenspitze.

Æ. Gr. 7¹/₂, Gew. 14,150 Grm.

Diese schöne und sehr seltene Tetradrachme, von der nach Lenormant (a. a. O. pag. 85) nur zwei Exemplare bekannt sein sollen, ist wahrscheinlich erst unter Evergetes I. geprägt worden. Das Wiener Exemplar (bei Mionnet S. IX. 10 citirt) stammt aus dem Mus. Theup. (Tiepolo), welche berühmte Münzsammlung im Jahre 1821 von dem kais. Münz-Kabinete in Wien um den Preis von 100,000 Lire Austr. erworben wurde.

2. Tetradrachme.

Av. Soter's Porträtkopf im vorgerückten Alter mit Diadem und Aegis, n. r. Auffallend ist der weitgeöffnete Mund, der dem Kopfe einen geistlosen, beinahe karrikirten Ausdruck gibt, und an die Kechenaeer (Κεχηναῖοι) in den Rittern des Aristophanes erinnert.

Rev. ΠΤοΛΕΜΑΙοΥ ΒΑΣΙΛΕΩΣ. Adler auf dem Blitze nach links schauend; vor dem Adler im Felde links ΕΥ (Evesperides), darunter ΚΕ, Monogr. aus ΚΛΕ, darunter Α. (Alexandria).

Æ. Gr. 7, Gew. 14,240 Grm.

(Abgeb. Taf. IV. Nr. 5.)

Bei Schledehaus (a. a. O. pag. 900) ist eine ähnliche Münze verzeichnet, doch wird das Monogramm nur auf

KΛ ohne E ausgelegt, wenn anders das abgenützte Exemplar eine richtige Lesung zuliess. Ein ähnliches Exemplar im Brit. Mus ist bei Poole (a. a. O. pag. 57) verzeichnet und scheint ebenfalls minder gut erhalten zu sein. Die Erhaltung des Wiener Exemplars lässt nichts zu wünschen übrig.

Die Erklärung der auf der Kehrseite dieser Tetradrachme angedeuteten Städtenamen ist schwierig. Wenn nach Lenormant EY auf die in Kyrenaika an der östlichen Einfahrt der grossen Syrtis gelegene Handelsstadt Evesperides, und das untenstehende A auf die Hauptstadt Alexandria ausgelegt werden, so ist gegen diese Erklärung nichts einzuwenden. Die Handelsbeziehungen zwischen diesen beiden Städten waren in der alten Welt gewiss sehr lebhaft, da noch jetzt, wo der stets mehr vordringende Sand der Wüste das alte Kulturland Kyrenaika zu überfluten droht, zwischen Bengasi, das auf den Ruinen des alten Evesperides steht, und Alexandria ein nicht unbedeutender Seeverkehr unterhalten wird. Ebenso lässt sich aus dem EY beiläufig die Zeit bestimmen, in welche die Prägung dieser Tetradrachme fällt. Sie musste nämlich früher geprägt worden sein, als Evergetes I. seiner Gemalin Berenike das Dominium über Evesperides einräumte und den alten Namen dieser Stadt in Βερενίκη umwandelte. Dasselbe Berenike, wohin später viele Juden aus Palästina einwanderten, war eine der fünf grossen Städte der Provinz Pentapolis, wie damals Kyrenaika genannt wurde. Während der Fehde zwischen Magas und Philadelphus war der Handelsverkehr zwischen Kyrenaika und Aegypten gefährdet. Als Prägezeit der in der Frage stehenden Münze dürfte demnach das erste Decennium nach dem Tode des Statthalters Magas angenommen werden. Unvereinbar mit dieser Voraussetzung ist aber andererseits die Erklärung des zwischen dem EY und Λ stehenden Monogramms aus KΛE. Ein zwischen Evesperides und Alexandria gelegener alter Handelsplatz, dessen Name mit KΛE anfinge, ist nicht bekannt. Der von Philadelphus am rothen Meer erbaute Hafen A'ρσινόη wurde zwar nach Strabo in späterer Zeit KΛEOΠATPIC genannt; als dies aber geschah, hatte auch Evesperides schon lang vorher seinen Namen in BEPENIKH verändert; — und wie wären überhaupt zwei an getrennten Meeren von einander so weit abliegende Städte zu einer so engen Verbindung gekommen?

3. Didrachme.

Av. Soterkopf im vorgerückten Alter, das Auge scharf ausgeprägt; das Diadem ist in Form eines S gewunden; von der Aegis ist der vordere Schlangenknoten sichtbar.

Rev. . . . AΣIΛ . . . Adler mit geschlossenen Flügeln auf dem Blitze stehend, nach links gewendet; im Felde vor dem Adler eine Fackel; hinter dem Adler das Silphium.

Æ. Gr. 5. Gew. 6,450 Grm.

Diese in Kyrene geprägte merkwürdige Didrachme, von der man kein zweites Exemplar kennt, ist bei Müller (Num. de l'ancienne Afrique, n. 361) abgebildet. Eckhel (Cat. Mus. Vind. I. p. 284, n. 1), der diese Münze zuerst bekannt gemacht, wollte sie keinem bestimmten Ptolemaeer zutheilen, und hatte insofern guten Grund dazu, als die Ueberreste der Aufschrift der dürftig erhaltenen Kehrseite eher BAΣIΛEΩΣ als ΠTοΛEΜAIοY zu lesen sind; in welchem Falle diese Didrachme erst nach Soter's Tode geprägt worden wäre. Die Fackel im Felde gleicht jener auf den schönen alten Didrachmen von Anphipolis und bezieht sich auf die Lampadephorien (Fackelzüge), die in Kyrene bei dem grossen Feste des Apollon (Καρνεῖα) abgehalten wurden. Das Silphium ist das Symbol von Kyrene.

4. Drachme, mit dem Soterkopf.

Diese äusserst seltene Münze wurde bereits oben bei den Goldmünzen des Evergetes I. beschrieben (Abg. Taf. 2, n. 2).

Erzmünzen.

5. Av. Soter's Porträtkopf im gereiften Mannesalter mit Diadem und Aegis, nach rechts.

Rev. ΠΤοΛΕ . ΒΑ . . Vordere Hälfte eines geflügelten Seepferdes nach links.

Æ. Gr. 3. Gew. 2,950 Grm. (Abg. Taf. IV. n. 4).

Mionnet (VI. 9, 85) beschreibt eine ähnliche Münze als von Magas in Kyrenaika geschlagen, welche im Felde eines der fünf angeblichen Magas-Monogramme und eine Krabbe, das Symbol von Apollonia, aufweist. Bei L. Müller (a. a. O. n. 373, 374 und 375) werden drei Varianten derselben Münze verzeichnet. Das Exemplar der Wiczai'schen Sammlung (Mus. Hederv. Cat. I. tab. 28, 607) zeigt unter dem Seepferde ebenfalls ein Monogramm, welches aus ΜΥΓ zusammengesetzt ist und, wie Lenormant Senior bemerkt, nicht auf Magas ausgelegt werden kann.

Mionnet (S. IX. 187, 53) verzeichnet nach Sestini (Descriz. delle Med. ant. gr. del Mus. Hederv. III. pag. 74 n. 1) dieselbe Münze unter Magas, Cyrenaïque, und beschreibt den Kopf der Vorderseite als jenen des Ptolemaeus II. Philadelphus. Es ist aber kaum wahrscheinlich, dass Magas, der mit seinem Halbbruder Philadelphus auf schlechtem Fusse stand, eine Münze mit dem Bildniss desselben geschlagen habe. Ist der Kopf wirklich jener des Philadelphus und nicht vielmehr der idealisirte Porträtkopf des Ptol. I. Soter, so wäre die Auslegung des Monogramms auf Magas nicht zulässig und demnach auch die Zutheilung der Münze unrichtig. L. Müller bestreitet daher auch mit gutem Grunde die Richtigkeit der bisher beliebten Auslegung der fünf aus ΜΑΓ zusammengesetzten Monogramme.

Das oben beschriebene Exemplar zeigt weder ein Monogramm noch ein anderes Beizeichen, scheint daher nicht in Kyrenaika, sondern in Aegypten geprägt worden zu sein. Der Typus der Kehrseite erinnert an den oben unter Soter (II. C, n. 5) beschriebenen merkwürdigen Obolus, der im Avers den jugendlichen Herkuleskopf und. im Revers ein geflügeltes Seepferd, nebstbei im Felde die Buchstaben ΠΤ zeigt. Das ΠΤ kann auf eine Abkürzung für ΠΤΟΛΕΜΑΙΟΥ ausgelegt werden, gleichwie das ΑΛΕ auf den kleinen in Aegypten geprägten Erzmünzen für ΑΛΕΞΑΝΔΡοΥ steht. ΠΤ könnte auch auf Ptolemais gedeutet werden, wie unter den Ptolemaeern der zur Stadt erhobene Hafen des alten in Verfall gerathenen Barke hiess.

6. Av. Jugendlicher Alexanderkopf n. r. mit Diadem, Ammonshorn und fliegenden Haaren.

Rev. ΠΤοΛΕΜΑΙοΥ. Adler mit ausgebreiteten Flügeln auf dem Blitze stehend und nach links schauend; im Felde links ein Akrostolion, darunter ein kleiner Helm ohne Busch.

Æ. Gr. 4, Gew. 5,260 Grm. (Abgeb. Taf. IV n. 3).

Bei genauer Prüfung der Legende konnte keine Spur des Titels ΒΑΣΙΛΕΩΣ entdeckt werden. Diese

Münze scheint demnach ein Seitenstück zu dem obenerwähnten Berliner-Exemplar zu sein und ist von Ptolemaeus Soter geprägt worden.

7. Av. Alexanderkopf nach rechts, in der unter dem
Kinn zusammengeknüpften Haut des Elephantenkopfes;
um die Stirn das Diadem. In einem Perlenkranze.

Rev. ΠΤ·ΛΕΜΑΙ·Υ ΒΑΣΙΛΕΩΣ. Grosser Adler mit
ausgebreiteten Flügeln auf dem Blitze nach links gewendet. Ohne Beizeichen im Felde. Der Durchmesser
der etwas convexen Vorderseite ist kleiner als jener
der concaven Kehrseite.

Æ. Gr. 6. Gew. 11,950 Grm.

Diese hübsche Münze gehört in die vierte Abtheilung der von Herrn J. Friedlaender aufgestellten oben
ersichtlich gemachten Reihenfolge der nach Alexander M.
in Aegypten geprägten Münzen. Sie unterscheidet sich in
Metall, Styl und Fabrik auffallend von spätern Geprägen
mit den analogen Typen. In der Aufschrift ist der Buchstab O durch einen einfachen Punkt bezeichnet, wie auf
Münzen des päonischen Königs Audoleon.

Die bei Mionnet (VI. 65—80) unter Soter und Berenike beschriebenen Erzmünzen sind erst nach dem Tode
dieses Herrscherpaares geprägt worden. Berenike,.eine
Anverwandte des Reichsverwesers Antipater und Witwe
eines vornehmen Makedoniers Namens Philippos, wurde
durch ihre Heirat mit Ptolemaeus Lagi die Ahnfrau der
ägyptischen Königsdynastie. In dieser Eigenschaft ward
ihr von ihren Kindern und Enkeln göttliche Verehrung
zu Theil und im Sinne dieser Apotheose wurde sie als
Altmutter Isis abgebildet. Dass sie schon bei Lebzeiten
die dem Isisbilde nachgeformten Haarlocken getragen

habe, lässt sich ebensowenig nachweisen, als dass sie sich ΒΑΣΙΛΙΣΣΗ genannt habe, und dass überhaupt noch während ihrer Lebensdauer eine Münze mit ihrem Bildniss geprägt worden sei. Wohl aber wurden Erzmünzen mit den Porträtköpfen der Stammeltern der Lagidendynastie noch unter den spätern Königen fortgeprägt. Nachstehende Belege bestätigen das Gesagte.

8. Av. Jugendlicher Ptolemaeerkopf, angeblich des Philadelphus, nach rechts mit Diadem und Aegis. Der Kopf ist vorgeneigt und der Blick aufwärts gerichtet, wie auf den kleinen Erzmünzen mit dem Alexanderkopfe.

Rev. ΒΑΣΙΛΕΩΣ ΠΤΟΛΕΜΑΙοΥ. Kopf der Berenike I. nach rechts mit dem Diadem geschmückt; das reichliche Haupthaar nach Art des Haares auf den ehernen Isisstatuetten geringelt und in wohlgeordneten Locken herabhängend, nach hinten zwei lange Locken, in der Mitte eine kürzere und vorn eine kurze Stirnlocke; vor dem Kopfe im Felde ein Füllhorn.

Æ. Gr. 5, Gew. 7,370 Grm. (Abg. Taf. IV, n. 6).

Eckhel (Doctr. IV. pag. 7 und 124—125) erkennt in den Köpfen dieser Münzen die Bildnisse des Philadelphus und der Arsinoe. L. Müller sieht darin den jugendlich idealisirten Soterkopf und jenen seiner Gemalin Berenike.

9. Av. Soterkopf im vorgerückten Alter nach rechts, mit Diadem und Aegis; hinter dem Kopfe eine Keule; das Ganze in einem Perlenkranze.

Rev. ΒΑΣΙΛΕΩΣ ΠΤοΛΕΜΑΙοΥ. Der als Isis ägyptisirte Kopf der Berenike I. n. r. mit einem Halsbande geschmückt; die Haartracht ist dieselbe, zwei lange Locken, eine kürzere und eine kurze Stirnlocke; vor dem Kopfe das Akrostolion; ein Perlenkranz umschliesst da

Ganze. Die Zeichnung des Kopfes ist steif und starr gleich den ägyptischen Götterbildern.

Æ. Gr. 4½, Gew. 7,470 Grm. (Abgeb. Taf. IV, n. 7).

Nach Styl, Fabrik und Metall dieser beiden Münzen zu schliessen, liegt zwischen deren Prägung ein langer Zeitraum.

Ein drittes, offenbar noch späteres Exemplar, Grösse 8, ist gegossen und verwildert. Der Kopf der Berenike erscheint darauf zwischen Füllhorn und Schiffsschnabel.

Dr. Heuglin fand, wie ich im zweiten Abschnitt erwähnt habe, zwei vortrefflich erhaltene Exemplare dieser Münze, Grösse 7 und 5½, in der grossen Oase der nubischen Wüste. Diese beiden Stücke waren offenbar erst kurze Zeit in Umlauf gewesen und mochten bald nach ihrer Prägung an ihren Fundort gelangt sein, was kaum früher als unter Evergetes I. geschehen konnte, da Nubien erst unter diesem Könige für Aegypten erworben und aegyptische Scheidemünze dort eingeführt wurde.

L. Müller (a. a. O. n. 366—370) verzeichnet von dieser Münze fünf angeblich in Kyrenaika geprägte Varianten, die sich durch die mehr abgerundete Form ihres Schrötlings von den analogen in Aegypten geprägten Exemplaren unterscheiden sollen.

Das Wiener kais. Münz-Kabinet besitzt von dieser Münze ausser den obenbeschriebenen Stücken noch 13 Exemplare von verschiedener Grösse und Fabrik, welche bei Kyrenaika unter Magas eingereiht sind. Nicht alle haben die aus ΜΑΓ geformten Monogramme; einige mögen in späterer Zeit und in Aegypten geschlagen worden sein. Dies ist der Fall bei einem Exemplare, das unter dem Kopfe der Berenike ein E hat, ein häufig vorkommendes Alexandriner Münzzeichen. Bemerkenswerth ist folgendes Stück:

10. Av. Jugendlicher, idealisirter Soterkopf, mit einem gerade laufenden und nicht wellenförmig gewundenen Diadem.

Rev. ΒΑΣΙΛΕΩΣ ΠΤοΛΕ...

Kopf der Berenike nach rechts; vor dem Kopfe ein kleines Füllhorn; im Felde links das Monogramm ⅊.

Æ. Gr. 5. Gew. 6,550 Grm.

Das in BE oder BEPE aufzulösende Monogramm bezieht sich offenbar auf die Stadt Berenike, wie unter Evergetes I. das alte Evesperides genannt wurde. Dies vorausgesetzt, kann die Münze nicht früher als unter diesem Könige geschlagen worden sein.

Ein anderes Exemplar hat im Felde das Silphium und unter dem Kopfe der Berenike das Monogramm ⁂ ähnlich jenem von Hypaton.

Füllhorn und Akrostolion kommen als Beizeichen am öftesten vor.

Dr. Schledehaus (a. a. O. p. 862) beruft sich auf eine hieher gehörige unedirte Erzmünze seiner Sammlung mit dem auf ΚΥΠΡίων auszulegenden Monogramme ⅀⅃ welches ihn zur Annahme berechtigt, dass diese Münze in Kypern geschlagen worden sei. Dieses Monogramm hat Aehnlichkeit mit jenem auf einer in Kyrenaika geprägten Sotermünze (Müller n. 362) und liesse ebenfalls eine Auslegung auf ΚΥΡεναίων zu. Doch zugegeben, dass die Münze wirklich in Kypern geprägt worden, folgt daraus noch nicht, wie Dr. Schledehaus voraussetzt, dass dies schon unter Soter geschehen sei.

11. Av. Soterkopf nach rechts mit einem wellenförmig geschlungenen Diadem.

Rev. Die links stehende Aufschrift (ΠΤοΑΕΜΑΙοΥ) ist ausgebrochen, von dem rechts zu stehen kommenden Königstitel keine Spur. Adler mit ausgebreiteten Flügeln auf dem Blitze nach rechts gewendet. Vor dem Adler das Silphium und nebenan eine Krabbe, das Symbol von Apollonia, darüber das Monogramm I Ν.

Æ. Gr. 3½, Gew. 3,360 Grm.

Diese seltene aber dürftig erhaltene Erzmünze gleicht dem n. 362 bei Müller, die Monogramme sind jedoch verschieden; eine Deutung des obigen auf Joppe ist wohl nicht zulässig.

12. Av. Soterkopf im vorgerückten Alter nach rechts, mit dem Diadem.

Rev. ΠΤοΛΕΜΑΙ .. ΒΑΣΙΛΕ

Adler mit ausgebreiteten Flügeln auf dem Blitze nach links gewendet. Vor dem Adler, links im Felde, das Monogramm Μ.

Æ. Gr. 4. Gew. 6,198 Grm.

Eine ähnliche Münze ist bei Müller n. 368 abgebildet. Mionnet (S. IX. 187. 56) bezeichnet nach Sestini's Bestimmung den Kopf als jenen des Philadelphus. Sestini (Mus. Hederv. III. cont. pag. 755) beschreibt ein ähnliches Exemplar der Wiczai'schen Sammlung, welches auf eine Münze des Soter und der Berenike geschlagen, mithin von späterem Datum ist.

13. Av. Roh ausgeführter Soterkopf nach rechts.

Rev. ΠΤοΛΕΜΙΑοΥ .. ΒΑ .. ΛΕ ..

Adler mit ausgebreiteten Flügeln auf dem Blitz nach links; vor dem Adler Π.

Æ. Gr. 4½. Gew. 9,450 Grm.

Auffallend ist der dicke Schrötling dieser in spätrer
Zeit geschlagenen Münze, daher das starke Gewicht bei
geringer Peripherie.

14. Av. Alter Soterkopf mit Diadem und Aegis nach
rechts.

Rev. ΠΤ"ΛΕΜΑΙ.. ΒΑΣΙΛΕΩΣ. Zwischen den beiden wagrechten Zeilen der Legende ein geflügelter Blitz.
Ober dem Blitz Ϻ, eines der fünf angeblichen Magas-
monogramme.

Æ. Gr. 5¹/₂, Gew. 7,950 Grm. (Mion. VI. 81, 82 unter
Soter und S. IX. 187, 54 dieselbe Münze unter Magas
mit dem Philadelphuskopfe).

L. Müller bespricht in seinem vortrefflichen Werke
über die altafrikanische Numismatik die in Kyrenaika
geprägten Ptolemaeermünzen erschöpfend und mit der
ihn auszeichnenden Gründlichkeit. Er unterscheidet unter
Ptolemaeus Soter drei Münzperioden. Die erste von 322
bis 312 umfasst die Besitznahme und Verwaltung Kyrenaika's durch Ptolemaeus Lagi als Satrapen von Aegypten;
die zweite von 312 bis 308 bezeichnet die Losreissung
von Aegypten unter Onchelles; die dritte Periode läuft
von der Wiedereroberung Kyrenaika's durch den ägyptischen Feldherrn Magas bis zum Tode des Ptolemaeus
Soter, der von 305 ab Kyrenaika als König beherrschte.

Die in Kyrenaika geprägten Ptolemaeermünzen sind
theils ohne den Königstitel, theils mit demselben. Ich
glaube als feststehend annehmen zu dürfen, dass Ptol.
Soter daselbst mit dem Königstitel nicht geprägt hat
und dass alle diesen Titel führenden Münzen auf Rechnung seiner Nachfolger kommen.

In Betreff der von Pellerin und Eckhel auf Magas
ausgelegten Monogramme bemerkt L. Müller, es könnten

die mit diesen Monogrammen versehenen Münzen, falls die in der Frage stehende Auslegung auf Magas richtig wäre, unter Soter oder auch unter Philadelphus geprägt worden sein, unter Letzterem jedoch nur bis zu dem Zeitpunkte, wo Magas sich von Aegypten unabhängig erklärte; sollten aber die fünf Monogramme sich nicht auf Magas beziehen, so könnten diese Münzen auch in späterer Zeit geschlagen worden sein.

Auf Münzen mit ΠΤοΛΕΜΑΙοΥ allein ohne den Königstitel kommen die Monogramme aus ΜΑΓ gar nicht vor, und dennoch sind diese Münzen zu einer Zeit geschlagen worden, wo Magas bereits Statthalter von Kyrenaika war. Nach Müller's Ansicht, welche wie in andern Fällen so auch hier einen festen Grund hat, sind die Münzen mit den Monogrammen aus ΜΑΓ erst unter Ptolemaeus III. Evergetes geprägt worden.

An dieser Stelle erwähne ich noch einer kleinen unter den ersten Ptolemaeern geprägten Erzmünze, die sich an die posthumen Alexandermünzen anschliesst.

Av. Kopf des Jupiter-Ammon nach rechts.

Rev. Β—Α Adler nach links gewendet.

Æ. Gr. 2. (Mion. S. III. 222, 402 unter Alexander M. Müller, Numismatique d'Alexandre, p. 23—26).

Das ΒΑ ist, wie Lenormant Senior nachgewiesen, eine auf makedonischen Königsmünzen öfter vorkommende Abkürzung für ΒΑΣΙΛΕΩΣ und bezieht sich auf Alexander den Grossen. Diese kleine Kupfermünze gehört in Aegypten nicht zu den seltenen.

Eine unedirte Erzmünze meiner Sammlung von derselben Grösse und Fabrik zeigt bei ganz gleicher Kehrseite anstatt des Ammonskopfes einen makedonischen Helm.

Als hieher gehörig erlaube ich mir noch nachstehende, bei Mionnet nicht vorkommende Ptolemaeermünze zu bezeichnen.

Av. Weiblicher Kopf mit einer Mauerkrone, nach links.

Rev. (ΠΤοΛΕΓΙΑΙοΥ) ΒΑΣΙΛΕΩΣ. Adler auf dem Blitze stehend, nach links gewendet.

Æ. Gr. 5. (Huber Catal. n. 1027).

Starke Kupferprägung

unter

Evergetes I.

Evergetes I gab der unter den beiden ersten Ptolemaeern angebahnten Kupferprägung eine grossartige
Ausdehnung. Styl und Fabrik der in Aegypten häufig
vorkommenden, bei Mionnet als unbestimmt bezeichneten
Erzmünzen berechtigen zur Annahme, dass die Anfertigung dieser Münzen durch eine lange Reihe von Jahren,
zum Theil bis an das Ende der Ptolemaeerherrschaft fortgesetzt wurde, dass jedoch die besser und sorgfältiger
gearbeiteten Stücke in eine frühere Münzperiode gehören.
Evergetes I kann als der Gründer der zur landesüblichen
Geltung gelangten Kupferwährung angesehen werden,
und es ist sehr wahrscheinlich, dass im öffentlichen Verkehr diese Währung, falls die Zahlung nicht in einer
bestimmten Münzsorte ausbedungen wurde, schon damals
einen Zwangscurs genoss. Bei dem Mangel an silberner
Scheidemünze konnte zur Erleichterung des Verkehrs der
Ueberfluss an Kupfergeld nur willkommen sein. Zur Zeit
des Verfalles des Lagidenreiches mochte dieses günstige

14

Verhältniss allerdings zu finanziellen Bedrückungen miss-
braucht worden. sein. Amadeo Peyron hat aus einem
Turiner Papyrus nachgewiesen, dass zur Zeit des zweiten
Evergetes die Privatverbindlichkeiten in Kupferwährung
abgeschlossen wurden, die Abgaben an die Regierung
jedoch in Silbergeld bezahlt werden mussten.

Evergetes I brauchte zu seinen kriegerischen Unternehmungen und Ländererwerbungen ungeheure Geld-
summen. In erster Reihe stand der Sold der Truppen.

Die altägyptische Kriegerkaste war längst verkom-
men. Die Ueberreste dieser einst so übermüthigen Kaste·
erbettelten, wie ein Turiner Papyrus bezeugt, vom Könige
Gnadenstipendien und spielten eine traurige Rolle, gleichwie in der Neuzeit die Epigonen der nicht durch Grund-
besitz gesicherten Adelsgeschlechter dem Staate durch
feudale Velleitäten zur Last fallen und ein Hemmschuh
für die zeitgemässe Entwicklung der bürgerlichen Ordnung sind.

Zur Zeit der griechischen Republiken war, wie in
den Freistaaten der Neuzeit, jeder waffenfähige Mann
ein Krieger, wenn die Gefahr des Vaterlandes ihn zum
Kampfe rief. Er wusste, wofür er stritt, die freie Selbst-
bestimmung war sein Fahneneid und die Vaterlandsliebe
begeisterte ihn zum Siege. Der unsterbliche Dichter des
Agamemnon und des gefesselten Prometheus kämpfte als
gemeiner Mann in der Befreiungsschlacht bei Marathon
(29. September 490. v. Chr.), und zehn Jahre später be-
grüsste Aeschylos den jungen Sophokles als Sieges-
genossen in der Seeschlacht bei Salamis am 23. September 480, an welchem Tage Euripides,· der dritte grosse
Tragiker, auf derselben glücklichen Insel geboren wurde.

Mit dem Verfalle der Freiheit begann die Soldaten-
wirthschaft. Die Tyrannei umgab sich mit besoldeten
Waffenknechten und die εὐνομεία ἄνομος die gesetzlose
Ordnung, wie Thukydides den auf Willkür gegründeten
Polizeistaat nennt, erfand die stehenden Heere. Die Humanität des Alterthums schlug aber den Preis, um den
ein freier Mann sich dem Waffendienste verkaufte, höher
an, als der Menschenwerth in der Neuzeit taxirt wird.
Polybius aus Megalopolis in Arkadien, der zwischen dem
zweiten und dritten punischen Kriege eine römische
Kriegsgeschichte schrieb, berichtet (VI. 30. 12.), dass
bei den Römern die tägliche Löhnung eines gemeinen
Fusssoldaten zwei Obole betragen habe, was etwas mehr
als ¹/₃ Denarius gewesen wäre, ein Betrag, der bei den
damals noch einfachen Sitten der Römer und der Billig-
keit der Lebensmittel vollkommen ausreichte. In der Folge
wurde bei den Römern der tägliche Sold auf einen Denarius erhöht.

Bei den Griechen soll der Sold eines Kriegers eine
Drachme gewesen sein, in Aegypten muthmasslich eine
ägyptische Drachme, die ungefähr fünf attischen Obolen
oder einem römischen Denar gleich kam. Noch unter
Kleopatra VI. war das τετράδραχμον gleich vier römischen
Denaren. Nachdem aber Aegypten römische Provinz geworden, erfolgte eine bedeutende Werthreducirung der
Landesvaluta, die durch das römische Aussaugungs-
System immer mehr entwerthet wurde. Schon zur Zeit
des Augustus hatte die Alexandriner Tetradrachme nur
mehr den Silberwerth eines römischen Denars. Eine
neuerlich vorgenommene Prüfung des Feingehaltes der
Alexandriner Tetradrachme mit den Köpfen des Tib.

Claudius Caes. und der Antonia ergab in 1000 Theilen 251 Theile Silber und 1 Theil Gold*).

Evergetes I musste bei seinen finanziellen Gebarungen eine sehr glückliche Hand besitzen, denn ungeachtet der ungeheuren Summen, die er auf seine Unternehmungen zu Land und zur See, auf Tempelbauten, zu Zwecken des ägyptischen Cultus, dann für Wissenschaft und Kunst verwendet hatte, blieb er doch der reichste Fürst seiner Zeit und hinterliess bei seinem Tode einen gefüllten Kronschatz. Man machte ihm zum Vorwurf, dass er die Steuern und Zölle verpachtet habe und die Rückstände zwangsweise durch Waffenknechte habe eintreiben lassen. Diese auch in der Neuzeit beliebte Operation hätte ihn aber gewiss nicht mächtig und reich gemacht. Glücklicher und in volkswirthschaftlicher Beziehung minder nachtheilig war eine andere Finanzoperation, die Ausbeutung der reichen kyprischen Kupferbergwerke und die Einführung der Kupferwährung. Schledehaus (a. a. O. pag. 875) bemerkt hierüber treffend: „Das hohe Werthverhältniss, in dem das kyprische Kupfer zum Silber in Aegypten stand (nach Boekh, Metrolog. Untersuch. pag. 341, wie 60 zu 1), musste diese Verwendung der ägyptischen Regierung noch besonders empfehlen. Die ausserordentliche Masse der Kupfermünzen, deren Styl und Fabrik dieser Zeit entsprechen, liefert den besten Beweis dafür."

Die unter Evergetes I geschlagenen Erzmünzen unterscheiden sich von den früheren Geprägen nicht nur in Styl und Fabrik, sondern auch in den Typen. Gewöhnlich wurden auf Erzmünzen Bildnisse von Gottheiten dar-

---

*) Wiener Numism. Monatshefte B. III, S. 68, Miscellen.

gestellt, während die Könige ihren eigenen Bildnissen am liebsten Gold und Silber vorbehielten. Die Gottheiten, die auf den Münztypen des ersten Evergetes dargestellt wurden, waren ägyptische oder wenigstens ägyptisirte Götter. An Stelle des hellenischen Zeus erschien der ägyptisirte Zeus, Jupiter-Ammon, später auch der von Sinope nach Alexandria verpflanzte und daselbst locali- sirte Serapis; an Stelle der Demeter und der Rhea- Kybele die Isis. Freilich hatten die griechischen Stempel- schneider Alles nach ihrem hellenischen Kunstgeschmacke umgestaltet, gleichwie der griechische Sprachgebrauch die Fremdwörter oft auf eine Weise graecisirte, dass der ursprüngliche Laut kaum mehr herausklingt.

Aus der Geschichte wissen wir, dass mit Evergetes I die makedonische Dynastie sich in jeder Beziehung ägyp- tisirte. Er opferte den Göttern des Landes nicht aus Politik wie seine Vorgänger, sondern aus Ueberzeugung. Hof, Armee und Verwaltung fingen an, die altägyptischen Sitten und Formen anzunehmen. (Vergl. Schledehaus a. a. O.)

Nachstehend werden in der bei Mionnet befolgten Ordnung die Erzmünzen bezeichnet, deren Entstehung wahrscheinlich in die Zeit des ersten Evergetes fällt.

Wir begegnen hier in erster Reihe den zahlreichen Erzmünzen mit dem Kopfe des hellenisirten Ammon-Ra in der Transfigurazion des widderköpfigen Knuph. In dem Charakter dieses Kopfes wurde von der Alexandriner Kunstschule der Stempelschneider der von Phidias ge- schaffene Idealkopf des Zeus Olympios nachgeahmt. Die Aufgabe war, den eben so huldreichen als machtvollen Herrscher und Lenker der Götter- und Menschenwelt dar- zustellen. Zum Ausdrucke dieser Eigenschaften gehörte,

.wie K. O. Müller (Handbuch der Archaeologie der Kunst.
§. 349, 5) treffend bemerkt, der von dem Mittel der Stirn
emporstehende, dann mähnenartig zu beiden Seiten herab-
fallende Haarwurf, die oben klare und helle, nach unten
aber sich mächtig vorwölbende Stirn, die zwar stark zu-
rückliegenden, aber weit geöffneten und gerundeten
Augen, die feinen, milden Züge um Oberlippe und Wangen, der reiche, volle, in mächtigen Locken grade herab-
wallende Bart. Anstatt des Kottinos-Kranzes des Elei-
schen Vorbildes erscheint das einfache Diadem und als
Hauptattribut das Widderhorn. Dieses Horn beginnt in der
Schläfegegend, krümmt sich am oberen Rande der Ohr-
muschel nach rückwärts, tritt eine Schneckenwindung
beschreibend unter dem Ohrläppchen wieder nach vorn,
um gegen den Jochbogen gekehrt, in eine Spitze zu
enden. Gewöhnlich ist der grösste Theil dieses Horns
von den Kopfhaaren bedeckt.

Der aus Meroë in Aethiopien stammende Gott Ammon wurde in Theben als Ammon- (Amun-)Ra verehrt.
Der widderköpfige Gott Knuph war eine der Formen
dieses Gottes. Von Theben kam Ammon nach der grossen
Oase der libyschen Wüste und hatte zu Ammonia, dem
heutigen Syuah, einen von Dionysos-Bakchos erbauten
Tempel und ein berühmtes Orakel. Die Libyer verehrten
den widderköpfigen Gott κριοκέφαλος, als höchstes Wesen.
Den Söhnen der Wüste waren die Attribute der Gottheit
heilig. Sie erkannten darin das Schaf, jenes grosse Geschenk der Natur, dem sie Alles zu danken hatten. Libya
heisst bei Homer und Pindar μηλοτρόφος, Hammel nährend,
und πολύμηλος, an Schafen reich. Die Griechen übertrugen
das Attribut der Knuphhörner auf ihren obersten Nazio-
nalgott. Bei Herodot heisst diese pantheistische Dar-

stellung Zeus. Der hellenisirte Kopf des Ammon erscheint auch auf vielen kyrenaischen Münzen.

Nachdem Alexander der Grosse von dem Orakel zu Ammonia als Sohn des Ammon verkündet worden, gab die plastische Kunst dieser Idee einen den Gesetzen des Schönen entsprechenden Ausdruck. Der Alexanderkopf erhielt das Symbol der Gottheit, das Ammonshorn. Der von Meisterhand geführte Grabstichel bemächtigte sich mit Vorliebe dieser Darstellung des Alexanderkopfes, wovon auf uns gekommene geschnittene Steine und besonders Münzen die unsterblichen Beweise liefern. Reitzend schön erscheint diese Darstellung auf einem Goldstater des Lysimachus im Wiener kais. Münz-Kab. (Abgeb. Taf. V, Nr. 1.)

Das Zeugniss alter Schriftsteller bestätigt, dass Alexander der Grosse nach dem Vorbilde der persischen Könige das Diadem angenommen habe. Visconti*) bemerkt jedoch, dass auf Münzen vor Demetrius I Poliorketes kein König mit dem Diadem dargestellt worden sei. Diese Bemerkung wäre aber dahin zu ergänzen, dass bereits auf den von Ptolemaeus Lagi zur Zeit des jüngeren Alexander in Aegypten geschlagenen Münzen der Alexanderkopf mit dem Diadem geschmückt erscheint. Demetrius Poliorketes, der den Dionysos nachzuahmen suchte, liess auf seinem Bilde diesen seinen göttlichen Beruf durch das Symbol des Stierhorns andeuten. Wie künstlerisch die Münzstempelschneider nebst dem Diadem auch diese ungewöhnliche Kopfzierde zu behandeln ver-

*) Iconograph. Part. II., pag. 56. — Vergl. C. L. Stieglitz: Ueber das Bild Alexanders des Grossen auf den Münzen der Alten. Archaeologische Unterhaltungen. Leipzig, 1820.

standen, beweist abermals eine schöne Tetradrachme
dieses Königs im Wiener Museum. (Abgeb. Taf. V, Nr. 2.)

Auch die Aegis oder Aegide, das mit Schlangen um-
wundene grauenvolle Gorgonenhaupt, das Symbol des
Schrecken verbreitenden Zeus und der schirmenden Ob-
hut der Götter, ging auf Alexander über. Die Ptolemaeer
beanspruchten auf ihren Münzen beide Attribute, Diadem
und Aegis.

Die Aegis der Götter war ein von Hephaestos
kunstvoll gearbeiteter, weithin strahlender Schild, der
mit hundert goldenen Buckeln geziert und in dessen
Mitte das grauenvolle Gorgonenhaupt angebracht war.
Auf den Münzen der Ptolemaeer ist die Aegis ein pracht-
voller Schuppenpanzer, dessen Bruststück mit der Haut
des Gorgonenhauptes bedeckt ist und dessen Vorder-
und Hinterstück an Schulter und Hals durch die aus den
Kopfhaaren des Ungeheuers emporstrebenden Schlangenknoten festgehalten werden. Im ägyptischen Mythos erscheint als Symbol der furchtbaren Majestät der Gottheit
die Uraeusschlange, altägyptisch A r a, welche in aufge-
richteter Stellung auf den Götterbildern in der Mitte des
Stirnbeines angebracht ist. Der hellenischen Kunst mochte
die drohende Erscheinung der giftgeschwollenen Brillen-
schlange ober dem in ewiger Ruhe mildlächelnden Antlitz
der Gottheit ein allzu greller Contrast sein. Die hellenischen Götter konnten sich der Aegis, der schrecken-
verbreitenden Majestät, entkleiden und rein menschlich
fühlen. Den ägyptischen Göttern wuchs die Uraeusschlange aus dem Haupte heraus, ihnen blieben die Leiden und Freuden der Sterblichen fremd. Die Trostlosig-
keit dieses starren Pantheismus wurde allerdings dadurch
gemildert, dass für den alten Aegypter alles Lebende in

der Natur unvergänglich war und eine heilige Bedeutung
hatte. Nicht nur Krokodille, auch Schlangenleichen
wurden einbalsamirt und als Mumien aufbewahrt. Die
Idee des Agathodaemon wurde durch eine Schlange mit
einem Menschenhaupte (Arar) dargestellt. Auf Alexan-
drinermünzen unter den Imperatoren erscheint der Agathodaemon als eine sich aufrichtende Schlange, deren
Kopf mit dem Pschent der Götter geziert ist*).

Auch der Adler, das dynastische Wappen der Lagiden, stammt von Ζεὺς ἀετοφόρος, und der Blitz erscheint
zumeist als Blitz des speerschleudernden Zeus, κεραυνὸς
αἰχμάτας, aber auch als geflügelter Blitz, κεραυνὸς πτερόεις.

Es ist selbstverständlich, dass die unter Evergetes I
mit neuen Typen und in verschiedenen Werthabstufungen
geschlagenen Erzmünzen bei der bestehenden Kupferwährung noch lang nach dessen Tode fortgeprägt wurden.
Die auffallende Verschiedenheit in Styl und Fabrik der
einzelnen Exemplare liefert den Beweis für das eben
Gesagte. Der Unterschied zwischen den schönen Exemplaren der ersten Prägung und anderen ganz verwilderten
Stücken derselben Münzgattung ist oft so bedeutend,
dass, nach dem stufenweisen Verfalle der Münztechnik
zu schliessen, zwischen der Anfertigung der schönen und
verwilderten Exemplare ein Zeitraum von mehr als hundert Jahren liegen muss. Viele Stücke sind nur roher
Guss, und nicht selten ist im Schröttling noch eine Er-
höhung an der Stelle zu bemerken, wo das geschmolzene
Erz in den Lehmmodel eingegossen wurde, da man es

---

*) In meiner ägyptischen Sammlung, welche jetzt dem grossen
ägyptischen Museum in Bulak bei Cairo einverleibt ist, befindet
sich der Agathodaemon in dieser Darstellung auf dem noch uner-
öffneten ehernen Mumienkasten einer einbalsamirten Schlange.

verabsäumt hatte, den dadurch entstandenen Auswuchs wegzunehmen. Diese gegossenen Münzen können auch Erzeugnisse der Falschmünzer gewesen sein, da bei dem eingeführten Zwangscurs die Fälschung des Kupfergeldes einen Gewinn abwarf. Als Regel kann festgehalten werden, dass die fleissig und sauber gearbeiteten Münzen einer früheren Periode angehören, während die verwilderten Exemplare derselben Gattung in eine spätere Zeit fallen. Eine genaue Zutheilung nach der Prägezeit ist unthunlich, daher es gerathen ist, sämmtliche Münzen, deren Typen und Beizeichen dieselben sind, ungetrennt beisammen zu lassen.

Die vielen hieher gehörigen Erzmünzen werden bei Gleichförmigkeit der Typen am einfachsten nach den auf der Kehrseite befindlichen Beizeichen des Münzamtes oder Werkmeisters unterschieden und geordnet.

1. Mit Füllhorn und Monogramm ℞. Allgemeiner Typus nach einem Exemplar des Wiener M. Kab.

Av. Ausdrucksvoller Kopf des Zeus Ammon mit Diadem und Widderhorn nach rechts.

Rev. ΠΤοΛΕΜΑΙοΥ ΒΑΣΙΑΕΩΣ. Majestätisch emporgerichteter Adler, auf dem Blitze nach links gewendet; im Felde Füllhorn; zwischen den Fängen des Adlers das Monogramm ℞.

Æ. Gr. 13 Gew. 71·850 Grm.

(Abgeb. Taf. V, Nr. 3.)

Diese in Aegypten häufig vorkommende Erzmünze ist gewöhnlich von schöner, zuweilen von ausgezeichnet schöner Fabrik, und wegen der Reinheit des Metalles meist von vortrefflicher Erhaltung. Die Abstufungen der Grösse nach Mionnet's Münzmesser sind: 13, 10½, 10, 9, 8½, 6½, 3.

Bemerkenswerth ist das Monogramm, dasselbe, welches später das Monogramm Christi wurde und als solches auf den Münzen der christlich-römischen Kaiser oft vorkommt. Hier ist es vermuthlich die· Chiffre des Münzmeisters oder ein Zeichen der Werkstätte. Vielleicht steht es auch für χρησὸν, wie νόμισμα δόκιμον, ἀκίβδηλον, als Gegentheil von νόμισμα παράσημον ἀδόκιμον, κίβδηλον, unecht, falsch, und würde dann so viel als echt, vollgiltig bezeichnen.

Im Verhältniss zur Grösse variirt das Gewicht.

Die Werthbestimmung der Kupfermünzen stösst auf kaum zu lösende Schwierigkeiten. Nachstehende Bemerkungen dürften hier zu berücksichtigen sein.

Der innere Werth der Kupfermünzen war um Vieles geringer als deren Nominalwerth.

Der Nominalwerth erscheint auf der Münze nicht angegeben. Eine Ausnahme hievon machten einige Erzmünzen von Chios, Antiochia ad Orontem und Comagene aus späterer Zeit.

Gewicht und Werth der Kupfermünzen waren verschieden nach Zeit und Ort.

Bei den alten Schriftstellern finden wir die Benennungen einiger Theilstücke der Scheidemünze, nicht aber deren Werthbestimmung angegeben.

Die Theilstücke wurden im Verkehr nach ihrer Grösse, besonders aber nach·den auf den Münzen befindlichen Typen und Wappen unterschieden.

Das Gewicht konnte im Verkehr ·bei der Scheidemünze wenig berücksichtigt werden; es war auch nicht genau. In späterer Zeit unter den Römern kam bei den Erzmünzen das Gewicht fast gar nicht mehr in Anschlag.

Bei den Kupfermünzen der Ptolemaeer, wo Grösse und Gewicht in vager Abgränzung in einander laufen und die Typen fast immer dieselben sind, mochte die genaue Unterscheidung und Werthbestimmung der Theilstücke schon im Alterthum keine geringe Schwierigkeit sein und setzte jedenfalls einen praktischen Unterricht und eine bedeutende Uebung im Geldverkehr voraus.

Die fortschreitende Numismatik ist bemüht, die autonomen Erzmünzen des Alterthums nach Gewicht und Werthgeltung zu bestimmen. Boeckh, Letronne, F. Lenormant, Beulé, v. Prokesch-Osten, L. Müller, Mommsen, Hultsch, Poole, Brandis haben in dieser Beziehung Vorzügliches geleistet.

Silber war der Werthregulator der Kupferwährung. Um die Theilstücke dieser Währung nach Gewicht und Werthgeltung wenigstens annäherungsweise bestimmen zu können, muss von einem sicheren Gewichts- und Werthverhältnisse des Kupfers zum Silber ausgegangen werden.

In der Neuzeit ist das Werthverhältniss des Silbers zum Kupfer ungefähr wie 75 : 1, während beim Kupfergelde eine willkürliche und bedeutend differente Preiserhöhung stattfindet. Im Alterthum stand dieses Verhältniss mehr zu Gunsten des Kupfers; im attischen Münzsystem wie 72 : 1. In Aegypten war die Nachfrage nach Kupfer, wegen dessen Verwenduung zu unzähligen Götterstatuetten und anderen Cultusgegenständen, viel stärker als anderswo, und der Preis des in seiner Qualität vorzüglichen kyprischen Kupfers war bedeutend höher als die Kupferpreise in Griechenland. Ueberdies hatte Kupfergeld im Verkehr eine Art Zwangscurs.

Alexander der Grosse hatte eine Münzordnung eingeführt, in welcher der Nominal und Realwerth des
Kupfergeldes nach dessen Verhältnisse zum Silber re-
gulirt wurde.

Im ptolemaeischen Münzsystem ward aber auch
Kupfer als selbstständige Werthmünze ausgebracht. Die
Kupferdrachme, die im Gewicht der Silberdrachme ganz
gleich war, wurde zur Rechnungseinheit. Es wurde nach
Drachmen Silber, aber auch nach Drachmen Kupfer ge-
zahlt, und zwar im Werthverhältnisse des Silbers zum
gemünzten Kupfer wie 60 : 1. Bezeichnet man mit Lenormant das Gewicht der Alexandriner Silberdrachme in
runder Zahl mit 3.50 Grm. *), so brauchte man zur Zahlung des Werthes von einer Silberdrachme 210 Grm.
Kupfer oder drei der oben beschriebenen Kupfermedail-
lons, deren Gewicht in runder Zahl mit 70 Grm. anzunehmen ist. (Das Wiener Exemplar wiegt 71.850 Grm.;
das analoge Berliner Medaillon, Katal. Nr. 428, wiegt
68.930 Grm.)

Demselben Verhältnisse entsprechen die Nominale
der Scheidemünze.

Drachme = 6 Obole = 210 Grm. Kupfer.
Obolos, ὁβολός   = 35   „   „
Diobolon, διώβολον = 70   „   „

Im attischen Münzsystem entsprach die höchste
Kupfermünze dem Obolos. Bei den ptolemaeischen

---

*) Das genaue Normalgewicht einer ptolemaeischen Drachme
ist 3.560 — 3.57 Grm. Hultsch verwirft in seinem vortrefflichen
Handbuche der griechischen und römischen Meteorologie die Annahme eines Durchschnittsgewichtes und empfiehlt als Normalgewicht immer das höchste Gewicht der zu einer Gattung gehörigen Münzen anzunehmen.

Kupfermünzen finden wir aber nicht nur Obolos und Diobolon häufig vertreten, es wurden selbst noch grössere Kupfermünzen ausgebracht, deren Gewicht zwischen 90 und 95 Grm. variirt. Diese ganz grossen Stücke scheinen drei Obole oder eine halbe Alexandrinerdrachme gegolten zu haben. Dies vorausgesetzt, sollte ihr Normalgewicht eigentlich 105 Grm. sein; der Gewichtsausfall dürfte sich aber dadurch erklären, dass zur Zeit ihrer Prägung, die bei den meisten Stücken auf eine spätere Periode hinweist, ja auch der Feingehalt der Silbermünze nicht mehr derselbe war, wie unter den ersten Ptolemaeern. Vielleicht erlaubte man sich auch einen Abzug auf Prägekosten, obgleich letztere bei der alten Münzprägung nicht in Anschlag kamen. Der Ueberfluss an grossen Kupfermünzen zu 1, 2 und 3 Obolen ersetzte die Seltenheit der Didrachme und Drachme und den gänzlichen Mangel an silberner Scheidemünze; somit konnten im täglichen Verkehr alle Zahlungen unter einer Tetradrachme leicht ausgeführt werden.

Auch die Theilstücke des Kupferobols finden wir reichlich vertreten bis auf jene Minimalmünze herab, unter welcher in einem so reichen Lande wie Aegypten, ein Bedarf von noch kleinerem Kupfergelde sich nicht mehr fühlbar machte.

Die Kupfereinheit war der Chalkus. Im attisch-makedonischen Münzsystem hatte der Obol 8 Chalkus, in der ptolemaeischen Münzordnung war der Obol in 10 Chalkus eingetheilt. (Vgl. Brandis a. a. O., p. 203 u. f.)

Hiernach ergeben sich, den Obol zu 35 Gramm gerechnet, für den Chalkus und dessen Nominale nach beiden Eintheilungssystemen folgende Gewichtsbestimmungen.

		zu $\frac{1}{8}$ Obol	zu $\frac{1}{10}$ Obol
Chalkus	=	4·3750 Grm.	3·50 Grm.
Dichalkon	=	8·750 „	7·00 „
Trichalkon	=	13·1250 „	10·50 „
Tetrachalkon	=	17·50 „	14·00 „
Pentachalkon	=	21·8750 „	17·50 „

Die ägyptische Decimaleintheilung des Obols war für den Verkehr weit bequemer, als die in Griechenland übliche Achteleintheilung.

Die Seltenheit des Geldes und der niedrige Preis der Lebensmittel machten in alter Zeit vor Alexander dem Grossen für den täglichen Verkehr eine Theilung des Chalkus nöthig. Die Einheit dieser kleinen Theilstücke war der Kollybon oder Lepton, wovon 7 auf einen Chalkus giengen. Das Gewicht dieses kleinsten Kupfernominals wäre nach den oben angedeuteten Verhältnissen für Griechenland 0·6250 Grm. und für Aegypten 0·50 Grm. Als Theilstück des Chalkus wird auch noch der Trichollybon genannt, dessen Gewicht für Aegypten mit 1·50 Grm. zu bezeichnen wäre.

Alexander der Grosse durchbrach die Schleussen, hinter welchen das Aufsaugungssystem des altpersischen Reiches die edlen Metalle gestaut hielt. Es erfolgte eine mächtige Rückströmung dieser Metalle, die sich nach allen Ländern verrieselten, wo griechische Cultur Wurzel gefasst hatte. Mit dem Reichthum stiegen die Preise. Die nun fast werthlosen kleinen Theilstückchen der Scheidemünze wurden im täglichen Verkehr entbehrlich. Sie wurden nicht mehr ausgebracht.

So winzig kleine Erzmünzchen, wie man sie in guter alter Zeit in den kleinasiatischen Städten aeolischer, jonischer und dorischer Zunge geprägt hatte, kamen in der

Ordnung der ptolemaeischen Kupferwährung gar nicht vor. Die kleinste bekannte Kupfermünze der Ptolemaeer ist der niedliche, fleissig gearbeitete Trikollybon mit dem Porträtkopfe der Arsinoe III Philopator und dem Füllhorn auf der Kehrseite. Das dürftig erhaltene Exemplar des Wiener M. Kab., Grösse 1½, wiegt 1·5950 Grm. Dieses in schöner Erhaltung sehr seltene Münzchen dürfte schwerlich als Zahlungsmittel in Verkehr gekommen sein und scheint vielmehr als Curiosum der Laune eines Stempelschneiders sein Dasein verdankt zu haben.

Eine andere sehr kleine Kupfermünze mit der Keule vor dem Adler, hat die Grösse 1¾ und wiegt 2·150 Grm., mithin weniger als ein Chalkus.

Die niedrigste, für den täglichen Marktverkehr vollkommen genügende Kupfermünze war der Chalkus, mit dessen Normalgewicht die Theilstücke des Kupfergeldes mehr oder weniger in Einklang stehen *).

Bei den unter Evergetes I ausgebrachten schönen Erzmünzen mit dem Monogramme ℞, ergeben sich nach Exemplaren des Wiener Münz-Kab. nachstehende Verhältnisse der Grösse und des Gewichtes.

---

*) Aehnliches besteht auch im heutigen Aegypten. Das durch Mohammed Ali geordnete ägyptische Münzwesen kennt keine kleinere Kupfermünze als das Chamsa, ein Stück zu 5 Para. Der gewöhnliche Preis eines ägyptischen Brotes in Form eines Osterfladens, ist ein Chamsa. Unter diesem Betrage wird nichts verkauft. Aber auch alle höheren Marktpreise müssen durch 5 theilbar sein. Mithin kann man für 5, 10, 15, 20, 25, 30, 35 und 40 Para oder 1 Piaster verkaufen und kaufen. Was dazwischen liegt, muss durch die Waare ausgeglichen werden. Die Wirthschaft mit den winzigen, fast werthlosen Paras, wie sie in der Türkei und den Donaufürstenthümern noch unter Sultan Abdul-Medschid bestand, ist in Aegypten unbekannt.

Grösse 13, Gewicht 71·850 Grm. ⎞ Diobolon oder
„   12,   „   68·350 „ ⎰ 20 Chalkus.
„   9³/₄, „   37·350 „ ⎞ Obolos oder
„   10,   „   36·505 „ ⎱ 10 Chalkus.
„   10,   „   35·250 „ ⎠
„   3,   „   3·150   „ Chalkus.

Letztere Münze ist dürftig und scheint aus späterer Zeit zu sein. In meiner Sammlung war diese Münzreihe mit dem Christus-Monogramme durch 13 Exemplare à fleur de coin vertreten, darunter auch das Pentachalkon.

Andere ptolemaeische Erzmünzen geben abweichende Gewichtszahlen, die sich aber doch mit dem Zehnchalkus-system in Einklang bringen lassen, wenn man erwägt, dass es bei Ausmünzung des Kupfergeldes mit dem Gewichte nicht genau genommen wurde und die Unter- oder Uebermünzung nicht in Anschlag kam.

Ich erlaube mir einige Beispiele anzuführen.

Grösse 11, Gewicht 48·800 Grm. ⎞
„   11,   „   48·680 „ ⎰ 15 Chalkus.

Diese beiden starkverwitterten Stücke wurden mit anderen ptolemaeischen Erzmünzen bei Hohenmauthen in Steiermark gefunden. Vielleicht mochte sie ein römischer Soldat, der mit seiner Legion früher in Aegypten lag, dahin gebracht haben. Dass diese Münzen durch den Handelsverkehr von Alexandria nach Noricum gekommen seien, ist nicht wahrscheinlich. Kupfermünzen waren keine Weltmünzen, der überseeische Handel befasste sich wenig mit ihnen, ihr Umsatz war localisirt. Der Werth des Kupfers stand überdies in Aegypten höher als anderswo.

Als feststehend darf aber angenommen werden, dass die ptolemaeischen Erzmünzen in Aegyten noch unter den römischen Imperatoren als Geld in Umlauf waren. Wäre dies nicht der Fall gewesen, so hätte man sie entweder eingeschmolzen oder umgeprägt. Dies geschah aber nicht. Noch jetzt findet man in Aegypten Kupfergeld aus der Ptolemaeerzeit nicht seltener als Potin- und Kupfermünzen der besseren Kaiserzeit. Warum hätte man auch das alte gute Kupfergeld nicht belassen sollen, da man ja dessen Werthgeltung anlässlich einer Verschlechterung der Valuta reguliren konnte? Nachträglich eingeschlagene Côntremarken, wie man sie auf vielen Münzen findet, scheinen auf diese Werthregulirung nicht ohne Beziehung gewesen zu sein.

Die Abwägung anderer ptolemaeischer Kupfermünzen ergab folgende Gewichtsverhältnisse.

Grösse 13 1/2, Gewicht 93·900 Grm.

„	13	„	85·620	„
„	13	„	77·180	„
„	13	„	76·020	„
„	12 1/2	„	75·650	„
„	13	„	73·150	„
„	12 1/2	„	72·750	„
„	12 1/2	„	67·680	„
„	12	„	65·800	„
„	11	„	43·880	„
„	10	„	39·080	„
„	11	„	38·970	„
„	10	„	36·550	„
„	8 1/2	„	23·020	„
„	7 1/2	„	11·250	„
„	4	„	6·130	„

Es darf nicht übersehen werden, dass diese Münzen nicht gleichzeitig, sondern während eines Zeitraums von mehr als hundert Jahren geschlagen wurden. Die Abweichung in Grösse und Gewicht findet somit ihre natürliche Erklärung.

Wir kehren zur Bezeichnung der Kupfermünzen zurück, deren Prägung wahrscheinlich schon unter Evergetes I begonnen hat.

2. Mit ΔI zwischen den Adlersfängen. Allgemeiner Typus. (Mionnet VI. 41, 340, 341.)

Av. Kopf des Zeus Ammon mit Diadem nach rechts.

Rev. ΠΤοΛΕΜΑΙοΥ ΒΑΣΙΛΕΩΣ. Adler mit ausgebreiteten Flügeln auf dem Blitze nach links; im Felde ein Füllhorn, zuweilen mit der königlichen Stirnbinde umwunden; zwischen den Fängen die Buchstaben ΔI.

Dieses gutgearbeitete Kupfermedaillon ist in Aegypten nicht selten; seine Grösse ist 13, 12½, 12, 11½, 11, 10; kleinere Theilstücke sind unbekannt. Die Gewichtsabstufungen bei Grösse 13, 12½ und 12 sind 77·180 — 76·020 — 75·650 — 67·680 — 65·80 Grm.

Das Zeichen des Münzamtes oder Stempelschneiders ΔI ist, wie bereits bemerkt wurde, ganz dasselbe wie auf den Goldmünzen des Evergetes I und spricht daher für die Wahrscheinlichkeit einer gleichzeitigen Prägung.

Ein hieher gehöriges Medaillon meiner Sammlung hat im Felde der Kehrseite ein zweites, nachträglich eingeschlagenes Füllhorn als Controlstempel oder als Zeichen einer Mitregentschaft. Derlei Nachstempelungen kommen, wie schon oben bemerkt wurde, auf ptolemaeischen Erzmünzen nicht selten vor.

3. Mit Ε zwischen den Fängen. (Mion. VI. 42, 369. Vergl. auch S. IX. 22, 117.)

Av. Kopf des Jupiter Ammon n. r.

Rev. ΠΤοΛΕΜΑΙοΥ ΒΑΣΙΛΕΩΣ. Adler mit ausgebreiteten Flügeln, auf dem Blitze nach links gewendet und nach rechts schauend; zwischen den Fängen das Fabrikszeichen Є.

Dieses schöne Erzmedaillon aus bester Zeit, kommt nur als Triobolon in der Grösse 13¹/₄, 13¹/₂ vor. Ein Exemplar meiner Sammlung (Catal. Nr. 1026) hat sogar Grösse 13³/₄.

Die Chiffre Є zwischen den Adlersklauen findet sich schon auf Erzmünzen des Philadelphus (Mion. S. IX. 23, 124) und kommt auf Münzen späterer Fabrik noch öfters vor. (Vergl. Mion. VI. 42, 362 u. a.) Die hieher gehörigen, sauber gearbeiteten Stücke sind Diobole von der Grösse 11, 11¹/₂ und 12.

4. Keule im Felde vor dem Adler. (Mion. VI. 41, 355—359.)

Allgemeiner Typus nach einem schönen Exemplar des Wiener M. Kab.

Av. Ausdrucksvoller Kopf des Zeus Ammon mit dem Diadem n. r.

Rev. ΠΤοΛΕΜΑΙοΥ ΒΑΣΙΛΕΩΣ. Adler auf dem Blitze aufrecht stehend und nach links gewendet, das Gefieder sorgfältig ausgeführt; im Felde vor dem Adler eine senkrechtstehende Keule.

Æ. Gr. 8¹/₂, Gew. 23·020 Grm.

Diese schöne Erzmünze gehört der besten Zeit an, und gleicht in Styl und Fabrik vollkommen den oben sub 1 beschriebenen Kupfermünzen mit dem Christus-Monogramme. Der Schrötling ist sorgfältig abgerundet und hat auf beiden Seiten in der Mitte die durch das Abdrehen erzeugte Vertiefung. Die hieher gehörigen Münzen haben auch den bewussten schönen Metallfirniss, der den unter Evergetes I geschlagenen Kupfermünzen eine besondere Dauerhaftigkeit verlieh. Die mit dem ·obigen Prototyp genau übereinstimmenden Stücke finden sich in der Grösse 10½, 9, 8½, 6, 4½, 3½ und 3.

Aehnliche Münzen in der Grösse 12½, 12 und 10 haben nebst der Keule zwischen den Adlersfängen noch die Buchstaben A I, hier keinen Zahlenwerth, sondern ein Fabrikszeichen vorstellend. (Mion. VI. 41, 352, 353, 354.)

Ein hieher gehöriges Diobolon des Wiener M. Kab. (Gr. 12½, Gew. 67·680 Grm.), mit der Keule·vor dem Adler, hat zwischen den Fängen nicht ΑI, wie Mionnet angiebt, sondern ΔI, ein bekanntes Fabrikszeichen auf den unter Evergetes ausgebrachten Münzen.

Die Herkuleskeule liesse vermuthen, dass diese Münzen in Tyrus geschlagen worden seien. Dies dürfte aber nur von einigen Stücken gelten, die sich durch Metall und Fabrik merklich von den in Alexandria geprägten saubern Stücken unterscheiden.

Eine ungewöhnlich kleine Kupfermünze, Gr. 1¾, Gew. 2·150 Grm., zeigt ebenfalls eine Keule im Felde vor dem Adler.

Aehnlich im Typus, doch von späterer Prägung, wahrscheinlich aus der Periode des Ptolemaeus VII Philometor, ist nachstehende Kupfermünze des Wiener M, K.

Av. Kopf des Zeus Ammon, wie gewöhnlich.

Rev. ΠΤοΛΕΜΑΙοΥ ΒΑΣΙΛΕΩΣ. Adler auf dem Blitze aufrecht stehend nach links, den Kopf nach rechts gegen ein Füllhorn wendend, welches er im Flügel hält; vor dem Adler im Felde eine Keule; zwischen den Fängen das Monogramm ⚏

Æ. Gr. 1], Gew. 38·970 Grm.

Mionnet (VI. 42, 360—364) beschreibt noch mehrere Münzen mit der Keule vor dem Adler, der nach links gewendet zurückschaut und im linken Flügel ein Füllhorn hält. Zwischen den Adlersfängen sind die Fabrikszeichen:

ℛ ähnlich dem Monogramme von Aradus,

Λ auf Stücken zu Gr. 12 und 9 1/2,

Ε ein oft vorkommender Fabriksbuchstab,

Monogramm aus Ε Ρ.

Auch diese Münzen scheinen einer späteren Periode anzugehören.

5. Die. Harpa, eine aus Schwert und Hippe zusammengesetzte gefürchtete Handwaffe des Alterthums, vertritt zuweilen die Stelle der Keule und findet sich ebenfalls im Felde vor dem Adler. Die mit diesem Symbol versehenen Ptolemaeermünzen sind selten und sehr nett gearbeitet. Nach Styl und Fabrik gehören sie. der besten Zeit an. Sie haben die Grösse 5, 4 1/2, und 3.

Die Harpa entstand aus dem Chepsch, dem altägyptischen Schwerte. Der göttliche Heros Nefer-Atum erscheint auf seinen Statuen mit dem Chepsch in der Rechten. Nach diesen Abbildungen war das Chepsch ein sichelförmig gebogenes, nach innen scharfschneidendes, grosses Messer., ähnlich dem abessynischen Sichelsäbel in der Form, wie er noch jetzt die uralte Nazionalwaffe im Lande Habesch ist. Die Griechen vermehrten die Gefährlichkeit des Chepsch, indem sie selbes mit einer Schwertklinge in Verbindung brachten, wodurch die, an einem kurzen Schaft befestigte, zu Stich, Schnitt und Hieb geeignete Harpa, eine Art Harpune, entstand.

Das Wort ἅρπη kommt schon bei Homer vor (Ilias XIX. 350), und ist dort ein schnellfliegender Raubvogel

mit schrillernder Stimme (τανυπτέριξ λιγύφωνος), nach
Aelian ein Lämmergeier. Bei Hesiod, Sophokles und
Euripides bezeichnet ἅρπη eine gewöhnliche Sichel. Apollodor (II. 4. 2) bezeichnet mit diesem Worte ein sichelför-
miges Schwert. In dieser Bedeutung erscheint die Harpa
im hellenischen Sagenkreise als Waffe, mit welcher der
argivische Heros Perseus der Medusa das Haupt abschlug
und womit er später das Seeungeheuer erlegte, das die
enthüllten Reize der gefesselten Andromeda zu verschlin-
gen drohte. Dieser Mythos wurde im Alterthum in der
Plastik und auch zu Münztypen vielfach benützt. Die
Harpa, das Symbol dieser Sage, kommt auf Münzen der
makedonischen Könige Philipp V und Perseus oft vor.

Als Beleg für das Gesagte folgt die Beschreibung
einer schönen und seltenen Tetradrachme des Wiener
M. Kab.

Av. Brustbild des makedonischen Königs Philipp V.
als Heros Perseus dargestellt, nach links. Die Aehnlichkeit des Kopfes mit dem Porträtkopfe dieses Königs auf
seinen übrigen Silbermünzen ist nicht zu verkennen. Der
Römerfeind Philipp erscheint im jugendlichen Mannesalter mit sprossendem Barthaare, das Haupt bedeckt mit
einem geflügelten Helm, an dessen Stirndecke der Kopf
eines Raubvogels angebracht ist; auf der rechten Schulter
trägt er die Harpa. Dieses Brustbild ist gleich einer
Gemme, als Mittelstück in einen runden makedonischen
Schild eingesetzt.

Rev ΒΑΣΙΛΕΩΣ ΦΙΛΙΠΠΟΥ in zwei Zeilen; dazwischen eine wagrecht liegende, knotige Keule. Im Felde
drei Monogramme, oben ⴖ, unten ΜΕ ΣΙ. Ein Kranz von
Eichenlaub umschliesst das Ganze; am unteren Rande
ein Dreizack.

Æ. Gr. 9, Gew. 16·770 Grm. (Attisch-makedonisches
Gewicht; hier etwas leichter, weil am Rande der Tetradrachme ein Stückchen ausgebrochen ist.)

Die aegaeische Insel Seriphus, wo der dem Meere
preisgegebene Göttersohn Perseus mit seiner Mutter
Danaë Rettung und liebevolle Aufnahme fand, führte die
Harpa als Stadtwappen. Eine sehr seltene Erzmünze
dieser Insel (Gr. 4½), zeigt auf der Vorderseite den mit
dem eben beschriebenen Helm bedeckten Perseuskopf,
und auf der Kehrseite das Medusenhaupt mit der Um-
schrift $\frac{\Sigma-E}{P-I}$; darunter die Harpa. (Huber Catal. 472.)

Nach den auf diesen Münzen vorkommenden
Abbildungen war die Harpa ein breites, lanzen-
förmig zulaufendes Schwert, an dessen Klinge in der
Nähe der Spitze nach innen gekehrt, ein sichel-
förmiges Messer nach Art eines Widerhakens an-
geschmiedet war. Die Klinge war an einem starken
Schwertgriff befestigt. Diese Waffe würde auf der
rechten Schulter getragen, sie musste daher gewichtig
und, wenn von einem kräftigen Arm geführt, sehr gefähr-
lich sein.

Das ägyptische Chepsch war von Kupfer. Die alten
Aegypter verstanden es, dem Kupfer eine stahlartige
Härte zu geben. Die Gewinnung und Behandlung des
Eisens war ihnen unbekannt oder doch entbehrlich. In
Ueberresten des ägyptischen Alterthums vor der Ptole-
maeerzeit findet sich keine Spur von Eisen. Auch die
hellenischen Heldensagen sprechen noch von ehernen
Waffen.

Obige Münzen mit der Harpa rechtfertigen die bei
den alten Dichtern vorkommenden Bedeutungen des

Wortes ἄρπη. Der Raubvogel Homer's findet sich wieder
auf dem Perseushelme in Seriphus und auf den Helmen
der zwei letzten makedonischen Könige. Die Sichel des
alten didaktischen Dichters und der beiden Tragiker
bildet eben den eigenthümlichen Bestandtheil der Waffe.
Die Harpa Apollodor's erscheint in Seriphus zunächst
dem von Perseus abgeschlagenen Haupte der schönen,
doch grauenvollen Medusa, deren Anblick versteinernd
wirkte und die unter den Gorgonen, den drei unheim-
lichen Töchtern des Phorkys, allein sterblich war. Als
Lieblingswaffe der letzten makedonischen Könige unter-
lag die Harpa im Kampfe mit dem kurzen dolchartigen
Schwerte der römischen Triarier. Eine neue Zeit war
hereingebrochen. Die Trümmer des grossen Alexander-
Reiches, aus dem der Geist des Gründers schon längst
entwichen war, fielen der unersättlichen Römerherrschaft
als Beute zu. Die erschöpfte Cultur wich der brutalen
Gewalt. Weder Harpa noch Phalanx retteten den todes-
muthigen König Perseus. Die Römer waren die Vollstrecker des Weltgerichts. Perseus musste untergehen
und zum Hohn für die alten Götter, noch obendrein im
geheiligten Asyl der Insel Samothrake.

Von den Münzen mit der aufrechtstehenden Keule,
an Stelle des Adlers, fallen die grösseren Stücke gleich
den Münzen, die auf den Cultus des Herakles Bezug
nehmen, in eine spätere Periode. Sie werden gehörigen
Orts berücksichtigt werden.

6. Münzen, den Cultus der Göttin Isis betreffend.
(Mion. VI. 376—379.)

Allgemeiner Typus:

Av. Kopf des Zeus Ammon mit dem Diadem nach
rechts.

Rev. ΠΤοΛΕΜΑΙοΥ ΒΑΣΙΑΕΩΣ. Hellenisirtes Standbild der Isis von vorne, auf einem Piedestal. Die Göttin erscheint mit einem langen faltenreichen Chiton bekleidet, der über der Brust in einem Knoten zusammengefügt ist und um den Leib durch einen mit einer Agraffe geschmückten Gürtel gehalten wird; ein leichtes Diploidion umhüllt den Oberleib. In der rechten, bis zur Brust gehobenen Hand hält sie das Sistrum, eine wie ein Handspiegel geformte metallene Klapper *). Mit der linken Hand hält die Göttin eine Falte ihres Gewandes. Die Kopfbedeckung bezeichnet Mionnet als einen Thurm, worin man aber richtiger den Kelch der Lotusblume erkennen dürfte.

Grösse: 8, 6½, 5, 4½, 3½ und 3.

Der griechische Kunstgeschmack konnte sich mit den starren Formen der ägyptischen Plastik nicht befreunden. Die grossen Künstler des alten Hellas verkannten nicht die erhabene Einfachheit der ägyptischen Götterbilder, die sie verschönerten und geistig zu beleben verstanden. Die späteren Kunstschüler jedoch, unfähig eine grosse Idee zum Ausdruck zu bringen, verflachten sich in manirirten Einzelheiten und richteten Alles für den verderbten Zeitgeschmack zu. So entstand auf den eben beschriebenen Münzen das Standbild einer weiblichen Figur, aus der man schwerlich die ehrwürdige

---

*) Mit dem Gerassel des Sistrum verscheuchte Isis den Typhon, ägyptisch Besa, und bei den ausschweifenden Isisfesten begleitete das betäubende Geklimper dieses Instrumentes das durch eine eigenthümliche vibrirende Zungenbewegung hervorgebrachte Gejauchze der bis zur Raserei erhitzten Weiber, welch schrillendes Jubelgeplapper in Aegypten noch heutigen Tages von den Frauen bei Festlichkeiten ausgestossen wird.

Göttin Isis herausfinden wird, von der es in Hieroglyphen heisst: „Isis, die grosse göttliche Mutter, die Tochter der Sonne, die Herrin des Himmels; möge sie gewähren Leben, Gesundheit und Kraft, und ein langes und glückliches Dasein."

Die Kopfbedeckung ist bei den ägyptischen Götterbildern ein charakteristisches Merkmal und bezeichnet als einzelnes Symbol die Gottheit selbst. Auf den aus Erz gegossenen Statuetten der Isis ist die Kopfbedeckung stets dieselbe, die Mondscheibe zwischen den Kuhhörnern, die Göttin mag sitzend den Horus säugend, oder stehend ohne Horus dargestellt sein. Auf den Statuetten aus Terra-cotta trägt die Isis auf ihrem Haupte den Thron, da die Hörner wegen Gebrechlichkeit des Stoffes nicht anwendbar waren. Dieser Thronsessel, als Amulet, ist ebenfalls ein Symbol der Göttin. Die Kopfbedeckung auf unserer Münze hat aber mit einem Thron keine Aehnlichkeit. Eher gliche sie dem Kopfaufsatze der Göttin Nephthys, welcher aus einem länglichen Quadrate, oben mit wiegenförmig hervortretendem Rande gebildet war *). Mit mehr Wahrscheinlichkeit jedoch dürfte die bei Mionnet als Thurm bezeichnete Kopfzierde als der Kelch der

---

*) Dieses Symbol gleicht dem Kopfstühlchen, auf welchen die ägyptischen Frauen während der Nacht ihr Haupt stützten, um sich im Schlafe nicht ihre künstlich aufgebaute Haarfrisur zu zerstören. Als Amulet, meistens sehr nett aus Eisenstein, Beryll oder Lapislazuli geschnitten, kommt das Kopfstühlchen unter den Antiquitäten oft vor. Die nubischen und abessynischen Weiber, deren mühsame, in hundertfältige Ringellocken abgetheilte Haarfrisur ganz jener der Göttin Isis auf ihren Statuetten gleicht, bedienen sich noch jetzt dieser Kopfstühlchen, da sie eine unbequeme Nachtruhe dem Aufgeben ihrer Eitelkeit vorziehen.

Lotusblume gedeutet werden, welches Symbol öfters auf
Götterbildern, wie bei Nefer-Atum, als Kopfbedeckung
vorkommt. Eine seltene Statuette zeigt den göttlichen
Knaben Horus aus dem Kelche der Lotusblume entste-
hend. Diese Idee scheint den Griechen sehr gefallen zu
haben, denn Horus, auf der Lotusblume sitzend, erscheint
öfters auf geschnittenen Steinen und auf Alexandriner
Münzen der Imperatoren. Selbstverständlich wurde auch
Horus, der Sohn des Osiris und der Isis, hellenisirt. Der
ägyptische Har-pe-chrut, Horus, das Kind, wird ein Har-
pokrates, und in der Geberde des unbehilflichen Götter-
kindes, das den Finger an den Mund legt, um dadurch
sein Sprachunvermögen anzudeuten, wird eine allego-
rische Darstellung des Stillschweigens erkannt.

Da Evergetes I dem ägyptischen Cultus seine besondere Sorgfalt widmete, ist es sehr wahrscheinlich,
dass die hübschen Münzen mit der Isisstatue schon unter
seiner Regierung geschlagen wurden, gleichwie es keinem Zweifel unterliegt, dass man diese, an keine Zeitbestimmung gebundenen Münzen auch noch später fortgeprägt hat.

7. Pegasus und Isis.

Av. Pegasus rechtshin auffliegend.

Rev. ΠΤοΛΕΜΑΙοΥ ΒΑΣΙΛΕΩΣ. Isisstatue auf
einem Piedestal, ganz dieselbe Darstellung wie oben
bei Nr. 6.

Æ. Gr. 4. (Huber Catal. 1026.)

Diese schöne, in die beste Zeit fallende Erzmünze,
von der mir kein zweites Exemplar bekannt ist, vereinigt
einen der beliebtesten Kunsttypen des hellenischen Mythos mit einer Darstellung aus dem ägyptischen Götter-

kreise. Das geflügelte Pferd kommt sonst auf keiner Ptolemaeermünze vor. Nur eine kleine, wahrscheinlich in Alexandria geprägte Erzmünze aus der Diadochenzeit (sieh oben I. C. Nr. 10) zeigt auf der Kehrseite die vordere Hälfte des Pegasus wie auf Triobolen korinthischer Colonialstädte. Das geflügelte Pferd, entweder ganz oder in seiner vorderen Hälfte, erscheint häufig auf autonomen Münzen der Dorer und Aetoler, namentlich auf Münzen der Städte korinthischen Ursprungs. Für Aegypten bestand eine noch näher liegende Beziehung zu diesem Münztypus. Die neu aufblühende karische Stadt Antiochia am Maeander schlug schöne Tetradrachmen mit dem Apollokopf und dem Pegasus, welche Darstellung den Aufschwung bezeichnete, den der Hellenismus im Beginne des Seleukidenreiches in Vorderasien genommen. Die Beziehungen zwischen Alexandria und den Städten Kariens waren fortwährend sehr lebhaft. Ein Stempelschneider des Alexandriner Münzamtes mochte nach dem Vorbilde auf den Münzen des karischen Antiochia eine Zeichnung des Pegasus versucht haben, und der gelungene Stempel mochte an Stelle des Kopfes des Zeus Ammon als Avers zu einer Münze mit der Isisstatue verwendet worden sein. Der Versuch ist nach Abnützung der Prägestanze nicht wiederholt worden. Obiges Exemplar ist wahrscheinlich ein Unicum.

8. Jupiterkopf mit dem Lorbeerkranze. (Mion. VI. 318, 319 und S. IX. 123, 124.)

Allgemeiner Typus.

Av. Kopf des olympischen Zeus mit dem Lorbeerkranze nach rechts.

Rev. ΠΤοΛΕΜΑΙοΥ ΒΑΣΙΛΕΩΣ. Adler mit ausgebreiteten Flügeln, auf dem Blitze nach links gewendet;.

im Felde ein Füllhorn. Zwischen den Fängen zuweilen das bekannte Münzamtszeichen E; zuweilen auch der Adler mit ruhenden Flügeln und ohne Füllhorn im Felde. Grösse 9, 8, 7 1/2, 7.

Von diesen Kupfermünzen ist bereits unter Philadelphus gesprochen worden. Sie reihen sich an die schönen Erzmünzen, welche bei Soter I beschrieben wurden und bilden den Uebergang zu den Münzen mit dem Kopfe des Zeus Ammon. Ihre Prägung fällt in die Zeit des zweiten und dritten Ptolemaeus. Sie sind bei Philadelphus einzureihen.

Mionnet (S. IX. 22, 122) beschreibt eine von Cousinéry in Makedonien aufgefundene Ptolemaeermünze (Æ. Gr. 4), welche ebenfalls den lorbeergekränzten Jupiterkopf und auf der Kehrseite vor dem Adler das Monogramm ₧ und das bekannte Christus-Monogramm hat. Nach letzterem zu schliessen, dürfte die Münze unter Evergetes I ausgebracht worden sein.

9. Mit dem Apollokopfe.

Av. Lorbeergekränzter unbärtiger Kopf, worin man den Kopf des Apollo zu erkennen glaubt, nach rechts.

Rev. ΠΤοΛΕΜΑΙοΥ ΒΑΣΙΛΕΩΣ. Adler mit ausgebreiteten Flügeln auf dem Blitze nach links; vor dem Adler im Felde Π, darunter Keule.

Æ. Gr. 3, Gew. 3·8090·Grm. (Wiener kais. M. Kab.)

Im Catal. Gréau, Paris 1867, Nr. 2911, 2912, erscheinen drei Exemplare dieser seltenen Münze in der Grösse 8, 7 und 3; letzteres ebenfalls mit der Keule im Felde.

10. Ptolemaeerkopf mit dem Lorbeerkranze. (Mion. VI. 31, 252—255.)

Allgemeiner Typus.

Av. Lorbeergekränzter Kopf des Königs nach rechts, die Brust mit der Aegis bedeckt.

Rev. ΠΤοΛΕΜΑΙοΥ ΒΑΣΙΛΕΩΣ. Adler auf dem Blitze nach links; vor dem Adler im Felde ein mit dem königlichen Diadem geschmücktes Füllhorn; in der Mitte des Schrötlings auf beiden Seiten die bekannte, nach innen spitz zulaufende Vertiefung.

Æ. In der Grösse 8, 5 und 4.

Diese sauber gearbeiteten Münzen haben in ihrer Zutheilung eine zweimalige Wanderung bestanden. Mit Berufung auf Visconti's Iconographie, beschreibt sie Mionnet unter Ptolemaeus XI (nach dem Canon XIII) Neos Dionysos, genannt Auletes. Letronne hat diese Zutheilung dahin berichtigt, dass er diese Kupfermünzen dem Ptolemaeus XII (XIV) Dionysos gab, während er die silbernen Didrachmen und Drachmen mit dem epheubekränzten Ptolemaeerkopfe, die früher dem Dionysos zugeschrieben wurden, als dem Auletes angehörig, nachwies. Lorbeer und Epheukranz haben daher ihren Platz gewechselt. Neuerlich ist es aufgefallen, dass der den Lorbeerkranz tragende Ptolemaeerkopf mit dem Porträtkopfe auf den Goldmedaillons des Evergetes I grosse Aehnlichkeit habe; man ist daher geneigt, diese Münze dem spärlich bedachten Dionysos abzunehmen und selbe mit einer Rückdatirung von nahezu zweihundert Jahren, dem reichlich ausgestatteten Evergetes I zu geben. Dr. Schledehaus war meines Wissens der Erste, der in seinen vortrefflichen Studien zur Münzkunde der Lagiden (a. a. O. pag. 874) diese neuerliche Zutheilung in Anregung brachte.

Herr H. Cohen, der Verfasser des Cataloges der ausgezeichneten Sammlung J. Gréau, reiht gleichfalls die in
der Frage stehenden Münzen bei Evergetes I ein, und
bemerkt hiezu bei Nr. 2841: „Die Ansicht Visconti's, der
diese Kupfermünzen dem Auletes zuschreibt, während er
die dem Evergetes I zugehörigen Goldmedaillons dem
Lathyrus gibt, ist unzulässig. Es ist in die Augen sprin-
gend, dass diese beiden Porträtköpfe ganz dieselben
sind. Es gibt Aehnlichkeiten, über welche kein Streit
entstehen kann. Ueberdies ist das Füllhorn auf der Kehrseite, trotz des häufigen Vorkommens dieses Symbols,
ein Beleg mehr, der für die Aehnlichkeit dieser beiden
Münzen spricht."

Wir geben die Abbildung eines netten Exemplares
aus der Sammlung des Herrn S. Egger.

Æ. Gr. 5¹/₂, Gew. 7·950. (Abgeb. Taf. V, Nr. 4.)
Die Aehnlichkeit dieses Kopfes mit dem Porträtkopfe des
Evergetes I auf seinem Goldmedaillon (abgeb. Taf. V,
Nr. 1), ist wirklich unverkennbar.

Ungeachtet dieser Porträtähnlichkeit sind die Bedenken noch nicht beseitigt, die sich gegen die in der
Frage stehende, neuerliche Zutheilung erheben. Wir
wissen, dass bei den Münzen der Lagiden die Porträtähnlichkeit ein entscheidender und unumstösslicher Zutheilungsgrund nicht ist. Bei einer Dynastie, in welcher
so selten Stammkreuzungen vorkamen, wie bei den Ptolemaeern, ist dies erklärlich. Wie schon der scharfe Beob-
achter Aristoteles bemerkt hat, sollen die Enkel immer
ihren Grossvätern ähnlich sehen. Ist diese Wahrnehmung
richtig, so kann ja auch Ptolemaeus XII (XIV) in der
siebenten Generation von Ptolemaeus III Evergetes I

abstammend, diesem seinem Vorahne ganz ähnlich gesehen haben.

Evergetes I trägt auf seinen Goldmünzen die Strahlenkrone, auf seinen Silbermünzen das einfache Königsdiadem. Warum soll er auf Kupfermünzen sich mit dem Lorbeerkranze geschmückt haben? Auf den Münzen der Hellenen ist der Lorbeerkranz den Göttern vorbehalten. Auf den Münzen der Lagiden trägt selbst Zeus den Lorbeerkranz nur so lang, bis er ihn, eben unter Evergetes I, mit dem Diadem, dem Kopfschmucke des Zeus Ammon vertauschte. Erst mit dem unaufhaltsamen Vordringen der Römerherrschaft verbreitete sich die Sitte des Lorbeertragens. Die einheimischen Fürsten begannen sich mit dem Lorbeerkranze zu schmücken. Es scheint, sie suchten im Tragen des Lorbeers, eines ihnen nicht gebührenden Siegeszeichens, eine Art Genugthuung für die Schmach ihrer vielen Niederlagen. Ein Lagide vertauscht das Diadem, den einfachen Goldring seiner Ahnen, mit dem Lorbeerkranze, dem Zeichen der siegreichen Herrschaft, zu einer Zeit, wo die Annexion Aegyptens in Rom bereits eine beschlossene Sache war. Diese Ironie ist zu sehr im Geschmacke der Weltgeschichte, als dass sie unwahrscheinlich wäre.

Die übrigen, bei Mionnet als ungewiss bezeichneten Kupfermünzen fallen in eine spätere Periode. Es wird am gehörigen Orte bemerkt werden, ob und in wiefern nach den vorhandenen Gründen der Wahrscheinlichkeit die Prägung einer oder der anderen dieser Münzen noch in die Zeit des zweiten und dritten Ptolemaeus zurückgreifen dürfte.

Mionnet beschreibt im Band VI, Nr. 115, 116, 117, unter Philadelphus drei eherne Restitutionsmünzen, welche

unter Evergetes I oder nach der ordinären Fabrik zu
schliessen, noch später geprägt worden sind.

Nr. 115. Soter, Philadelphus und Berenike. (Nach
Visconti's Iconogr. gr. T. III., pag. 208.)

Av. Nebeneinanderstehende Köpfe des Soter und
des Philadelphus rechtshin.

Rev. ΒΑΣΙΛΕΩΣ ΠΤοΛΕΜΑΙοΥ. Kopf der Bere-
nike I. rechtshin, als Göttin Isis dargestellt; vor dem
Kopfe ein Füllhorn.

Æ. Grösse 5.

Nr. 116. Ein ähnliches Stück in der Grösse 5½.

Berenike I. erscheint auch hier wieder nach ihrer
Apotheose als Göttin Isis idealisirt. Die Isislocken kamen
auf Kupfermünzen der Königinnen eigentlich erst um
hundert Jahre später, unter Kleopatra I, Gemalin des
Ptolemaeus V Epiphanes, in Schwung. Da wir von der
Ahnfrau der Lagiden keine noch bei ihren Lebzeiten ge-
schlagene Münze besitzen, können wir auch nicht beur-
theilen, ob und in wiefern ihr Bild auf den nach ihrem
Tode ausgebrachten Kupfermünzen auf Porträtähnlichkeit
Anspruch mache.

Nr. 117. Soter, Philadelphus und Arsinoe.

Av. Gepaarte Köpfe des Philadelphus und der
Arsinoe nach rechts; der Kopf des Königs hat einen
Lorbeerkranz, jener der Arsinoe ein Diadem.

Rev. ΒΑΣΙΛΕΩΣ ΠΤοΛΕΜΙΑοΥ. Soterkopf mit
Diadem und Aegis rechtshin.

Æ. Grösse 7.

Bei dieser seltenen Münze ist auffallend, dass Philadelphus nicht das Diadem, sondern einen Lorbeerkranz
trägt. Gerade diesen Umstand führt Schledehaus als

Beleg seiner Hypothese an, nach welcher er die Erzmünze mit dem lorbeergekränzten Kopf des Ptolemaeus
Dionysos dem ersten Evergetes vindicirt. Es wurde aber
bei dieser angeblichen Analogie übersehen, dass auf der
eben beschriebenen Münze der Lorbeerkranz nicht den
lebenden, sondern den bereits verstorbenen Philadelphus
ziert. Dem Stempelschneider war es gestattet, das Bild
des hingeschiedenen Königs, zum Zeichen der allgemeinen Verehrung, mit dem Lorbeer, einem Attribute des
griechischen Zeus, zu schmücken. Von lorbeergekränzten
Bildnissen noch lebender Könige haben wir kein anderes
Beweisstück, als eben nur die von Letronne dem Ptolemaeus Dionysos zugetheilte Erzmünze.

Mionnet (S. IX. 21, 116) beschreibt aus der Sammlung des Marquis de Lagoy eine Silbermünze von der
Grösse 4½, welche den oben unter 5 besprochenen hübschen Kupfermünzen, mit der Harpa vor dem Adler,
ganz ähnlich zu sein scheint. Nach dem Beizeichen der
Harpa zu schliessen, könnte diese Silbermünze in der
Periode des ersten Evergetes geprägt worden sein. Da
mir diese Münze gänzlich unbekannt ist und da ich auch
keine näheren Angaben über selbe zu finden weiss, kann
ich nur, den Typus der Kupfermünzen mit der Harpa im
Auge behaltend, über das Vorhandensein einer ähnlichen
silbernen Münze mein Erstaunen zum Ausdruck bringen
und muss mich lediglich mit der Autorität Mionnet's
bescheiden.

Berenike II, Königin und Gemalin des Ptolemaeus III Evergetes I.

Die hervorragende Rolle, welche die Frauen in der Geschichte der Ptolemaeer spielen, macht sich auch in der Numismatik geltend. Die Münzen der königlichen Frauen sind die Oasen in der oft sinnverwirrenden Monotonie der Lagidenmünzen. In keiner Dynastie des nichtrömischen Alterthums wurden so viele Frauenmünzen ausgebracht, als in jener der Ptolemaeer, ein Beweis von dem überwiegenden Einflusse des Weiberregiments in Aegypten.

Magas, der unabhängige Statthalter von Kyrenaika, starb (250 v. Ch.), bevor noch die mit Philadelphus verabredete Vermälung seiner einzigen Tochter und Erbin Berenike mit ihrem Verlobten, dem ägyptischen Thronfolger Evergetes, vollzogen war. Der Vollzug dieser Verbindung sollte jedoch auf Hindernisse stossen. Des Magas hinterlassene Witwe, eine Tochter des syrischen Königs Antiochus I, intrigirte gegen diese Heirat und berief Demetrius den Schönen, einen Sohn des Poliorketes, nach Kyrene, wo sie ihn in kürzester Frist mit ihrer Tochter vermälte. Diese Ehe war aber nur eine Scheinehe, denn die Mutter, eine heissblütige Syrierin, fasste selbst eine leidenschaftliche Neigung zu dem jungen Demetrius. Sie beschloss, die Stelle ihrer unerfahrenen Tochter zu vertreten und brachte es thatsächlich dahin, das Letzterer von einer Gemalin nichts als der leere Name blieb. Berenike, trotz ihrer Unerfahrenheit, fühlte sich an der schwächsten Seite der Weiblichkeit verletzt. Die erlittene Zurücksetzung drängte sie zur Rache und stählte sie mit männlicher Entschlossenheit. In Verbindung mit angesehenen Bürgern von Kyrene, sühnte sie die ihr zugefügte Beleidigung durch die Ermordung des Demetrius, den sie im Schlafgemach ihrer Mutter überfallen liess. Nach dieser blutigen Katastrophe wurde der letzte Wille des verstorbenen Vaters vollzogen und Berenike, deren Mitgift die Provinz Kyrenaika war, vermälte sich feierlich mit dem ägyptischen Thronfolger Evergetes.

Der Name Berenike ist makedonischen Ursprungs. Durch Verwechslung des Φ und B nach makedonischer Aussprache, wäre Βερενίκη gleichlautend mit Φερενίκη, siegbringend.

Das vielgepriesene, astronomisch berühmt gewordene Haar der Berenike ist auch bei Bestimmung der Münzen dieser Königin von Bedeutung. Berenike hatte sehr schöne lange Haare, die sie in zierlichen, wellenförmig anliegenden und am Hinterhaupte schneckenförmig aufgewundenen Flechten trug. Man gab ihr daher den Beinamen ἐυπλόκαμος, mit den schönen Haarflechten.

Die Sage von dem Haar der Berenike ist nicht ohne Interesse. Als Evergetes in den syrischen Krieg zog, gelobte Berenike feierlich, bei siegreicher Rückkehr ihres Gemals, ihr Haar den Göttern zu opfern. Nach glücklicher Beendigung des Feldzuges erfüllte die Königin ihr Gelübde. Sie schnitt sich ihre schönen Haare ab und opferte sie im Tempel der Venus Arsinoe zu Zephyrium, wo sie als Weihgeschenk aufgehängt wurden. Eines Tages verschwand aber unbegreiflicher Weise dieses Weihgeschenk aus dem Tempel, auf welche Kunde der König, dem schon früher das Haarabschneiden nicht genehm sein mochte, in grossen Zorn gerieth. Die Bestürzung der

Hofleute, die vor dem Ausbruch des königlichen Ingrimms zitterten, war grenzenlos. Da wusste der Hofastronom Konon Samius Rath zu schaffen. Er erklärte, er habe das Haar der Berenike als Sternbild am Himmel wieder gefunden, wohin es von den Göttern versetzt worden sei. Der Hofpoet Kallimachos von Kyrene verherrlichte den Einfall des Astronomen durch ein Lobgedicht, welches uns noch in einer Uebersetzung des römischen Dichters Catullus erhalten ist. So wurde diese höfische Schmeichelei verewigt. Die sieben Sterne im Schwanze des Löwen im Dreieck tragen in der Astronomie noch jetzt die Benennung Haar der Berenike.

Auffallend ist es, dass Berenike auf allen ihren Münzen, trotz der Verkürzung ihrer Haarfülle, mit schönen, reichlichen Haarflechten erscheint. Selbst auf den Münzen, wo ihr Haupt mit dem Schleier bedeckt ist, wird der Haarreichthum durch den Faltenwurf des Schleiers angedeutet. Sollte sie falsches Haar getragen und zu den eingelegten Zöpfen vielleicht gar ihre eigenen, im Tempel aufgehängten Haare benützt haben, was durch einen ins Vertrauen gezogenen alexandrinischen Haarkünstler nicht unschwer ausgeführt werden konnte? Jedenfalls haben die Stempelschneider mit richtigem Schönheitsgefühl dieser Königin den Schmuck gelassen, den ihr die Natur verliehen und dessen sie ein religiöser Aberglaube beraubt hatte.

Die männlich entschlossene Berenike beherrschte ihren Gemal, den gutmüthigen Evergetes, mit der in Aegypten häufig vorkommenden geistigen Ueberlegenheit des weiblichen Geschlechtes. Sie wurde mit der Mitregentschaft betraut und war wirkliche Königin, nicht blos königliche Gemalin. Auf ihren Münzen führt sie den

Titel ΒΑΣΙΛΙΣΣΗ, Königin, welchen Titel Soter's Gemalin Berenike I. auf keiner der ihr mit Gewissheit zugeschriebenen Münzen führt.

Wie schon früher erwähnt wurde, erhielt die kyrenaische Stadt Hesperis oder Evesperides von Evergetes zu Ehren seiner Gemalin den Namen Berenike, und war dem Range nach eine der fünf Städte, nach welchen die Provinz Kyrenaika zu jener Zeit Pentapolis genannt wurde. L. Müller bemerkt in seiner vortrefflichen Numismatique de l'ancienne Afrique, pag. 146: „Man erfährt aus einer Stelle des Solinus, dass die Stadt Berenike (Hesperis) von Berenike, der Gemalin des Ptolemaeus III befestigt wurde; man darf sogar annehmen, dass die Stadt, die in Folge einer ausgebrochenen Revolte viel gelitten hatte, durch diese Königin wieder hergestellt worden sei*). Arsinoe Philadelphos hatte während ihrer Ehe mit Lysimachus, von diesem Könige die Städte Kassandrea in Makedonien, dann Heraklea, Tium und Amastris in Kleinasien zum Geschenk erhalten, und sie beherrschte diese Städte als souveräne Fürstin. Es ist nicht unwahrscheinlich, dass Evergetes auf dieselbe Weise die Stadt Hesperis seiner Gemalin abgetreten habe, und dass Berenike daselbst unumschränkte Herrscherin gewesen sei."

Von dem Münzrechte, das Berenike in der ihr unterthänigen Stadt ausgeübt, wird weiter unten die Rede sein.

---

*) Solini Polyhistor, Cap. 27, 54. — Cajus Julius Solinus, ein römischer Schriftsteller des 3. Jahrhunderts, schrieb eine Sammlung von Denkwürdigkeiten und geographischen Nachrichten, meist nach dem älteren Plinius.

In der Zutheilung der Münzen, welche das Bild
einer Berenike zeigen und auf der Kehrseite die Aufschrift ΒΕΡΕΝΙΚΗΣ ΒΑΣΙΛΙΣΣΗΣ führen, ist bisher
eine Uebereinstimmung der Ansichten noch nicht erreicht
worden. Die Erkenntniss des Richtigen scheint auch hier,
wie in so vielen Fällen, auf ganz einfachen Merkmalen zu
beruhen, über die der Gelehrte im Drange der Forschung
nicht selten hinausgeht.

Ich erlaube mir meine hieher gehörigen Ansichten
in nachstehenden Sätzen auszusprechen.

a) Alle Münzen, welche das Bild der ersten Berenike
zeigen, sind erst nach dem Tode dieser Fürstin geschlagen worden.

b) Berenike I war keine Königin, wie Berenike II,
sondern nur Gemalin des Ptolemaeus I Soter. Auf
Münzen erscheint sie nur in Begleitung ihres Gemals.

c) Unbestritten ist der Porträtkopf der ersten Berenike auf den Goldmedaillons mit den vier Köpfen
und auf den Erzmünzen, welche den Soterkopf auf
der Vorderseite und den Kopf der als Isis dargestellten Berenike auf der Kehrseite zeigen. (Vergl.
Jahrg. 1867, Taf. V, Nr. 1 und Jahrg. 1868, Taf. II,
Nr. 6 und Nr. 7.)

d) Wenn sich diese Porträtköpfe der Berenike I dennoch nicht ähnlich sehen, ist der Grund der Unähnlichkeit in der mangelhaften Auffassung der Stempelschneider und in den Zeitabständen der Prägungen
zu suchen. Es erhellt daraus von Neuem die Richtigkeit der Wahrnehmung, dass bei den Münzen der
Lagiden die Porträtähnlichkeit kein verlässlicher
Grund der Zutheilung sei.

e) Berenike I wird auf den ihr Bild zeigenden Münzen
weder mit ihrem Namen noch mit dem Titel Königin
bezeichnet. Steht ihr Kopf vereinzelt, d. h. nicht
neben dem Soterkopfe, so steht er immer auf der
Kehrseite der Münze, und zwar mit der Aufschrift
ΒΑΣΙΛΕΩΣ ΠΤοΛΕΜΑΙοΥ. (Vergl. Mion. VI., 65
bis 80 und 115.)

f) Der Porträtkopf der Königin Berenike II ist unbe-
stritten sicher auf den in Evesperides unter ihrer
Regierung geschlagenen silbernen und ehernen
Münzen. Diese Münzen zeigen auf der anepigraphen
Vorderseite den Kopf der Königin; die Aufschrift
ΒΕΡΕΝΙΚΗΣ ΒΑΣΙΛΙΣΣΗΣ befindet sich auf der
Kehrseite, mithin an der Stelle, wo in der Regel das
ΠΤοΛΕΜΑΙοΥ ΒΑΣΙΛΕΩΣ steht. Ganz sicher ist
ferner ihr Porträtkopf auf den sehr seltenen, in
Aegypten geschlagenen Kupfermünzen, welche ihren
Kopf mit Namen und Titel auf der Vorderseite zeigen, während die Kehrseite die Aufschrift des ptolemaeischen Courantgeldes ΠΤοΛΕΜΑΙοΥ ΒΑΣΙΛΕΩΣ
führen. Auf allen diesen Münzen erscheint Berenike
stets mit den bewussten schönen Haaren, welche in
wellenförmig gescheitelten Linien anliegen und am
Hinterhaupte in einen Haarwulst zusammengeflochten sind. Diese Haartracht ist bei Berenike II
stereotyp; sie findet sich auch auf ihren in Aegypten
geprägten Münzen, auf welchen die Königin den
Schleier trägt und wo der chrakteristische Chignon
durch den Faltenwurf angedeutet wird.

g) Auf allen Münzen mit der Aufschrift ΒΕΡΕΝΙΚΗΣ
ΒΑΣΙΛΙΣΣΗΣ, hat das Frauenbild der Vorderseite
die bewusste ebenbeschriebene Haartracht, die

Gesichtszüge mögen älter oder jünger sein, sich mehr oder weniger ähnlich sehen.

h) Nach dem Gesagten dürften wir zur Annahme berechtigt sein; dass alle Münzen mit der Aufschrift ΒΕΡΕΝΙΚΗΣ ΒΑΣΙΛΙΣΣΗΣ und der stereotypen Haartracht des Frauenbildes der Königin Berenike II angehören. Eine abweichende Zutheilung wäre nur dort annehmbar, wo der Zutheilungsgrund auf anderen Merkmalen als der Unähnlichkeit oder dem Alter der Gesichtszüge beruhte. Der Kopf mit den älteren Gesichtszügen, worin man Berenike I, die Grossmutter, erkennen will, lässt auf den Ausdruck eines Alters von ungefähr vierzig Jahren schliessen, welches Alter ja auch Berenike II, die Enkelin, bei dem Tode ihres Gemals bereits überschritten hatte, wenn man selbst annehmen wollte, dass Philopator mit dem Bilde seiner Mutter nicht mehr habe prägen lassen.

Wir gehen nun an die Bezeichnung der in den drei Metallen geprägten Münzen dieser Königin.

Gold.

1. Octodrachme ohne Beizeichen.

Av. Kopf der Berenike II rechtshin; Blüthe des Frauenalters, edle Züge, grosse Augen, gerade Nase, rundes Kinn, voller Hals; das reichliche Haar wellenförmig gescheitelt nach rückwärts geschlagen und dort in einen Wulst zusammengeflochten; der am Scheitel befestigte Schleier sinkt in langgezogenen Falten auf die Schulter herab und bedeckt die ganze hintere Hälfte des Kopfes, doch so, dass der Haarwulst durch die Falten angedeutet erscheint. Ein Perlenkranz umschliesst die Büste.

Rẽv. BEPENIKHΣ BAΣIΛIΣΣHΣ. Zierlich gearbeitetes, ah der Spitze in einem köcherartigen Etui
steckendes Füllhorn, aus dessen Oeffnung Weizenähren,
Trauben und andere Früchte sich hervordrängen. Um die
Mitte des Füllhorns ist die königliche Stirnbinde gewunden, deren mit Troddeln verzierte Schleifen herabflattern.
Ein Perlenkranz umgibt das Ganze.

N. Gr. 7³/₄, Gew. 27·850 Grm. (Mion. VI, 18, 151.)

Obige Beschreibung ist nach einem in Aegypten gefundenen Exemplare meiner Sammlung. Die prototype
Ausgabe dieses schönen und sehr seltenen Goldmedaillons hat keine Beizeichen im Felde und dürfte aus der
königlichen Prägstätte in Alexandria stammen.

2. Octodrachme mit der Biene.

Dieses Goldmedaillon unterscheidet sich von dem
vorigen nur dadurch, dass es im Felde der Kehrseite
links als Beizeichen eine Biene hat.

(Abgeb. Taf. V, Nr. 7.)

Die Abbildung wurde nach einem mir von Revd.
H. C. Reichardt mitgetheilten Abdrucke angefertigt. Das
Original befand sich im Besitze des weiland russischen
V.-Consuls Salemans in Alexandria. Dieses Medaillon ist
wahrscheinlich analog mit jenem, welches Mionnet (S. IX.
11, 62) als ein in London befindliches Unicum bezeichnet
und auf 1500 Fr. schätzt.

Die Biene war das Stadtwappen von Ephesus und
erscheint als ältester Typus auf autonomen Münzen dieser
Stadt. In Ephesus wurden Münzen mit dem Bilde und
Namen der Arsinoe Philadelphos geprägt. (Vergl. Poole
Coins of the Ptolemies, pag. 41.) Die Ptolemaeer unter-
hielten in der Periode der Macht und Blüthe ihres Reiches
lebhafte Beziehungen mit mehreren Städten Kleinasiens,

woselbst sie zeitweise festen Fuss fassten und Hoheits-
rechte ausübten. Es liegt somit im Bereiche der Möglichkeit, dass das Berenike - Medaillon mit der Biene in
Ephesus geprägt worden sei.

Mein gelehrter Freund, Revd. H. C. Reichardt, ist
mit dieser Ansicht nicht einverstanden. Er bemerkt, es
könne nicht nachgewiesen werden, dass Ephesus je im
Besitze der Ptolemaeer gewesen sei, hingegen finde man
das Beizeichen der Biene auch auf Münzen anderer
Städte, und zwar auch solcher, die unter der Ptolemaeerherrschaft gestanden. Auf Silbermünzen von Aradus
(Mion. V. 457, 793—804) erscheine ebenfalls der Typus
der Biene. Warum sollte man nicht dasselbe Beizeichen
auf dem in der Frage stehenden Goldmedaillon als nach
Aradus hindeutend erklären, zumal, da diese Insel Goldmedaillons der Ptolemaeer mit dem Monogramm $\mathcal{R}$ aufweisen könne? (Mion. VI. 17, 146.)

Gegen diese sachkundige Einwendung erlaube ich
mir nur zu repliciren, dass auf allen Ptolemaeermünzen,
die nach Aradus hinweisen, diese Insel immer durch das
bekannte Aradus-Monogramm aus AP bezeichnet wird.
Warum sollte man ausnahmweise auf obigem Goldmedaillon von dieser münzgerechten Chiffre Umgang genommen
und an deren Stelle ein Beizeichen gewählt haben,
welches nur gelegenheitlich und unter anderen Typen
mitlaufend auf autonomen Münzen dieser Insel vorkommt?
Das Stadtwappen von Aradus scheint der Bugspriet einer
Galeere mit oder ohne Pallas Promachos gewesen zu sein,
wie dieses Symbol auf den Aradusmünzen mit phoenikischer Inschrift vorkommt.

Das Londoner Museum besitzt von demselben Bere-
niketypus mit der Biene ein vortrefflich erhaltenes Gold-

stück, welches ein Tetradrachmon (?) sein soll. Herr
Poole wird wohl die Güte haben, dieses merkwürdige
Exemplar bekannt zu machen.

3. Octodrachme mit zwei Sternen und E.

Av. Verschleierte Büste der Berenike rechtshin, mit
einem Halsbande.

Rev. ΒΕΡΕΝΙΚΗΣ ΒΑΣΙΛΙΣΣΗΣ. Füllhorn mit
einem Diadem geziert, zwischen zwei Sternen, dem Symbole der in Tripolis in Syrien verehrten Dioskuren; im
Felde E.

Ai. Gr. 7, Gew. nicht angegeben. Gefunden bei Suez
im Jahre 1860. Auctionspreis 1450 Fr. (Collection de
M. Prosper Dupré. Catal. Paris 1867, Nr. 351.)

Mionnet (VI, 18, 152) beschreibt ein ganz ähnliches
Goldmedaillon, das er aber als Coin moderne bezeichnet.
Die Echtheit des Dupré'schen Exemplars ist unbezweifelt.

Abgesehen davon, dass die beiden Sterne auch auf
eine Mitregentschaft der Berenike II bezogen werden
könnten, sind diese Zeichen allerdings die Symbole der
Dioskuren; sie beweisen aber noch nicht, dass diese
Münze in Tripolis in Phoenikien geprägt worden sei.
Der Bestand einer ptolemaeischen Prägstätte in Tripolis
ist auch von Lenormant nicht nachgewiesen worden.
Lenormant (Monnaies d'argent des Lagides, pag. 113)
beruft sich einfach auf Mionnet (VI. 15, 133), wo unter
Evergetes I nach Visconti's Iconogr. gr. Tom. III. p. 219,
eine Silbertetradrachme beschrieben wird, deren Kehrseite nebst dem Adler im Felde, die Mützen der Dios-
kuren: „un autre symbole, quelques lettres effacées" und
LⲦ (Jahr 7) zeigt. Dieses andere Symbol ist eine Tiara
und die „quelques lettres effacées," auf die eben das
Meiste ankommt, sind ΣΑ, für Salamis in Kypern.

Diese Tetradrachme ist mithin weder unter Evergetes I,
noch im phoenikischen Tripolis, sondern unter Philadelphus im kyprischen Salamis geschlagen worden, wie das
vollständig erhaltene Exemplar der Schledehaus'schen
Sammlung Nr. 141 beweist, auf welches in dieser Abhandlung bei Philadelphus, Salamis, hingewiesen wurde.

Die Symbole der Dioskuren kommen auf den in
Salamis ausgebrachten Münzen öfters vor, wie oben unter
Philadelphus nachgewiesen wurde. Die Vermuthung, dass
vorstehendes Goldmedaillon der zweiten Berenike, und
auch andere ptolemaeische Gold- und Silbermünzen mit
den Symbolen der Dioskuren in der königlichen Münzstätte Salamis geprägt worden seien, liegt demnach viel
näher als die Annahme, das die Prägung auf Tripolis in
Phoenikien hinweise. Wollte die Regierung diese werthvollen Münzen in Phoenikien prägen lassen, so hätte sie
es ja viel leichter in Sidon oder Tyrus bewerkstelligen
können, wo ohnehin viele Ptolemaeermünzen ausgebracht wurden, während dies bei Tripolis nicht nachgewiesen ist.

Ich erlaube mir einen Schritt weiter gehend anzunehmen, es seien die Symbole der Dioskuren ohne andere
Merkmale nicht einmal ein hinreichender Beweis dafür,
dass obiges Medaillon in Salamis geprägt worden sei.
Dies wäre ganz sicher nur dann erwiesen, wenn im Felde
das ΣA stände, das bekannte Zeichen der Prägstätte
Salamis. Statt des ΣA findet sich aber der Buchstab E,
das bekannte Zeichen eines Stempelschneiders oder des
Münzamtes in Alexandria unter Evergetes I. Dieses E
steht zwischen dem Füllhorn und den Schleifen des
Diadems; es steht nicht, wo die Münzamtszeichen gewöhnlich stehen, am unteren Rande der Kehrseite, weil

hier kein passender Raum dafür gewesen wäre. Berenike II hat auf ihren Münzen noch andere Symbole, die
auf·die Schiffahrt Bezug nehmen. Wahrscheinlich wollten
die Stempelschneider durch die Dioskuren - Symbole
schmeichelhafter Weise die Königin als Schirmfrau der
Seefahrer bezeichnen. Vielleicht waren die beiden Sterne
auch eine Anspielung auf das in dem Sternenhimmel ver-
setzte Haar der Berenike.

4. Ptolemaeisches Hexadrachmon (attisches Pentadrachmon) mit zwei Sternen.

A v. Verschleierte Büste der Berenike mit einem
Perlenhalsbande nach rechts.

R e v. ΒΑΣΙΛΙΣΣΗΣ ΒΕΡΕΝΙΚΗΣ. Füllhorn mit
einem Diadem geschmückt, zwischen zwei Sternen.

N. Gr. 5, Gewicht nicht angegeben. Auctionspreis
1000 Fr.

(Katal. Prosper Dupré. Nr. 352.)

Lenormant (a. a. O. pag. 149) bezeichnet das Gewicht eines Berenike-Medaillons von obiger Grösse mit
21·470 Grm. Es wäre daher, die ptolemaeische Golddrachme zu 3·560 Grm. gerechnet, ein Hexadrachmon
oder Sechsdrachmenstück, welches einem Pentadrachmon
nach attischem Gewichte gleichkommt. Die Nominale
dieses Goldstückes führen auf eine attische Drachme zu
4·2940 Grm. zurück, während das goldene Oktadrachmon
mit der ptolemaeischen Drachme übereinstimmt. Sollte
das mittlere Goldmedaillon zu 21·470 Grm. vorzüglich für
den leichteren Geldverkehr mit Ländern berechnet gewesen sein, wo die attische Drachme Münzeinheit war?
Der Metallwerth blieb bei Gold überall unverändert, und
die Marktpreise wurden in den localen Nominalwerthen
ausgedrückt.

Lenormant (a. a. O. pag. 143) bespricht ein höchst merkwürdiges, als Unicum bezeichnetes Goldmedaillon des syrischen Königs Demetrius I Soter, welches das Datum 162 der Seleukidischen Aera, d. i. 150 v. Chr. führt. Dieses mit den Zeichen der Prägstätten Paphos und Salamis versehene Goldstück wiegt 21·470 Grm., gerade so viel, wie das attische Pentadrachmon der Berenike II. Wollte man aus dieser genauen Uebereinstimmung des Gewichtes auf eine gleichzeitige Prägung schliessen, so müsste die ebenbeschriebene Goldmünze der Berenike II lang nach dem Tode dieser Königin unter Philometor geschlagen worden sein. Die schöne reine Arbeit weist aber auf eine frühere Periode zurück.

Herr Reichardt erwarb vor einigen Jahren in Kairo ein ähnliches Goldstück der Berenike II von vortrefflicher Erhaltung. Die Königin wird auf dieser Münze im jugendlichen Alter mit der bewussten Haartracht dargestellt. Ein Schleier bedeckt das Hinterhaupt und sinkt in langgezogenen Falten auf die Schulter herab. Im Felde der Kehrseite, zwischen dem Füllhorn und den Schleifen der Königsbinde, ist das Monogramm ⌐Π⌐, welches auf Ptolemaïs in Galilaea hinweist.

5. Golddrachme nach attischem Gewicht, mit zwei Sternen.

Av. Verschleierte Büste der Berenike II rechtshin.

Rev. ΒΑΣΙΛΙΣΣΗΣ ΒΕΡΕΝΙΚΗΣ. Füllhorn mit dem Diadem geschmückt, zwischen zwei Sternen.

N. Gr. 3, Gew. 4·3020 Grm.

Das Gewicht ist nach einem ausgezeichnet schönen Exemplar meiner Sammlung bestimmt. (Mion. VI. 18, 153, daselbst abgebildet Pl. 77, Nr. 5.)

Ein ähnliches Exemplar bei Dupré, Katal. Nr. 350, erhielt 600 Francs, das dreifache der Mionnet'schen Schätzung.

Nachstehendes Nominal der Berenikedrachme wurde ebenfalls nach dem attischen System ausgebracht.

6. Halbe Drachme mit zwei Sternen.

Vorder- und Kehrseite ganz wie bei der Drachme.

N. Gr. $2^1/_2$, Gew. nach Lenormant 2·10 Grm. (Mion. VI. 18, 154.)

7. Kleinstes Theilstück mit zwei Sternen.

Vorder- und Kehrseite wie bei der Drachme.

N. Gr. $1^1/_2$, Gew. 1·10 Grm., nach Lenormant. (Mion. VI., 18, 155 und S. IX., 11, 63 Pl. III. Nr. 3.)

Wie Lenormant (a. a. O. pag. 154 u. f.) bemerkt, ist dieses kleinste Nominal nach dem ptolemaeischen, bei ihm asiatischen System ausgebracht und daher ein Diobolon, während die Golddrachme und die halbe Drachme nach dem attischen System geprägt sind. Das Diobolon eignete sich zunächst für den inneren Verkehr.

Lenormant hat das Gewicht obiger Goldmünzen nach den vollkommen erhaltenen Exemplaren des Pariser M. Kab. bestimmt.

Mionnet (S. IX. 11, 63) beschreibt aus der Sammlung des Marquis de Lagoy in Aix ein Diobolon der Berenike II, welches anstatt der zwei Sterne, im Felde der Kehrseite den Buchstab Η hat, eine Chiffre des Alexandriner Münzamtes, wie auf einem Goldmedaillon der Arsinoe II.

S i l b e r.

Unbestritten ist der Porträtkopf der Berenike II auf den Didrachmen, von welchen nachstehende fünf Varianten zu verzeichnen sind.

1. Aus dem Wiener kais. M. Kab.

Av. Porträtkopf der Berenike II im jugendlichen Alter dargestellt, nach rechts; die wellenförmig gescheitelten Haare nach rückwärts laufend und am Hinterhaupte schneckenförmig zusammengeflochten. Ein Perlenkranz umschliesst die Büste.

Rev. ΒΕΡΕΝΙΚΗΣ ΒΑΣΙΛΙΣΣΗΣ in zwei senkrecht laufenden Zeilen, dazwischen aufrechtstehende Keule, um deren Griff das königliche Diadem gebunden ist; im Felde links das Monogramm ♈, im Felde rechts ein Dreizack; das Ganze in einem Kranze von Baumblättern, die wegen mangelhafter Erhaltung dieser Stelle nicht näher bestimmt werden können.

Æ. Gr. 4, Gew. 7·050 Grm.

(Abgeb. Jahrg. 1867, Taf. V, Nr. 4.)

Dieses Exemplar wurde von Eckhel (Doctr. IV., pag. 7) bekannt gemacht. Eckhel und Pellerin erkennen in dem Blätterkranze der Kehrseite einen Lorbeerkranz.

Mionnet (VI., 19, 159) beschreibt ein ähnliches Didrachmon, aber nicht genau, weil die Keule, da sie mit der königlichen Stirnbinde geschmückt ist, nicht liegen kann, sondern steht; der Kranz ist bei ihm ein Epheukranz, was er in keinem Falle ist.

L. Müller gibt in seiner Numismatique de l'ancienne Afrique, pag. 112 u. f. über die Didrachmen der zweiten Berenike mit seiner gewohnten Gründlichkeit umfassende Erläuterungen. Die von ihm beschriebenen Exemplare sind:

2. Aus dem Brit. Mus. bei Müller Nr. 378.

Av. Kopf der Berenike nach rechts, die Haare geflochten und rückwärts einen Haarwulst bildend. Ein Perlenkranz als Einfassung.

Rev. ΒΕΡΕΝΙΚΗΣ ΒΑΣΙΛΙΣΣΗΣ, Keule; links ein Dreizack; rechts der Buchstab Π; unten das Monogramm Ϻ; das Ganze in einem Kranze aus Zweigen des Apfelbaumes.

Æ. 4. Phoenikische Didrachme. Gew. 6·930 Grm.

Müller nennt die Didrachme eine phoenikische, was gleichbedeutend ist mit ptolemaeische oder alexandrinische.

3. Aus dem Pariser M. Kab. und nach Leake Num. Hellen. Kings. pag. 59, bei Müller, Nr. 379.

Aehnliches Didrachmon, doch der Dreizack rechts und der Buchstab Π links gestellt.

Æ. Gr. 4, Gew. 6·80 und 6·75 Grm.

4. Aus dem Pariser M. Kab., dem Brit. Mus. und dem Wiener M. Kab. (als Ergänzung des oben beschriebenen Wiener Exemplars), bei Müller Nr. 379.

Av. Aehnlicher Kopf. Die Haarflechten werden am Vorderscheitel durch eine breite diademartige Kopfbinde gehalten.

Rev. Legende und Typus unverändert. Im Felde rechts der Dreizack, links das Monogramm Ϻ; das untere Monogramm ist weggeblieben.

Æ. Gr. 4, Didr. Gew. 7·38 Grm.

5. Sestini Descriz. delle Med. ant. gr. del Mus. Hederv. III., pag. 4, Nr. 1, beschreibt noch ein anderes hieher gehöriges Didrachmon, welches im Felde nebst dem Dreizack eines der sogenannten Magas-Monogramme und ℥Π hat. Mionnet S. IX. 11, 64.

Nach L. Müller's Ansicht unterliegt es keinem Zweifel, dass diese Didrachmen in Kyrenaika und nicht in Aegypten geschlagen worden sind. Dies erhellt schon aus dem Typus der Kehrseite, aus der Fabrik und dem Monogramm aus ΜΑΓ, welche unter der Regierung des Evergetes I. nicht selten auf Erzmünzen vorkommen, die in Pentapolis, wie damals Kyrenaika hiess, geschlagen wurden. Nach allen Merkmalen stammen diese Münzen aus der Prägstätte von Hesperis, zu jener Zeit Berenike genannt. Der Dreizack im Felde findet sich schon auf älteren Münzen dieser Stadt. Die Keule, umgeben mit einem Kranze aus Zweigen des Apfelbaumes, bezieht sich auf die Arbeit des Herakles im Garten der Hesperiden, der nach der Sage in der Nähe von Hesperis lag. Der Kranz wurde von Pellerin und Eckhel für einen Lorbeerkranz, und von Mionnet, P. Knight, Lenormant und Leake für einen Epheukranz gehalten; er ist aber ohne Zweifel aus einem Zweige geformt, der goldene Aepfel vom Baume der Hesperiden trägt.

Die Didrachmen, welche ein aus ΜΑΓ zusammengesetztes Monogramm haben, wurden früher der ersten Berenike zugetheilt, weil man das Monogramm auf Magas gedeutet hatte; nur das Didrachmon mit dem Monogramm aus ΠΥ wird bei Mionnet der zweiten Berenike vindicirt. L. Müller hält jedoch die Ansicht fest, dass alle diese Münzen der Berenike II zuzutheilen seien. Die in Aegypten geschlagenen Goldmünzen von verschiedener Grösse, welche unbezweifelt dieser Königin angehören, zeigen einen verschleierten Frauenkopf, der dieselben Gesichtszüge und dieselbe Haartracht hat, wie auf den Didrachmen. Durch die dieser Königin unbezweifelt zugehörigen

Erzmünzen wird die Richtigkeit obiger Ansicht vollends bestätigt.

Die von L. Müller dargelegten Gründe sind so klar und überzeugend, dass dagegen wohl nichts Erhebliches eingewendet werden dürfte. Ich glaube hierin eine Bestätigung der von mir ausgesprochenen Ansicht zu erkennen, dass alle Münzen mit der Aufschrift ΒΕΡΕΝΙΚΗΣ ΒΑΣΙΛΙΣΣΗΣ, der Königin Berenike II Gemalin des Ptolemaeus III, Evergetes I unbedenklich zugetheilt werden können.

Mionnet (VI. 18, 156, 157, 158) beschreibt unter Berenike II drei grössere Silbermünzen, die er als Coins modernes bezeichnet. Neuerliche glückliche Funde haben jedoch prachtvolle Silbermedaillons dieser Königin zu Tag gefördert, deren Echtheit nicht zu bezweifeln ist. Zwei dieser Medaillons, vielleicht die einzigen bisher bekannten, gingen in die ausgezeichneten Sammlungen der Herren Prosper Dupré und M. J. Gréau in Paris über.

Ich erlaube mir nach einer Abbildung des Gréau'-schen Exemplars eine Beschreibung dieses merkwürdigen Medaillons zu versuchen.

6. Dekadrachmon.

Av. Büste der Königin, rechtshin, im mittleren Frauenalter aufgefasst; edle Gesichtszüge, freie Stirn, grosses Auge, gerade Nase, rundes Kinn, voller Hals; das reichliche Haar wellenförmig gescheitelt, rückwärts einen Haarwulst bildend; der Schleier (καλύπτρη) des Hauptes hintere Hälfte bedeckend, in langgezogenen Falten herabsinkend; die Brust unter dem Halse durch das Diploidion verhüllt; ein Perlenkranz als Einfassung der Büste.

Rev. ΒΕΡΕΝΙΚΗΣ ΒΑΣΙΛΙΣΣΗΣ. Aus einer köcherartigen Handhabe windet sich ein zierlich gearbeitetes
Füllhorn empor, aus dessen Oeffnung eine Weizenähre,
ein Dattelbündel, eine melonenartige Frucht und Blätter
hervordringen. Um die Mitte des Füllhorns ist das königliche Diadem gebunden, dessen reichverzierte Schleifen
vermöge ihrer Schwere gerade herabsinken. Im Felde
zu beiden Seiten des Füllhorns die myrthenbekränzten
Dioskurenhütchen.

Æ. Gr. 9, Gew. nicht angegeben. Auctionspreis des
Gréau'schen Exemplars 1150 Francs, des Dupré'schen
1600 Francs.

(Abgeb. Taf. V, Nr. 6.)

H. Cohen, der Ordner des Gréau'schen Katalogs,
verzeichnet dieses kostbare Medaillon, von dem nach
seiner Angabe nur zwei oder drei Exemplare bekannt
sein sollen, unter Berenike I. Bei Dupré findet sich diese
Münze richtiger unter Berenike II eingetragen. Das
Dupré'sche Medaillon wurde mit noch einem zweiten
Exemplar, wahrscheinlich dem Gréau'schen, im Jahre
1860 bei den Ausgrabungen des Suezkanals gefunden.
Da seit Saïd Pascha die Franzosen in Aegypten die erste
Rolle spielen, ist es begreiflich, dass von dort die besten
antiquarischen Funde nach Paris wandern.

Kupfer.

1. Aus dem Wiener kais. M. Kab.

Av. Kopf der Königin in der Blüthe des Frauenalters, rechtshin, das wellenförmig gescheitelte Haar, um
das ein Diadem geschlungen ist, rückwärts in einen Wulst
zusammengeflochten.

Rev. ΒΕΡΕΝΙΚΗΣ ΒΑΣΙΛΙΣΣΗΣ in zwei senkrecht laufenden Zeilen; zwischen diesen Zeilen in der Mitte ein oben dreifach gezackter, unten abgerundeter Gegenstand, der die Form des unteren Theiles eines Steuerruders hat, darunter das Monogramm ; das Ganze in einem reichblätterigen Lorbeerkranze.

Æ. Gr. 4 1/2, Gew. 5·620 Grm.

(Abgeb. Taf. 4, Nr. 5.)

Mionnet (VI. 9, 88 S. IX. Pl. II, Nr. 4) beschreibt diese Münze nach Visconti unter Berenike I mit der Bemerkung, dass selbe von Magas in Kyrenaika geprägt worden sei. Eckhel (Doctr. IV. pag. 7) und nach ihm die meisten Numismaten, welche diese Münze besprechen, theilen sie der ersten Berenike zu, und zwar aus dem Grunde, weil darauf eines der angeblichen Magas-Monogramme angebracht ist. L. Müller hat jedoch, wie bereits oben mitgetheilt wurde, die Unzuverlässigkeit der fünf sogenannten Magas-Monogramme nachgewiesen und hält folgerichtig die Ansicht fest, dass auch obige Erzmünze (bei Müller a. a. O. Nr. 381) der zweiten Berenike angehöre, eine Ansicht, über deren Richtigkeit bei Vergleichung dieser Münze mit den Didrachmen und den in Aegypten geschlagenen Erzmünzen dieser Königin, kein Zweifel mehr obwalten kann.

Eckhel, Visconti, Mionnet, Leake und L. Müller halten den Gegenstand in der Mitte des Lorbeerkranzes für den unteren Theil eines Steuerruders, während Cavedoni darin das Rostrum eines Schiffes zu erkennen glaubt. Eckhel's Anschauung ist auch hier die richtige. Das Steuerruder läuft in eisernen Ringen um eine vom Hinterkiel aufsteigende Achse und wird bei Seebooten, wenn sie im Hafen liegen, ausgehoben. Das Rostrum, wie es auf

einer Münze der römischen Familie Antonia vorkommt,
ist hievon ganz verschieden. Das Symbol des Steuerruders ist auch bei Berenike II ganz am Platze, da diese
Königin auf anderen Münzen durch die Dioskurensymbole
als Schirmfrau der Seefahrer bezeichnet wird. Der Lorbeerkranz ist bei dieser Münze deutlich ausgedrückt.
Bei einem Typus der Seeschiffahrt wäre eine Anspielung
auf den Garten der Hesperiden nicht am Platze gewesen.

2. Aus der Sammlung Gréau, Katal. Nr. 2842.

Av. ΒΕΡΕΝΙΚΗΣ ΒΑΣΙΛΙΣΣΗΣ. Mit dem Diadem
geschmückte Porträtbüste der Berenike II rechtshin.

Rev. ΒΑΣΙΛΕΩΣ ΠΤοΛΕΜΑΙοΥ. Füllhorn und
Keule.

Æ. Gr. 4, Gewicht nicht angegeben.

Herr Cohen bemerkt im Katal. Gréau, dass diese
Münze bei Mionnet nicht vorkomme, dass sie aber dieselbe zu sein scheine, welche Mionnet (VI. 28, 220) der
Kleopatra Selene zutheilt und deren vorderseitige Legende verwischt ist.

3. Aus meiner Sammlung, Katal. Nr. 1001, jetzt im
Brit. Mus.

Av. ΒΕΡΕΝΙΚΗΣ ΒΑΣΙΛΙΣΣΗΣ. Porträtkopf der
Berenike II rechtshin, mit der bewussten zierlichen Haartracht und dem Diadem.

Rv. Spuren der Aufschrift ΒΑΣΙΛΕΩΣ ΠΤοΛΕΜΑΙοΥ.
Füllhorn, im Felde eine Keule und ein aufrechtstehender
Adler.

Æ. Gr. 5. Von schöner Ausführung.

Diese beiden sehr seltenen Erzmünzen sind wahrscheinlich in Alexandria geschlagen worden. Sie sind
Beweisstücke für die richtige Zutheilung der Berenike-

münzen. Die deutliche Aufschrift der Vorderseite und
die genau und schön ausgeführte Zeichnung des Kopfes
bürgen für die richtige Auffassung der Gesichtszüge,
deren Aehnlichkeit mit den Porträtköpfen dieser Königin
auf ihren übrigen Münzen nicht zu verkennen ist. Die
Aufschrift der Kehrseite ist die gewöhnliche der ägyptischen Landesmünze und beweist, dass die Prägung von
der königlichen Regierung angeordnet wurde. Die Keule
im Felde steht im Einklange mit dem Typus der in
Evesperides geprägten Didrachmen. Endlich der Adler
auf einer dieser Erzmünzen ist das Familienwappen der
Lagiden, wie es schon auf den, während der Regentschaft
des Ptolemaeus Lagi geprägten Tetradrachmen mit der
Pallas Promachos erscheint. (Siehe oben I. B.)

4. Mionnet (VI., 19, 162) beschreibt eine ähnliche
Kupfermünze der zweiten Berenike. Die Kehrseite zeigt
ein mit dem Diadem geschmücktes Füllhorn ohne andere
Symbole und Beizeichen im Felde. Wir haben demnach
drei Varianten dieser Münze.

5. Mit dem gewöhnlichen Adlertypus der Kehrseite.
Av. ΒΕΡΕΝΙΚΗΣ ΒΑΣΙΛΙΣΣΗΣ. Porträtkopf der
Berenike II. mit dem Diadem geschmückt.
Rev. ΒΑΣΙΛΕΩΣ ΠΤοΛΕΜΑΙοΥ. Adler auf dem
Donnerkeil stehend, nach links gewendet.
Æ. Gr. 4, schöne Fabrik. (Sestini Descriz. delle
Med. ant. gr. del Mus. Hederv. III. Cont. Nr. 6375, und
nach ihm Mionnet S. IX. 12, 65.)

Berenike II. erscheint auf ihren Münzen nie ohne
ihren Titel. Dasselbe finden wir auch auf den Münzen der
Königinnen Kleopatra I, II, III und VI. Die Prägung mit
doppelter Aufschrift auf Vorder- und Kehrseite finden

wir, abgesehen von den Goldstücken mit den vier Köpfen, nach dem Vorbilde obiger Berenikemünzen zuerst wieder auf Erzmünzen der Königin Kleopatra I, Gemalin des Ptolemaeus V, Epiphanes und Tochter Antiochus des Grossen von Syrien.

Die bei Mionnet (S. IX. 12, 66) unter Berenike II beschriebene niedliche Erzmünze mit dem Füllhorn wird neuerlich mit mehr Wahrscheinlichkeit der Arsinoe III Philopator zugetheilt.

Münzen der Ptolemaeer

in den

Museen von München, Gotha und Berlin.

Der Wunsch, meine beschreibende Uebersicht der Ptolemaeermünzen thunlichst zu vervollständigen, veranlasste mich während des Sommers 1868 zu einem Wiederbesuche von München und Berlin. Meinen Aufenthalt an diesen beiden Pflegestätten der Kunst und Wissenschaft verwendete ich vorzugsweise zur Besichtigung der numismatischen Sammlungen in den königlichen Museen. Die Serien der auf das Ptolemaeerreich Bezug nehmenden Münzen wurden bei diesem Anlasse einer aufmerksamen Prüfung unterzogen. In derselben Absicht besuchte ich auch Gotha, dessen reichhaltiges Museum mir bisher nicht bekannt war. Der wissenschaftliche Gewinn, den mir meine Umschau in diesen drei grossen Sammlungen abwarf, bestärkte mich in der Ueberzeugung, dass die alte Numismatik selbst in ihren trockensten Partien unerschöpflich ist. Jedes grössere Münzkabinet hat etwas zu bieten, das für den Freund der Numismatik überraschend ist und ihn zu weiterer Forschung anregt.

1*

Zur Ergänzung der drei ersten Ptolemaeer *) erlaube ich mir aus den hiehergehörigen Münzen der genannten drei Museen die Beschreibung einiger merkwürdiger Stücke nachzutragen. Die in eine spätere Periode fallenden Münzen werden bei Beschreibung der Münzen Philopator's und seiner Nachfolger gehörigen Ortes eingeschaltet werden.

MÜNCHEN.

Die Sammlung antiker Münzen des königlichen Münzkabinets in München enthält Seltenheiten und Prachtstücke, auf deren Besitz selbst die numismatischen Museen in Paris und London stolz sein dürften. Es genügt zu erwähnen, dass der Schatz altgriechischer Münzen, welchen der vortreffliche Alterthumskenner E. M. Cousinery, weiland Consul der französischen Republik, während seines vieljährigen Aufenthaltes in Makedonien und Kleinasien gesammelt hatte, schon vor einem halben Jahrhundert für München erworben wurde. Spätere Ankäufe erweiterten die Sammlung. Der ausgezeichnete Numismatiker Dr. Franz Streber ordnete sie mit Einsicht und unermüdetem Fleisse. Die mit merkwürdig schöner und gleichförmiger Schrift ausgeführten Beschreibungen in den Münzfächern sind sämmtlich von seiner Hand.

Ein gründlicher Kenner des Alterthums, der in der iterarischen Welt sehr vortheilhaft bekannte königliche Universitätsprofessor Dr. Franz Reber versieht gegenwärtig auch die Functionen eines Custos am Münzkabinet.

---

*) Wiener numismatische Monatshefte: „Zur alten Numismatik Aegyptens I—V."

Der gefälligen und einsichtsvollen Beihilfe dieses Gelehrten habe ich es zu danken, dass es mir in kurzbemessener Zeit ermöglicht ward, eine bedeutende Anzahl von Münzen zu beschreiben und deren Gewicht zu bestimmen. Dr. Reber war auch so freundlich, von einigen der merkwürdigsten Stücke Staniolabdrücke für mich anzufertigen.

Zu bedauern ist, dass bei Besichtigung der unvergleichlichen Kunstschätze Münchens sowohl einheimische wie fremde Besucher dem numismatischen Kabinete nur geringe Aufmerksamkeit widmen. Das ungünstig gelegene Aufstellungslocal trägt mitunter einige Schuld an dieser geringen Theilnahme. Der Besuch numismatischer Sammlungen würde lebhafter sein, wenn die Freunde classischer Bildung die nachstehenden Worte eines deutchen Gelehrten beherzigen möchten:

„Mit Recht verdient die Münzkunde wegen der vielartigen Aufschlüsse, die sie uns gibt, das Licht der gesammten archaeologischen Studien genannt zu werden." *)

Aus der reichlich vertretenen Reihenfolge der Ptolemaeermünzen, auf die wir uns hier zu beschränken haben, sind nachstehende hervorzuheben:

1. Die äusserst seltene Tetradrachme mit Alexanders des Grossen Porträtkopfe in der Haut des Elephantenkopfes; auf der Kehrseite mit der Aufschrift ΑΛΕΞΑΝΔΡΟΥ und dem Typus des Zeus Aëtophoros. (Vergl. „Z. alt. Num. Aegyptens" Abschn. II, A, Catal. Huber Nr. 942 und 943.)

2. Alexander - Tetradrachme mit der Pallas Promachos.

---

*) Hirt in Boettiger's Amalthea. B. III. pag. 18.

Av. Jugendlicher Alexanderkopf mit Diadem und Widderhorn, bedeckt mit der Kopfhaut des Elephanten, rechtshin.

Rev. ΑΛΕΞΑΝΔΡΟΥ. Pallas Promachos rechtshin schreitend; im Felde rechts ΔΙ, korinthischer Helm und Adler auf dem Blitze. Variante zu der a. a. O. Abschn. II, B. Nr. 5 beschriebenen Tetradrachme.

Aus der Reihe der Ptolemaeer-Tetradrachmen mit dem Soterkopfe und dem gewöhnlichen Adlertypus sind hervorzuheben:

3. Tyrus mit dem Königstitel. Im linken Felde der Kehrseite das Monogramm von Tyrus mit der unten angefügten Herkuleskeule, ohne anderes Beizeichen. Vergl. Mionnet VI, 7, 62.

4. Stratonos Pyrgos und Marathus. Im linken Felde der Kehrseite die Monogramme ⋀⋀ für Στράτωνος und ⏀ wohl nur auf ΜΑΡαϑος auszulegen. Auf der Vorderseite ist am Halse des Soterkopfes der Stempel ⊡ aufgeschlagen. Dieses Monogramm kann in Verbindung mit Stratonos nur auf Πὐργος bezogen werden. Das eingeschriebene ΑC scheint für ΑCύλου zu stehen und würde sonach den Beweis liefern, dass Stratonos Pyrgos, gleich Tyrus und Sidon, im Besitze des Asylrechtes war. In palaeographischer Hinsicht lässt sich beiläufig bestimmen, um welche Zeit dieser Stempel aufgeschlagen wurde. Auf den Ptolemaeermünzen erscheint nämlich die runde Form des Sigma, C statt Σ, erst am Ende der Lagidenherrschaft auf Münzen der Kleopatra VI. Syrien kam jedoch schon 61 vor Chr. unter die Herrschaft der Römer, welche den eroberten Städten in der Regel die Ausmün-

zung edler Metalle nicht mehr gestatteten. Die nachträgliche Stempelung dieser Sotertetradrachme scheint daher in die Zeit zu fallen, als Palaestina unter römische Oberherrschaft kam.

5. **Magdolon.** Im linken Felde der Kehrseite das von Lenormant auf das biblische Migdol ausgelegte Monogramm von Magdolon, darunter als Festungssymbol ein ovaler Schild, in dessen Mitte der Donnerkeil; zwischen den Fängen des Adlers der Buchstab P, hier keine Jahrzahl. Die nach dem ptolemaeischen Münzsystem in Alexandria geprägten Tetradrachmen sind ohne Zeitbestimmung. Eine Ausnahme macht die bei Mionnet VI, 15, 134 nach Visconti beschriebene Tetradrachme mit L H, welche Lenormant nach Heroopolis verlegt und dem Philadelphus zutheilt.

6. Die bei Mionnet VI, 4, 34 beschriebene Tetradrachme mit dem Königstitel, deren Initialen ΣT und $K I$ von Lenormant auf Stratonos und Kition gedeutet werden; das einzige Beispiel einer Münzverbindung zwischen einer kyprischen Stadt und einer Stadt des Festlandes. Die Richtigkeit dieser Zutheilung angenommen, müsste diese Tetradrachme früher geprägt worden sein, als Kition seine eigene Prägstätte hatte. Es ist nicht wahrscheinlich, dass Kition, nachdem Philadelphus daselbst eine der drei kyprischen Kronprägstätten eingerichtet hatte, noch mit einer palaestinischen Stadt einen Vertrag zur Ausbringung einer gemeinschaftlichen Münze geschlossen habe. Ist daher Lenormant's Auslegung des ΣT und $K I$ richtig, und wir können ihr keine bessere substituiren, so ist sie ein Beleg zu Gunsten der von mir vertheidigten Ansicht, dass in Kypern die Prägung der

datirten ersten Serie der silbernen Ptolemaeermünzen
nicht vor Philadelphus begonnen habe.

7. **Tyrus und Ptolemaïs in Galilaea, Jahr 30.**
Links im Felde ober der Keule das Monogramm von
Tyrus ; rechts ein ungewöhnliches Monogramm von
Ptolemaïs **Ⱥ** darunter Λ, 30.

8. **Ptolemaïs und Memphis mit** ΣΩΤΗΡοΣ,
Jahr 36. Links im Felde das gewöhnliche Monogramm
von Ptolemaïs **Ⳡ**, darunter **Ⱥ**, von Lenormant auf
Memphis ausgelegt; rechts im Felde ΛΓ Jahr 36, von
der Alleinherrschaft des Philadelphus gerechnet, dessen
letztes Jahr. Das Brit. Mus. besitzt ein ähnliches Exemplar. Eine unedirte Tetradrachme von Ptolemaïs und
Memphis mit Jahr 33, in meiner Sammlung (Catal.
Nr. 962). Die griechische Colonie in Memphis unterhielt
lebhafte Handelsverbindungen mit dem syrischen Küstenlande. Es ist daher nicht unwahrscheinlich, dass Memphis, mit Umgehung von Alexandria, aus Ptolemaïs auf
Grund eines Münzvertrages Courantgeld bezogen habe.
Das auf syrischen Geprägen oft vorkommende ⊙ bezieht
sich nicht auf This, Thinites, sondern ist einfach ein
Münzamtszeichen.

9. Unbestimmte Tetradrachme. Links im Felde ⊙Ε,
darunter ΑΡ; im Felde rechts ΤⳠΟ. Styl und Fabrik
ungewöhnlich. Von den Initialen kann nur das in zweiter
Linie stehende ΑΡ mit Wahrscheinlichkeit auf Aradus
bezogen werden. Vaillant bezieht die Initialen ⊙Ε auf die
alte Hauptstadt Theben in Ober-Aegypten, ⊙Εβαίων
attisch und jonisch für ⊙Ηβαίων. Theben wurde aber
unter den Ptolemaeern Diospolis genannt, welchen
Namen es auch auf den Nomosmünzen führt. Ueberdiess

hatte Theben keine griechische Colonie. ⊙E erscheint auch auf einer seltenen Tetradrachme von Tripolis in Phoenikien, wahrscheinlich für ⊙EAΣ.

10. Erzmünze in Kyrene geschlagen.

Av. Soterkopf mit dem Diadem, rechtshin.

Rev. ΠΤΟΛΕ ΜΔΙΟΥ am linken Halbrande, von ΒΑΣΙΛΕΠΣ keine Spur und auch kein Raum dafür. In der Mitte der Adler mit entfalteten Flügeln auf dem Blitze stehend und nach rechts gewendet; daneben im Felde rechts das Silphium und eine Krabbe, das Symbol von Apollonia, darüber das Monogr. [Monogramm] und über diesem K. Æ. Gr. 4. (Abgeb. Taf. VI, 4.)

Ein ähnliches, minder gut erhaltenes Exemplar im Wiener M. Kab. wurde im Abschn. V, Nr. 11 beschrieben. Diese Münze ist nach dem Jahre 305 geprägt worden, weil auf selber der Soterkopf mit den Abzeichen der Königswürde, Diadem und Aegis, abgebildet ist. Durch das Weglassen des Königstitels wollte die neue Dynastie auf den Freiheitssinn der griechischen Städte Rücksicht nehmen. Abermals ein Beleg, dass Soter auf seinen Münzen sich den Königstitel nicht beilegte. Das auf Kyrene auszulegende Monogramm findet sich in ähnlicher Form auf dem merkwürdigen Gothaer Goldstater mit dem Elephanten-Viergespann.

11. Soter, Philadelphus und Arsinoe.

Av. ΒΑΣΙΛΕΠΣ ΠΤΟΛΕΜΑΙΟΥ. Soterkopf mit Diadem und Aegis, rechtshin.

Rev. Gepaarte Köpfe des Philadelphus und der Arsinoe nach rechts; der Kopf des Königs hat einen Lorbeerkranz, jener der Arsinoe ein Diadem. Æ. Grösse 7.

Ich habe diese Kupfermünze nach Mionnet (VI, 13, 17) bei Evergetes beschrieben. Auf dem Münchener Exemplar bildet der Soterkopf mit der Legende die erhabene Vorderseite, während die Köpfe des Philadelphus und der Arsinoë auf der Kehrseite des Schrötlings erscheinen, welche Unregelmässigkeit offenbar durch eine bei der Prägung vorgefallene Verwechslung der Stempel entstanden ist. Mionnet bemerkt nicht, ob das von ihm beschriebene Pariser Exemplar dieselbe Unregelmässigkeit aufweise. Lenormant macht von dieser Münze keine Erwähnung. Auf den Ptolemaeermünzen steht der stereotype Soterkopf stets o h n e Aufschrift; nur auf dieser Münze erscheint er ausnahmsweise mit der gewöhnlichen Umschrift der Kehrseite. Dieser auffallende Umstand führt zur Vermuthung, dass ein derartiger Münzstempel gar nicht existirt habe, und dass eine solche Zusammenstellung durch einen Doppelschlag entstanden sei. Auf dem Münchener Exemplar ist aber von einem Doppelschlage nichts zu bemerken. Die Zeitbestimmung anbelangend, gehört diese Münze zu den vagen. Styl und Fabrik lassen auf spätere Prägung schliessen. Eine sich überstürzende Hast ist im Gepräge nicht zu verkennen. Diese Unsicherheit in der Technik entspricht der Periode der inneren Zerwürfnisse und der blutigen Fehden der Kronwerber. Die entarteten Lagiden zur Zeit des Reichsverfalles, klammerten sich an die ruhmreiche Vergangenheit ihrer faulgewordenen Dynastie. Sie suchten ihrem schlechten Gelde durch die aufgeprägten Bildnisse grosser Ahnen einen besseren Credit zu verschaffen.

12. Tetradrachme kyprischer Prägung.

A v. Soterkopf mit Diadem und Aegis, rechtshin.

Rev. ΠΤοΛΕΜΑΙοΥ ΒΑΣΙΛΕΩΣ. Adler auf dem Blitze nach links gewendet, der rechte Flügel ist gehoben. Im Felde links L A, Jahr 1, o h n e andere Buchstaben und Beizeichen.

R. Grösse 7.

Diese seltene Tetradrachme ist wahrscheinlich im ersten Jahre der Alleinherrschaft des Philadelphus in Paphos geprägt worden. Sie reiht sich unmittelbar an die bekannten Tetradrachmen mit dem Soterkopfe, welche auf der Kehrseite weder eine Jahrzahl noch die Initialen einer Prägstätte haben und in welchen wir die ersten Erzeugnisse kyprischer Prägung erkennen. Auf obiger Münze ist das erste Regierungsjahr durch L A, aber noch kein Prägort bezeichnet. Diese Bezeichnung der Prägorte erfolgte in Paphos erst im zweiten Jahre, und zwar durch ein einfaches Π, anstatt des späteren Π A für Paphos, wie aus der unter Philadelphus aufgeführten Tetradrachme des Wiener M. Kab. ersichtlich ist. (Abgeb. Taf. II, 2.) Letztere Münze gleicht in Styl und Ausführung der Vorder- und Kehrseite vollkommen der obenbeschriebenen Münchener Tetradrachme, so dass über die Zusammengehörigkeit und die gleichzeitige Fabrik beider Stücke jeder Zweifel schwindet.

Wir haben unter Philadelphus, Paphos, Jahr 1, aus der Sammlung Schledehaus Nr. 134 eine Tetradrachme verzeichnet und dabei die Vermuthung ausgedrückt, dass diese Münze erst unter Soter II, mithin 166 Jahre später geprägt worden sei. Es ist unwahrscheinlich, dass man im ersten Jahre die Prägstätte durch die im Felde rechts stehenden Initialen Π A bezeichnet habe, während im zweiten Jahre diese Bezeichnung durch ein ober der

Jahrzahl stehendes einfaches Π dargestellt ist. Da nun das erste Jahr der ersten Serie paphischer Prägung, wie das Münchener Beweisstück zeigt, ganz sicher vertreten ist, muss die unter Vorbehalt dort aufgeführte Schledehaus'sche Tetradrachme Nr. 134 von ihrem Platze weichen und einem späteren Ptolemaeus, Epiphanes oder Soter II, zugetheilt werden. In meiner Sammlung (Catal. Nr. 1010, jetzt in der Collect. Addington in London), ist eine Tetradrachme mit ∟A, ΠA, Jahr 1, Paphos, unter Soter II aufgeführt, obgleich die ausserordentlich schöne Fabrik dieser Münze für ein Gepräge der dritten kyprischen Serie auffällig ist. Die Münzen der Kleopatra III und ihrer Söhne sind zum Theil, besonders in den früheren Regierungsjahren, in Gehalt und Ausführung so tadellos, dass man sie den Erzeugnissen der ersten Münzperiode an die Seite setzen kann. Eine Verwechslung wird nur durch Beachtung der unterscheidenden Merkmale vermieden. Die an den Fundorten durch vieljährige Uebung geschärften Wahrnehmungen sind oft die sichersten Wegweiser.

13. Goldmedaillon der Arsinoe Philadelphos.

Vorder- und Rückseite wie auf den schönen phoenikischen Tetrastateren dieser Königin. Das über dem Scheitel hervorstehende Zierat ist die Spitze des Scepters. Im Felde rechts zwischen dem Doppelfüllhorn und der herabflatternden Schleife des königlichen Stirnbandes die Initialen ΣΙ des Prägortes Sidon; darunter das Monogramm ⋈ des durch einen Münzvertrag verbundenen Hafenplatzes Stratonos Pyrgos; im Felde links zwischen Füllhorn und Schleife die Jahrzahl ∧Γ, 36, ein, wie es scheint, bisher unbekanntes Datum.

N. Grösse 7. (Abgeb. Taf. VI, 1.)

Lenormant löst das Monogramm ᛘ in die Initialen ΣT und ΠY auf und erkennt darin eine Zusammenziehung der beiden getrennten Monogramme   für ΣΤράτωνος ΠΥργος. Strabo (XVI. 758) nennt die auf der Strasse von Ake gelegene, mit einem Landungsplatze versehene, später Caesarea genannte Stadt: Στράτωνος Πύργος, Strato's Thurm. Nach dem griechischen Sprachgebrauche wurden zusammengesetzte Städtenamen durch Weglassung des einen oder des andern Wortes häufig abgekürzt. So sagte man einfach Stratonos für Stratonos Pyrgos. Die ebenfalls vorkommenden Initialen ΣT sind daher gleich den obigen Monogrammen auf diese Stadt zu beziehen. Lenormant bemerkt ferner, dass auch das Wort Pyrgos zur Bezeichnung der Stadt Stratonos Pyrgos genügt habe, da unter den Besitzungen der Ptolemaeer in jenem Küstenlande bei keiner andern Stadt der Name Pyrgos vorkomme. Das ᛗ für ΠΥργος, wenn auch alleinstehend, wäre daher ebenfalls auf Stratonos zu beziehen.

Dass diese Stadt mit Sidon einen Münzvertrag gehabt habe, bezeugt unter andern auch die II., D. Nr. 37, unter den Sotertetradrachmen aufgeführte Münze vom Jahre 31, ΛΑ.

14. Dekadrachmon der Arsinoe Philadelphos.

Av.   Porträtkopf der Arsinoe II im mittleren Alter, nach rechts. Schöne, edle Gesichtszüge, grosse Augen, gerade Nase, rundes Kinn und voller Hals; das reichliche Haar in aufgelösten Flechten

nach rückwärts geschlagen, vorn durch das
breite Diadem etwas in die Stirn gedrückt; das
Hinterhaupt bedeckt mit dem Schleier, der in
langgezogenen Falten auf die Schulter herabsinkt; unter dem Ohr geht aus dem Schleier eine
wie die Spitze eines Horns sich ausnehmende,
nach unten gebogene Haarlocke hervor; ober
dem Kopfe, in den Rand der Münze fallend, ist
in schwachen Umrissen die als Isis-Pschent geformte Spitze des Scepters ersichtlich, während
an der linken Schulter aufliegend der geradlinige
Schaft des Scepters nicht zu verkennen ist. Im
Felde hinter dem Kopfe ᛗ ᛗ wahrscheinlich
das Zeichen des Werkmeisters.

Rev. ΑΡΣΙΝοΗΣ ΦΙΛΑΔΕΛΦοΥ. Zierlich gearbeitetes
Doppelfüllhorn, Bananen, Trauben und andere
Früchte darbietend; in der Mitte umschlungen
von der königlichen Binde, deren mit Troddeln
geschmückte Endschleifen zu beiden Seiten des
Doppelhorns herabflattern.

Æ. Gr. 10, Gew. 35·400 Grm. (Abgeb. Taf. VI, 2.)

Eine ähnliche Dekadrachme der Arsinoe Philadelphos *) hat im Felde hinter dem Kopfe die Münzbuchstaben Β Β. Die Schrift der Legende besteht aus grossen,
durch feine Striche verbundenen Puncten, ähnlich der
punctirten Schrift auf vielen Tetradrachmen der späteren
Seleukiden. Metall und Fabrik dieses Gross-Silberstückes
erinnern an die in Syrien geprägten Sotertetradrachmen
und Didrachmen mit hohen Daten.

---

*) Im Besitze des Herrn Louis Meyer aus Smyrna, jetzt in
Nürnberg.

Die Schledehaus'sche Sammlung in Osnabrück besitzt sechs Arsinoe-Dekadrachmen, nämlich mit den Münzbuchstaben B B, Gew. 34·800 Grm.; mit E E, Gew. 34·200 Grm.; mit ⊙⊙, Gew. 35·00 Grm.; mit M M, Gew. 34·250 Grm.; mit undeutlichem Zeichen, Gew. 34·370 Grm.; ein abgegriffenes Exemplar ohne Zeichen, Gew. 32·050 Grm.

15. Das grosse und das mittlere Goldmedaillon mit ⊙EΩN ← AΔEΛΦΩN und den vier Lagidenköpfen in schöner Erhaltung. Das Distateron zeigt hinter dem Kopfe des Philadelphus einen ovalen Schild, in dessen Tragriemen ein Pfeil steckt. Vor dem Kopfe der Arsinoe ist der Buchstab K als Münzzeichen.

16. Doppeldrachme der Berenike II.

A v.   Porträtkopf der Berenike II rechtshin. Das wellenförmig gescheitelte Haar, rückwärts zu einem Wulst geflochten, wird durch das Diadem festgehalten, dessen flatternde Schleifen mit Troddeln geziert sind. Perlenrand.

R e v. BEPENIKHΣ BAΣIΛIΣΣH(Σ) in zwei senkrechten Zeilen; zwischen diesen eine senkrecht stehende Keule mit dem Kolben nach unten; im Felde rechts ein Dreizack; im Felde links das Monogramm 𝔐 nur in MYΓ auflösbar, ohne Spur des Querstriches von A, mithin nicht auf Magas zu beziehen. Das Ganze in einem Kranze von Baumblättern, die dem Eichenlaube ähnlich sind.

Æ. Grösse 4½, Gewicht 7·460 Gramm. (Abgebildet Taf. VI, 3.)

Diese Variante, welche bei L. Müller nicht verzeichnet erscheint, ergänzt die Doppeldrachmen der Berenike II und übertrifft sie alle an Vollständigkeit des Gewichtes. Die Blätter des Apfelbaumes, welche L. Müller in dem Kranze zu erkennen glaubt, werden durch das gut erhaltene Münchener Exemplar wieder in Frage gestellt.

17. Schwerstes Erzmedaillon.

Av. Kopf des Zeus-Ammon rechtshin mit Diadem und dem als kleiner Obelisk geformten Pschentzeichen ober der Stirn.

Rev. ΠΤΟΛΕΜΑΙΟΥ ΒΑΣΙΛΕΩΣ. Adler mit entfalteten Flügeln auf dem Donnerkeil, nach links gewendet und nach rechts schauend; zwischen den Fängen Λ.

Æ. Gr. 13½, Gew. 102·1660 Grm.

Nach Metall und Fabrik zu schliessen, fällt die Prägung in die gute Zeit unter Evergetes I oder Philopator. Diese schwerste Kupfermünze hatte den Werth von 30 Chalkus oder einer halben Alexandriner Silberdrachme. Das Gewicht stimmt vollkommen zu unserem bei Evergetes I ersichtlich gemachten Eintheilungssysteme der aegyptischen Kupferwährung.

Die in eine spätere Periode fallenden Ptolemaeermünzen des Münchener Münz-Kabinets werden im Verlaufe meiner Abhandlung an gehöriger Stelle besprochen werden.

GOTHA.

Das herzogliche Münzkabinet in Gotha, welches unter den deutschen Münzsammlungen nach Wien, Berlin und München in erster Reihe steht, ist in den meisten Partien der alten Numismatik reichlich ausgestattet. Auch in der Reihenfolge der minder stark vertretenen Ptolemaeer besitzt es einige seltene und viele bemerkenswerthe Stücke.

1. Der äusserst seltene Goldstater mit der von Elephanten gezogenen Quadriga ist unter den Goldmünzen des Philadelphus· aufgeführt worden. Pinder (Beiträge u. s. w. pag. 217) und L. Müller (Num. de l'anc. Afrique. pag. 140, Nr. 365) geben die Beschreibung und Abbildung dieses Staters nach je einem der beiden Pariser Exemplare. Das Gothaer Exemplar, vermuthlich das einzige in Deutschland, findet sich in Liebe's Gotha numaria (Amsterdam, 1730, pag. 9) beschrieben und abgebildet, aber mit einiger Ungenauigkeit. Hier die Beschreibung nach dem Original:

Av. Kopf des Ptolemaeus Soter mit Diadem und Aegis rechtshin. Das Diadem ist, wie auf anderen kyrenaischen Geprägen, S förmig gewunden, ist daher kein Goldreif, sondern ein sich an die Form des Kopfes schmiegendes Band.

Rev. ΠΤΟΛΕΜΑΙΟΥ ΒΑΣΙΛΕΩΣ. Vier linkshin schreitende Elephanten ziehen einen Triumphwagen, auf welchem eine, wie es scheint, bartlose vergötterte Person steht, in der Rechten den Donnerkeil haltend; hinter der Figur ein sich hervorneigender Stab. Am unteren Rande der Kehrseite stehen die Zeichen ⊩Ɽ𝚸

2

N. Grösse 4. (Gewicht des Pariser Exemplars bei
L. Müller 7·050 Grm.)

Bei Liebe sind die drei Zeichen am Rande durch
I E P wiedergegeben, was unrichtig ist. Diese Zeichen
sind ohne Zweifel analog mit jenen auf der oben bei
München Nr. 10 beschriebenen Sotermünze. Da nun diese
Kupfermünze, wie die Beizeichen Silphium und Krabbe
beweisen, ganz sicher kyrenaischen Ursprungs ist, kann
auch der mit übereinstimmenden Initialen der Prägstätte
gestempelte Gothaische Goldstater keinem anderen Lande
angehören, wodurch auch L. Müller's Ansicht eine neuerliche Bestätigung erhält. Soll das Elephanten-Viergespann
sich auf die Festlichkeiten beziehen, welche anlässlich
der Erhebung des Philadelphus zur Mitregentschaft in
Alexandria begangen wurden, so könnte der Stater nicht
von Magas geprägt worden sein, oder diess müsste
wenigstens zu einer Zeit geschehen sein, wo dieser
renitente Statthalter mit seinem Halbbruder Philadelphus
nicht in offener Fehde lebte. Es steht aber noch sehr in
Frage, ob dieser Stater, wie P i n d e r meint, sich wirklich
auf die gedachten in Alexandria begangenen Festlichkeiten beziehe. Von den drei bisher bekannten Varianten
dieser Münze sind zwei ganz bestimmt kyrenaischen
Ursprungs, während die dritte mit dem Monogramm ⟨A⟩
wenn anders der von Pinder benützte Abdruck des Pariser
Exemplars an dieser Stelle deutlich war, auf Palaestina
hinwiese. Nun ist aber nicht anzunehmen, dass eine derartige Gedächtnissmünze nicht in der Reichshauptstadt,
wo die Festlichkeiten stattfanden, sondern nur in Provin-
zialstädten geprägt worden sei. Anders verhält es sich,
wenn in der Darstellung des mit den Zeus-Attributen
ausgestatteten, aber bartlosen Triumphators eine afrika-

nische Apotheose Alexanders des Grossen, was das wahr-
scheinlichste ist, oder eine Vergötterung Soter's gemeint
war. Im ersten Falle kann der Stater noch unter Soter's
Regierung ausgebracht worden sein, und Mionnet's
Zutheilung wäre richtig. Im zweiten Falle können die
kyrenaischen Exemplare dieser Münze auch von Magas
während seiner Unabhängigkeit zur Gedächtnissfeier
seines vergötterten Vaters geprägt worden sein.

2. Eine andere Seltenheit in der Gothaer Lagiden-
serie ist eine vollkommen gut erhaltene Silberdrachme
des Ptolemaeus I. Soter.

In Abschnitt V unter Evergetes I gab ich eine Beschreibung und Abbildung dieser sehr seltenen Drachme
nach dem minder gut erhaltenen Wiener Exemplar. (Abg.
Taf. IV, 2.) Da im Satze der Beschreibung (die Abbildung
ist fehlerfrei) aus Versehen die Aufschrift der Kehrseite
weggeblieben ist, erlaube ich mir die Beschreibung nach
dem schönen Gothaischen Exemplar zu ergänzen.

Av. Aeltlicher Porträtkopf des Ptolemaeus Soter, wie
auf seinen in Alexandria geprägten schönen
Tetradrachmen, rechtshin.

Rev. ΠΤοΛΕΜΑΙοΥ ΒΑΣΙΛΕΠΣ. Adler mit entfalteten Flügeln auf dem Blitze, nach links gewendet, in Stellung und Gefieder ganz ähnlich dem
Adler auf den diesem Könige zugetheilten schönen
Erzmünzen mit dem belorbeerten Jupiterkopfe.
Vor dem Adler im Felde links das bekannte Monogramm von Magdolon, darunter das Festungssymbol, ein ovaler Schild; zwischen den Fängen
der Buchstab P, hier nicht Jahrzahl, sondern
Münzzeichen.

Æ. Gr. 3½. (Gew. des Wiener Exemplars 3·310 Grm.)

2 *

Unter den Sotermünzen sind bemerkenswerth:

3. Goldtriobolon mit der unbekannten Stadtnamens-
chiffer **N**: vor dem Adler.

4. Tetradrachme mit ΣΩΤΗΡοΣ. Mionnet S. IX.,
3, 17 nach Liebe, Goth. num. pag. 122. Im Felde
vor dem Adler mit punctirter Schrift: ΠΤ
ΑΙ
ᛗ

Lenormant verlegt diese Münze nach Ptolemaïs in Pentapolis, der unter den Lagiden emporgekommenen Hafenstadt des in Verfall gerathenen altkyrenaischen Barke.
Wie Droysen (Geschichte des Hellenismus. II. pag. 729)
nachweist, erhielt Ptolemaïs diesen seinen Namen erst
unter Ptolemaeus III Evergetes; mithin ist die Tetradrachme erst unter diesem Könige oder noch später
geprägt worden. Das in zweiter Linie stehende ΑΙ
wird von Liebe auf Αἰγύπτου ausgelegt, als Bezeichnung
von Ptolomaïs in Aegypten zum Unterschiede von Ptolemaïs in Galilaea. Eine solche Ortsbestimmung ohne
Zwischenpartikel ist aber in der alten Numismatik
ungebräuchlich. Eine Ausnahme hievon macht die
bei Mionnet, VI. 5, 42 beschriebene, von Lenormant
auf Apis, bei Skylax Ἄπις πόλις, einem Hafen an der
Seeküste des aegyptischen Libyens, bezogene Tetradrachme des Pariser Kab. mit der Stadtbezeichnung
ᛗ wo das Μ ober dem Monogramm von Apis auf
Marmarica ausgelegt wird. Die in Ober-Aegypten am
Nil von Soter gegründete Stadt Ptolemaïs hingegen, eine
rein hellenische Kolonie, zeigt auf den beiden, von Le-

normant bezogenen Tetradrachmen des Brit. Mus. das
gewöhnliche Monogramm von Ptolemaïs von einem Ringe
umschlossen. Das Gothaer Exemplar kann sich daher nur
auf Ptolemaïs in Pentapolis oder Ptolemaïs in Galilaea
beziehen. Noch zweifelhafter ist die Auslegung der Initialen A I. Am annehmbarsten scheint mir eine Beziehung
auf Aelana oder A Υ l a (bei Steph. Byzantinus $A\ddIota\lambda\alpha\nu\alpha$ auch
$\ddot{A}\ddot{\iota}\lambda\alpha$), einer am gleichnamigen aelanitischen Golfe gelegenen Hafenstadt des petraeischen Arabiens. Das am
selben Golfe gelegene Asiongaber, biblisch Ezongeber,
wo Salamo seine Flotte nach Ophir ausrüstete, hat ja
ebenfalls sein Münzmonogramm gefunden. Das Monogr.
Ⅎ auf einer Tetradrachme im Brit. Mus. und auf vielen
Kupfermünzen frühester Prägung wird von Lenormant in
Π E aufgelöst und auf das nabataeische Petra bezogen,
wornach die drei vorzüglichsten Städte jenes Theils von
Arabien auf den Münzen der Ptolemaeer vertreten erscheinen.

Zugegeben, dass durch die Initialen A I der Hafenort
Aïla am aelanitischen Golf bezeichnet werde, ist es doch
schwer zu erklären, wie zwischen diesem arabischen
Hafen und der in Pentapolis gelegenen Hafenstadt Ptolemaïs bei so grosser Entfernung beider Plätze ein Münzvertrag bestehen konnte? Näher lag der Handelsweg
nach Ptolemaïs in Galilaea *) und noch näher jener nach
Ptolemaïs in Ober-Aegypten. Lenormant, in Vertretung
der von ihm in Schwung gebrachten Monogrammen-
deutung, hilft sich aus derartigen Verlegenheiten dadurch,

---

*) Nach Strabo (XVI, 2.) bestand zwischen Aïla und Gaza ein
Karawanenweg von 260 Stadien (?), mithin auch eine Verbindung
mit Ptolemaïs in Galilaea.

dass er die beiden weit von einander liegenden Städte als die äussersten Ausgangspunete eines bestandenen Handelsverkehrs oder Karawanenzuges annimmt. Lenormant's Hypothese auf unsere Münze angewendet, hat auch zwischen Pentapolis und den Häfen des rothen Meeres ein directer Handelsverkehr bestanden, was bei der grossen Bevölkerung Aegyptens zur Zeit der Ptolemaeer keineswegs befremdend ist.

Das auf der Kehrseite unserer Tetradrachme in dritter Linie stehende Monogramm ist offenbar in)ΙΡΑ aufzulösen und bezeichnet, wenn nicht auf den Namen eines Agoranomen, sondern auf einen Ortsnamen bezogen, eine Stadt, die den häufig vorkommenden Namen Heraklea führte. Die beiden in Aegypten gelegenen Städte dieses Namens, nämlich Heracleopolis Magna in Mittel-Aegypten am Eingange zur Landschaft Fayum, und Heracleopolis Parva in Unter-Aegypten am See Menzaleh, hatten nur eine einheimische, aus Ackerbauern und Fischern bestehende Bevölkerung und waren für den durch hellenische Betriebsamkeit emporblühenden Handel ohne Bedeutung. Wahrscheinlicher ist eine Beziehung der Initialen ΗΡΑ auf Heraklea in Pentapolis, eine seit Pellerin, mit Berufung auf Stephanus Byzantinus und Ptolemaeus, in die Numismatik aufgenommene kyrenaische Stadt. Mionnet (VI. 574, 175) beschreibt nach Pellerin unter den Autonommünzen der kyrenaischen Städte eine mit der Umschrift ΗΡΑΚΛΕΙΑ bezeichnete Kupfermünze, deren Typen, Ammonskopf und libyscher Widder, bei dem kyrenaischen Heraklea ganz am Platze sind. Dessungeachtet bezweifelt L. Müller die Existenz einer kyrenaischen Münzstadt dieses Namens. Ohne der Ansicht dieses gründlichen Numismatikers widersprechen zu wollen, erlaube ich mir

bei diesem Anlasse eine bei L. Müller nicht erwähnte
kleine Kupfermünze zu beschreiben, welche ebenfalls eine
Beziehung auf dieselbe Stadt Heraklea zulässt.

A v. Jugendlicher Kopf mit dem Widderhorn, rechtshin.

R e v. HPA — KΛI in horizontaler Linie. In der Mitte
das auf Ptolemaeermünzen oft vorkommende
Symbol oder Pschent der Göttin Hat-hor, bestehend aus zwei Kuhhörnern, der Mondscheibe
und den Osirisfedern.

Æ. Grösse 2.

Von dieser Münze sind mir in Aegypten zwei Exemplare zugekommen. Metall und Fabrik verweisen selbe
in die Zeit des Verfalls. Derselbe Kopfschmuck der
Hat-hor findet sich auch auf Kupfermünzen, welche von
Sestini und nach ihm von Mionnet und Cavedoni dem
Ptolemaeus Apion zugeschrieben werden. Doch haben
diese Münzen die gewöhnliche Umschrift BAΣIΛEΩΣ
ΠTοΛEMAIοΥ, von welcher Umschrift auf den zwei
Exemplaren der obigen Herakleamünze nichts deutliches
zu entnehmen ist. Ohne diese Umschrift wäre die Münze
eine autonome. Wie käme aber eine autonome Stadt-
münze unter die Ptolemaeer? L. Müller spricht übrigens
dem Ptolemaeus Apion jede eigene Münze ab und weist
die ihm bisher zugetheilten Stücke nach Aegypten zurück.

Wenn nun auch die Existens autonomer Münzen
von Heraklea in Pentapolis nicht stichhältig nachgewiesen
ist, folgt daraus noch keineswegs, dass diese Stadt von
jeder Münzverbindung mit andern Städten ausgeschlossen
war. Nach Soter's weiser Handelspolitik stand es ihr frei,
den Handel nach allen Richtungen zu treiben und ihren
Verkehr mit gemünztem Gelde zu ordnen. Nach Einge-
hung eines Münzvertrages konnte sie verlangen, dass

ihre Namenschiffer auf den bezüglichen Landesmünzen, wenigstens in zweiter oder dritter Reihe, ebenso einge-stempelt werde, wie diess bei andern Städten der Fall war, deren Initialen und Monogramme auf den Tetra-drachmen des ptolemaeischen Münzsystems bezeichnet erscheinen.

5. Tetradrachme mit dem Königstitel und den Mono-grammen von Stratonos und Marathus, wie das oben Nr. 4 beschriebene Münchener Exemplar, jedoch ohne den nachträglich eingeschlagenen Stempel der Kopfseite.

6. Tetradrachme mit dem Königstitel und den Ini-tialen ΠΙ und ΜΥ vor dem Adler; hinter demselben ein ovaler Schild, das Symbol einer Festung.

7. Königs-Tetradrachme mit den Monogrammen von Ptolemaïs in Galilaea und Memphis nach Lenormant's Auslegung; im Felde hinter dem Adler die Jahrzahl ΛΒ, 32, und das oft vorkommende Werkmeister- oder Münz-amtszeichen ☉. Das Pembroke'sche Exemplar, von welchem Mionnet, S. IX. 4, 21, eine ungenaue Beschrei-bung gibt, befindet sich jetzt, wie Lenormant, pag. 79, berichtet, in der Sammlung des General Fox in London. Das Wiener M. Kab. besitzt aus dem Mus. Theup. eine ähnliche, bei Mion. S. IX. 3, 19, unrichtig beschriebene Tetradrachme mit ΣΩΤΗΡοΣ, ∏ , Μ̲Ε̲, ☉ und der Jahrzahl ΛΑ, 31.

Eine ebenfalls in Ptolemaïs in Verbindung mit Mem-phis geprägte Soter-Tetradrachme meiner Sammlung (Catal. Nr. 962), hat dieselben Monogramme, aber die bei Lenormant nicht citirte Jahrzahl ΛΓ, 33, nebst dem Münzzeichen ☉.

8. Soter-Tetradrachme mit denselben Monogrammen von Ptolemaïs in Galilaea und Memphis; hinter dem

Adler die bei Lenormant nicht verzeichnete Jahrzahl ΛΙ, 37, und das mehrgedachte Münzzeichen ☉. Die letzteren zwei Stücke bereichern die Reihenfolge der datirten Soter-Tetradrachmen von Ptolemaïs mit den zwei bisher nicht bekannten Jahrzahlen 33 und 37. Die fleissige Prägstätte von Ptolemaïs hat auch, zufolge der beigesetzten zehn verschiedenen Monogramme, unter allen Prägorten des Lagidenreiches die meisten Vereinsmünzen mit andern Städten aufzuweisen.

9. Tetradrachme mit dem Königstitel und den Initialen ΣΙ, Sidon, und N in einem Ringe, wahrscheinlich Nicopolis im Binnenlande oder als feste Stadt. Dieselbe Münze in Absch. II. D. Nr. 29.

10. Soter-Tetradrachme in Sidon geprägt; vor dem Adler ΣΙ, Sidon, darunter Ι; hinter demselben Γ, darunter Monogramm ⋈. Zur näheren Bestimmung vergleichen wir diese Münze mit der ebenfalls in Sidon geprägten Soter-Tetradrachme des Wiener M. Kab., welche auf Taf. I, 5 abgebildet ist.

Letzteres Stück hat die Initialen ΣΙ, ΝΙ, Β und das obige Monogramm aus ΗΛ, und wir haben darin die Bezeichnung der vier Städte Sidon, Nicopolis, Berytus und Heliopolis erkannt. Auf dem Gothaer Exemplare finden sich die Initialen ΣΙ und das Monogramm aus ΗΛ an derselben Stelle. Anstatt des ΝΙ in zweiter Linie vor dem Adler, steht aber Ι, und da an dieser Stelle in der Regel auf den phoenikischen Geprägen ein Datum nicht zu stehen kommt, haben wir das Ι nur auf einen Ortsnamen, vielleicht Zephyrium zu beziehen. Hinter dem Adler finden wir in erster Linie den Buchstab Γ, der hier offenbar das Jahr 3 bezeichnet. Im Zusammenhange mit dieser Jahrzahl dürfen wir vermuthen, dass durch das an derselben Stelle befindliche B auf der Wiener Tetradrachme ebenfalls ein Datum, nämlich das Jahr 2 bezeichnet werde. Diese niederen Zahlen fügen sich aber weder in die phoenikische Befreiungs-Aera, noch in die sogenannte Soter-Aera, noch in eine andere Aera vor Philadelphus, sie beziehen sich vielmehr auf die Regierungsjahre dieses Königs.

11. Soter-Tetradrachme in Tyrus geprägt, mit dem Monogramme dieser Prägstätte und der Keule; im Felde rechts die Jahrzahl ΛΓ, 33, darunter das Münzzeichen ⋈. Vergl. Mionnet, S. IX. 6, 33.

12. Tetradrachme in Tyrus geprägt, mit dem Königstitel. Im Felde links das bekannte Stadtzeichen von Tyrus; hinter dem Adler in erster Linie die Jahrzahl ΛH, 38; darunter B, zwischen den Fängen das Prägezeichen ⊙. Mionnet (S. IX. 6, 35) beschreibt diese Münze nach der Abbildung eines, wie es scheint, minder gut erhaltenen Exemplars im Mus. Sanclem. Zufolge dieser Beschreibung fehlt auf der Münze die zweite Hälfte der Aufschrift und an Stelle des B findet sich das Monogramm **B** . Lenormant erkennt darin eine Beziehung auf Berytus. Rechnet man das Datum ΛH nach der Philadelphus-Aera, so ist diese Münze zwei Jahre nach dem Tode dieses Königs geprägt worden. Wollte man hinwieder das B auf dem Gothaer Exemplar nicht auf Berytus beziehen, sondern darin eine Zahl erkennen, so würde dieses Doppeldatum in Uebereinstimmung mit dem vorhergehenden Jahre 38, das zweite Regierungsjahr des Ptolemaeus III Evergetes bezeichnen.

13. Didrachmon.

Av. Soterkopf mit Diadem und Aegis, rechtshin.

Rev. ΠΤοΛΕΜΑΙοΥ ΒΑΣΙΑΕΛΣ. Adler auf dem Blitze nach links, im Felde rechts ein Akrostolion; ohne andere Beizeichen.

Æ. Grösse 5.

14. Doppelstater der Arsinoe Philadelphos, wie bei Mionnet, VI. 14, 127.

N. Gr. 5¹/₂. Gewicht des Pariser Exemplars nach Mionnet 13·9780 Grm. Man hat die Genuinität des Doppelstaters der Arsinoe bezweifelt.

15. Kupfermünze.

Av. Kopf des Jupiter-Ammon, rechtshin.

Rev. ΠΤοΛ ····· ΒΑΣΙΛΕΛΣ. Kopfschmuck der aegyptischen Göttin Hat-hor, ohne andere Beizeichen.

Æ. Grösse 3.

Mionnet (S. IX. 188, 59), nach Sestini, gibt diese Münze dem Ptolemaeus Apion, welche Zutheilung von L. Müller bestritten wird. Wahrscheinlich wurde die Münze unter Philometor in Aegypten geprägt.

Das Münzkabinet in Gotha ist mit der herzoglichen Bibliothek vereinigt. Beide reichhaltige Sammlungen stehen unter der Aufsicht des verdienstvollen Archivrathes Dr. Adolph Beck, der so gefällig war, mich bei Besichtigung und theilweiser Beschreibung der dort aufbewahrten Lagidenmünzen mit seiner einsichtsvollen Beihilfe zu unterstützen.

BERLIN.

Die Sammlung antiker griechischer Münzen des grossartigen königlichen Museums in Berlin ist in den zwei letzten Decennien um das Doppelte vermehrt worden und überschreitet bereits die Zahl von 27500 Münzen. Diese reiche, vortrefflich geordnete Sammlung befindet sich auf der Höhe des gegenwärtigen Standpunctes der alten Numismatik. Dass sie diese Stellung behaupten werde, verbürgt der Name des ausgezeichneten Numismatikers Dr. Julius Friedlaender, der dem vereinigten Münz- und Antiken-Kabinete als Director vorsteht.

Die Reihenfolge der Ptolemaeer wurde von Dr. Friedlaender nach seinem in Abschnitt V besprochenen Systeme geordnet.

Ich erlaube mir nach den dort angedeuteten Abtheilungen die dahin gehörigen Münzen übersichtlich anzuführen.

Erste Abtheilung.

Der sehr seltene in Aegypten geprägte Goldstater Alexanders mit dem Widderkopfe des Gottes Knuph im Felde. Gew. 8·580 Grm.

Drei Tetradrachmen mit dem jugendlichen Alexanderkopf und dem Typus der Pallas Promachos, darunter das schöne Exemplar mit ⊢Ρ, Helm und Adler im Felde. Gew. 15·520 Grm.

Obiges Monogramm wird von Lenormant auf Heroopolis bezogen. Das Gewicht dieser Tetradrachmen bildet den Uebergang von dem in den Seleukidenmünzen beibehaltenen attisch-makedonischen Münzfusse zu dem eichteren ptolemaeischen Gewichte.

Drei Drachmen mit demselben Typus.

Vier Erzmünzen, Grösse 2, mit dem jugendlichen unbedeckten Alexanderkopf, Revers mit AΛE und dem Adler.

Zweite Abtheilung.

Zehn Erzmünzen, deren Vorderseite den jugendlichen Kopf Alexanders mit Diadem und Ammonshorn darstellt, die Kehrseite zeigt den Adler auf dem Blitze mit der Aufschrift ΠΤοΛΕΜΑΙοΥ ohne Königstitel.

Ein ähnliches Stück mit ΒΑΣΙΛΕΩΣ allein.

Dritte Abtheilung.

Das äusserst seltene Goldtetrobolon oder Drittelstater:

Av. Kopf des Ptolemaeus Soter mit dem Diadem.

Rev. ΠΤοΛΕΜΑΙοΥ ohne Königstitel; stehende Nike wie auf den Alexanderstatern. Gew. 2·870 Grm., also gerade ein Drittel des in Kyrene geprägten Staters mit dem Elephantengespann.

Vierte Abtheilung.

Erzmünzen, die früher dem Evergetes I zugeschrieben wurden, mit dem jugendlichen Alexanderkopf; Kehrseite ΠΤοΛΕΜΑΙοΥ mit dem Königstitel und Adlertypus.

Sechzehn Erzmünzen mit dem Alexanderkopf in der Elephantenhaut; auf der Kehrseite Name, Titel und Adlertypus des Ptolemaeus. Darunter ein seltenes Stück in der Grösse 3.

Spätere Prägungen mit demselben Typus; der Adler mit entfalteten Flügeln nach links.

Drei ähnliche Münzen mit dem Alexanderkopf in der Elephantenhaut; jedoch der Adler mit entfalteten Flügeln auf dem Blitze nach links stehend, den Kopf rechtshin wendend und ein aus seinem Flügel emporragendes Füllhorn bewachend.

Fünfte Abtheilung.

Zwei ausgezeichnet schöne Gold-Pentadrachmen des Ptolemaeus I Soter, das eine (Gew. 17·840 Grm.) mit.den Beizeichen von Magdolon; das andere (Gw. 17·7450 Grm.) in Tyrus geprägt.

Sechs Goldtriobolen desselben Königs.

Von den Tetradrachmen mit ΣΩΤΗΡοΣ sind wegen ihrer seltenen Beizeichen nachstehende hervorzuheben.

1. Füllhorn im Felde vor dem Adler, ohne andere Beizeichen. Lenormant erkennt in dem Füllhorn ein Symbol der Prägstätte Alexandria.

2. ΠΤ, Ptolemaïs, darunter ΣΩ, Sozusa. Mionnet, S. IX. 3, 18.

3. ⌷ Joppe, darunter ⌷ Gaza, wahrscheinlicher als Gadara; hinter dem Adler B (Jahr 2, vielleicht Berytus), darunter ⊙, ein auf Sotermünzen oft vorkommendes Prägezeichen. Im Brit. Mus. eine ähnliche Tetradrachme, jedoch ohne B. Nachdem Gaza, die Stadt, nicht der gleichnamige Hafen, wie Strabo (XVI) meldet, von Alexander gänzlich zerstört worden *), kann das B, wenn es ein Datum bezeichnen und als solches mit Beziehung zu dem wieder aufgebauten Gaza kein Anachronismus sein soll, sich auf keine Aera vor Philadelphus beziehen.

4. ΙοΠ Joppe, darunter ⋀ Stratonos, hinter dem Adler die Jahrzahl ΛΙ, 37, darunter ⊙. Wie es scheint, unedirt, gleich der vorhergehenden Tetradrachme. Das Wiener M. Kab. hat eine ähnliche Soter - Tetradrachme, jedoch mit der Jahrzahl ΛΕ, 35.

---

*) Nach Diodor, XIX. 93, sind die Städte Gaza, Joppe, Aks und Samaria von Soter während seines syrischen Feldzuges gegen Antigonus verwüstet worden.

5. ΣI Sidon, darunter ᛘ Stratonos; hinter dem Adler die Jahrzahl KΘ, 29. Mionnet, S. IX. 3, 13. Im Wiener M. Kab. mit ΛΓ, Jahr 33.

6. ΣI Sidon allein; hinter dem Adler ΛA, Jahr 31.

7. O: vor dem Adler; unedirt.

8. OZ, Jahr 77, d. i. 207/206 v. Chr.; diese Soter-Tetradrachme von auffallend roherer Fabrik ist demnach unter Ptolemaeus IV Philopator geprägt worden.

9. Einundzwanzig Tetradrachmen mit dem Soter-kopfe und dem Königstitel.

10. Das unedirte Didrachmon mit der Jahrzahl P—IA, 111, ist ein Beitrag zu der von Poole bekannt gemachten Reihe der datirten Didrachmen und fällt, von der Alleinherrschaft des Philadelphus ausgehend, auf das Jahr 173/172 unter Ptolemaeus VII (VI) Philometor.

11. Das seltene, in dieselbe Reihe gehörige Di-drachmon mit dem höchsten bisher bekannten Datum P—IZϛ, 117.

12. Ein verkehrt gestempeltes Didrachmon mit dem Soterkopfe; jedoch mit rücklaufender Aufschrift und rechtshin stehendem Adler ohne Beizeichen.

13. Erzmünze mit dem Soterkopfe.

14. Datirte Kupfermünzen kyprischer Prägung, dem Philadelphus zugeschrieben, aber einer späteren Periode angehörig.

15. Zwanzig Kupfermünzen mit den Bildnissen Soter's und seiner Gemalin Berenike I, der apotheosirten Stammeltern der Lagidendynastie, in verschiedenen Perioden geprägt.

16. Das Tetrastateron (Gew. 27·670 Grm.) und
Distateron (Gew. 13·890 Grm.) mit den vier Köpfen.
Hinter dem Kopfe des Philadelphus ein deutlich zu er-
kennender ovaler Schild mit dem Donnerkeil.

17. Unter den Tetrastateren der Arsinoe II ein ausgezeichnet schönes in Alexandria geprägtes Medaillon
mit Η hinter dem Kopfe. In der steifen Locke unter dem
Ohr ist wirklich eine Hornspitze nicht zu verkennen.
Der Isisschmuck am Scheitel ist, genau besehen, die
Spitze eines Scepters, dessen Schaft an der linken Achsel
der Büste lehnt.

18. Ein seltenes, in ΣΑ, Salamis, geprägtes Vierdrachmenstück der ersten kyprischen Serie mit LB
(Jahr 2) und den beiden besternten Dioskurenhütchen
im Felde der Kehrseite. Eine ähnliche im Brit. Mus.
befindliche Tetradrachme wird bei Poole dem Epiphanes
zugetheilt.

Auf die einer späteren Periode angehörigen Ptolemaeermünzen des Berliner Kabinets wird im Verfolge
unserer Arbeit über die Münzen der Lagidendynastie bei
sich ergebenden Anlässen die Berufung stattfinden.

Zur alten Numismatik Aegyptens.

Ptolemaeus IV Philopator.

Evergetes I hinterliess aus seiner Ehe mit Berenike zwei Söhne und eine Tochter. Der ältere Sohn führte nach einem Familiengesetze als Erstgeborner und Thronerbe den Namen Ptolemaeus. Der jüngere Sohn hiess nach seinem Grossvater mütterlicher Seite, Magas. Die Tochter, Namens Arsinoe, wurde nach der dynastischen Politik der Lagiden die Gemalin ihres älteren Bruders und durch ihn Königin. Ein Turiner Papyrus gedenkt noch einer zweiten Tochter Namens Berenike, die in ihrer Jugendblüthe in Alexandria starb.

Ptolemaeus IV, genannt Philopator, folgte seinem Vater in der Alleinherrschaft nach dem Kanon am 17. October 222 v. Chr. Justinus berichtet nach Trogus Pompejus, der eine verloren gegangene allgemeine Geschichte geschrieben, dass Ptolemaeus III Evergetes von seinem älteren Sohne durch Gift aus dem Wege geräumt worden sei. Diese Angabe wird durch das Zeugniss anderer alter Geschichtsquellen nicht bestätigt. Nach Polybius starb

3

Evergetes I an einer Krankheit*). Bei den meisten neuern
Geschichtschreibern wird jedoch, mit Berufung auf Justinus, eine Ermordung als wahrscheinlich hingestellt. Es
wird auch noch hinzugefügt, der Vatermörder habe aus
diesem Anlasse den Beinamen Φιλοπάτωρ als Spottnamen erhalten. Dieser Beiname, den Ptolemaeus IV bei
seinem Regierungsantritte annahm, kann aber kein Spott-
name gewesen sein, sonst fände sich der Name Philopator
gewiss nicht auf königlichen Münzen und andern jener
Zeit angehörigen Monumenten verewigt. Der Alexandriner Volkswitz liess es zwar weder dem Philopator
noch seinen Nachfolgern an treffenden Spottnamen fehlen.
Die Epitheta, deren sich aber Soter's entartete Nachkommen zu ihrer näheren Bezeichnung selbst bedienten,
waren immer prächtig klingende Namen. Wahrscheinlich
ist es, dass der vierte Ptolemaeus, nachdem er die Apotheose seines Vaters gefeiert und demselben im Phtah-
Tempel zu Memphis eine Statue errichtet hatte, sich selbst
den Beinamen Philopator beilegte. Er heuchelte ein Gefühl
der Kindesliebe, welches seinem verderbten Herzen stets
fremd geblieben war.

Nach den Berichten alter Historiker liess Philopator
auch seine eigene Mutter, seinen Bruder und den Gast-
freund seines Vaters, den unglücklichen Spartanerkönig
Kleomenes aus dem Wege räumen, angeblich aus Ge-
wissensangst wegen der Folgen des ihm zur Last geleg-
ten Vatermordes. Ob diess das eigentliche Motiv des
dreifachen Mordes gewesen sei, bleibt dahingestellt.
Sicher ist es aber, dass der junge charakterlose König zu
diesen Verbrechen, wie zu andern Schändlichkeiten

---

*) Vergl. Polyb. V, 34.

durch seinen verderblichen Rathgeber, den intriganten
Sosibius verleitet wurde. Sosibius, welchen Evergetes
in einer unglücklichen Stunde zum Mentor seines Sohnes
bestellt hatte, wusste sich in das Vertrauen des kaum
erst mündig gewordenen Thronerben einzuschmeicheln,
indem er dessen unbezähmtem Hange zu sinnlichen Ge-
nüssen den Weg bahnte. Nachdem Philopator König
geworden, beherrschte Sosibius ihn vollends, indem er
dem trägen Wüstlinge die Last der Staatsgeschäfte ab-
nahm. In dem zweitgebornen Prinzen und der Königin
Witwe, sowie in dem biedern Kleomenes erkannte der
hinterlistige Günstling seine natürlichen Feinde und
Widersacher. Sie mussten daher seinem Hasse geopfert
werden. Sosibius verleitete den König zum dreifachen
Morde. Die Genossenschaft des Verbrechens kettet ver-
worfene Seelen fest aneinander*).

Sosibius scheint als ἐπίτροπος eine Stellung einge-
nommen zu haben, welche mit jener der Grossvezire im
osmanischen Reiche einige Aehnlichkeit hatte. Herr Poole
lässt ihn sogar seinen Namen auf Münzen verewigen,
indem er das auf vielen ptolemaeischen Kupfermünzen vor-
kommende $\frac{\Omega}{\Sigma}$ auf die Initialen des Namens $\Sigma \Omega \sigma \beta \iota o \varsigma$
bezieht. Wir werden Gelegenheit haben, auf diesen
Fragepunct zurückzukommen.

Nachdem der intrigante Sosibius die Gunst des
charakterlosen Königs ausgenützt hatte, erfolgte sein
Sturz. Er wurde durch einen sicheren Agathokles verdrängt, dessen Schwester Agathoklea die erklärte Geliebte
des Königs wurde. Auf Andringen dieser Buhlerin liess

---

*) Polyb. Excerpta, Lib. XV.

3 *

Philopator seine königliche Gemalin und Schwester Arsinoe III ermorden. Nach dem Kanon geschah diess im Jahre 209 v. Chr. Philopator selbst starb vier Jahre später, im März 205, nach einer nichtswürdigen Regierung von 17 Jahren.

Philopator vereinigte in sich die hervorstechenden Eigenschaften eines wüsten Despoten, Trägheit, Wollust und Grausamkeit. Wegen seiner Schwelgereien gaben ihn die Alexandriner die Spottnamen Tryphon (τρυφῶν Schlemmer) und Gallus (der Gallier), weil er bei seinen bacchantischen Orgien nach Art der gallischen Priester der Kybele sich das Haupt mit Epheu umkränzte. In seiner Verrücktheit mag er sich selber für einen Gott gehalten und sich den Beinamen Διόνυσος gegeben haben *). Polybius nennt ihn einen Wahnwitzigen. Bei Strabo heisst er der Mann des Agathokles, welch letzterer Beiname vermuthen lässt, dass nach der öffentlichen Meinung der Einfluss des Günstlings Agathokles noch stärker und andauernder gewesen sei, als jener des intriganten Sosibius.

Mit Philopator begann der Verfall des Lagidenreiches. Die asiatischen Besitzungen der ägyptischen Krone wurden

---

*) Diese Orgien standen ohne Zweifel mit den Dionysischen Festen im Zusammenhang, deren Cult mit orientalischen Schwärmereien vermengt, nach Etrurien überging, von wo die zu Gräuelscenen ausgearteten nächtlichen Bacchanalien durch Eingeweihte auch in Rom Eingang fanden. Im Haine der Simula, unter Consul Spurius Postumus, wurden diese Orgien durch Senatsbeschluss ausgerottet; die Schuldigsten unter den Eingeweihten, deren Zahl bis auf 7000 angewachsen war, wurden mit dem Tode bestraft. Titus Livius (XXXIX, 9—19) gibt eine meisterhafte Schilderung dieser Bacchanalien und des Hergangs ihrer Ausrottung.

durch den syrischen König Antiochus III bedroht. Der für die Aegypter günstige Ausgang der Schlacht bei Raphia in Palaestina (217 v. Ch.) *) verzögerte diessmal noch den Verlust jener Provinzen. Durch ein erneuertes Bündniss mit den Römern wurde jedoch die Interventionspolitik eines noch viel gefährlicheren Feindes heraufbeschworen, eines Feindes, welcher zuletzt, als Vollstrecker des Weltgerichtes, mit eiserner Nothwendigkeit auf den Trümmern der morsch gewordenen Diadochenreiche die siegreichen Banner seiner Legionen aufpflanzte.

Mit Philopator, mithin schon in der dritten Generation begann auch die Entartung der Lagidendynastie. Die Entwicklung der inneren Fäulniss musste in erster Linie durch klimatische Einwirkungen beschleunigt werden. Die Geschlechter arischer Abstammung kränkeln unter den sengenden Strahlen der afrikanischen Sonne, unter welchen hinwieder das zähe semitische Element zur gedeihlichen Reife gelangt. Die am Meere und am Nil gelegenen griechischen Colonien entwickelten sich allerdings zur vollen Blüthe, doch verdankten sie diese Gunst nur ihrem lebhaften Verkehr mit Europa und Vorder-Asien, sowie der Auffrischung des hellenischen Elementes durch das fortwährende Zuströmen neuer Ansiedler. In despotischen Staaten wirkt die Entartung der herrschenden Dynastie doppelt nachtheilig auf das Volk zurück. Das geistige Leben versumpft sich allmählig in einen hoffnungslosen Marasmus. Auffallend ist es daher, dass den Alexandrinern, obgleich ihre Sitten durch die Hofluft

---

*) Polybius (V, 79 — 87) berichtet den Hergang dieser Schlacht, deren Erfolg für Philopator ebenso unerwartet, als ohne sein Verdienst glücklich war

verderbt wurden, dennoch das Bewusstsein der Menschen-
rechte nicht ganz verloren ging, und dass sie ihr helleni-
sches Erbtheil, den heiteren Sinn für Kunst und Wissenschaft bewahren konnten. Selbst Philopator wollte seine
Verehrung der Kunst zur Schau stellen, indem er, wie
Aelian berichtet, in Alexandria dem Homer einen Tempel
erbauen liess. Des Dichters Statue war darin von den
allegorischen Darstellungen der Städte umgeben, die
sich um die Ehre stritten, als Homer's Geburtsort zu
gelten *).

Auch die Kunst der Stempelschneider trieb noch
schöne Blüthen. Die aus der Zeit Philopator's stammenden Münzen gehören zu dem Besten, was wir in der
Numismatik von den Lagiden besitzen. Eine Münzver-
wilderung ist in jener Periode noch nicht bemerkbar.

Wir gelangen nun an die Bezeichnung der unter
diesem Könige in den drei Metallen ausgebrachten
Münzen.

Gold und Silber.

Die Gold- und Silbermünzen, die dem Ptolemaeus IV
Philopator mit Gewissheit zugetheilt werden können,
gehören zu den grossen Seltenheiten. In Aegypten
kommen sie meines Wissens nicht mehr vor.

Mionnet (VI., 19, 163 und 164, dann S. IX, Pl. III,
5 und 6) beschreibt zwei im Pariser Münzkabinet befind-

---

*) Der von dem nubischen Könige Erkamen (Ergamenes),
einem Zeitgenossen des Ptolemaeus I Soter, begonnene grossartige Tempelbau in Pselcis (später Hauptstadt der nubischen
Königin Kandace, jetzt Dakkeh in Nubien), wurde unter Evergetes I und Philopator fortgesetzt und unter Evergetes II
vollendet.

liche Goldmedaillons, welche auf der Kehrseite die deutliche Aufschrift ΠΤοΛΕΜΑΙοΥ ΦΙΛοΠΑΤοΡοΣ führen und deren Vorderseite eine Porträtbüste zeigt, die zufolge der Legende keinen andern Ptolemaeer als eben nur den v i e r t e n Ptolemaeus, genannt Philopator, darstellen kann.

Diese Medaillons sind Achtdrachmenstücke (Tetrastater) im Gewichte von 27.6920 und 27.6660 Grm.

Mionnet (VI., 20, 165, S. IX, Pl. IV, 1) beschreibt ferner eine ebenfalls in Paris befindliche, in Tyrus geprägte Silber - Tetradrachme mit der Aufschrift: ΠΤοΛΕΜΑΙοΥ ..... ΑΤοΡοΣ, deren fehlende Buchstaben mit ΦΙΛοΠ zu ergänzen sind, da der Kopf der Vorderseite mit den Porträtköpfen auf den beiden Goldmedaillons eine unverkennbare Aehnlichkeit zeigt.

Lenormant (Monnaies des Lagides Pl. VI, 8) gibt die Abbildung einer ähnlichen in Tyrus geprägten Tetradrachme, auf welcher ΦΙΛοΠΑΤοΡοΣ deutlich und vollständig ausgedrückt erscheint. Lenormant gibt nicht an, nach welchem Originale seine Zeichnung gemacht wurde.

An diese von selbst sprechenden Philopatormünzen reihen sich einige ebenfalls sehr seltene Tetradrachmen, welche zwar nur die gewöhnliche Aufschrift ΠΤοΛΕΜΑΙοΥ ΒΑΣΙΛΕΩΣ führen, auf deren Vorderseite jedoch die Porträtbüste mit jenen auf den ebenerwähnten drei sprechenden Philopatormünzen eine so schlagende, in allen Details übereinstimmende Aehnlichkeit hat, dass der erste vergleichende Blick zur Ueberzeugung hinreicht, es sei auf diesen Münzen ein und derselbe König dargestellt, nämlich Ptolemaeus IV Philopator.

Wir geben die Beschreibung eines schönen, im königl. Münzkabinet in München befindlichen Tetradrachmons dieses Königs.

A v. Philopator's Porträtbüste rechtshin. Jugendlich schöne, obgleich verschwelgte und geistig wenig belebte Gesichtszüge, kurze Stirn, grosses Auge, gerade Nase, volle Wangen, das hervorstehende Kinn der Lagiden, dessen fetter Untertheil sich an den vollen Hals anschliesst; dichtes, sehr krauses Kopfhaar, an den Schläfen ein anfliegender, bis etwas unter das Ohrläppchen reichender Bart. Das Haupt ist mit der königlichen Binde umwunden, deren mit Troddeln besetzte Schleifen hinter der Büste in der Luft flattern. Brust und Schultern sind nicht mit der Aegis, sondern mit einer faltenreichen Chlamys bedeckt, der Arm ist mit einem feinen Gewebe bekleidet. Die Büste ist mit einem Perlenring eingefasst.

Rev. ΠΤΟΛΕΜΑΙΟΥ ΒΑΣΙΛΕΩΣ. Adler aufrecht auf dem Blitze stehend, nach links gewendet, der rechte Flügel etwas gehoben. Vor dem Adler im Felde links der Buchstab Β; zwischen den Fängen die Initialen ΝΙ.

Æ. Gr. 7½, Gew. 15.1140 Grm. (Abg. Taf. VI, 5.)

In der ausgezeichneten Sammlung des Herrn Prosper Dupré, Katal. Nr. 355, erscheint ein dem obigen ähnliches Tetradrachmon Philopator's.

A v. Büste des mit dem Diadem geschmückten Königs rechtshin, die Brust mit der Chlamys bedeckt.

Rev. ΠΤΟΛΕΜΑΙΟΥ ΒΑΣΙΛΕΩΣ. Adler auf dem Blitze nach links; zwischen den Fängen ΝΙ.

Æ. Gr. 6, Rarität 8, Gewicht nicht angegeben; Auctionspreis 1250 Frcs. (Die Kopfseite nach der im Katal. Pl. II enthaltenen Abbildung copirt auf Taf. VI, 7.)

Die Identität der Porträtköpfe auf diesen beiden, dem Philopator zugetheilten Tetradrachmen ist nicht zu verkennen, und ebenso unverkennbar ist deren Aehnlichkeit mit den etwas älteren Philopatorköpfen auf den bei Mionnet abgebildeten Pariser Medaillons. Zur Vergleichung geben wir die Copie eines der beiden Goldmedaillons. (Abgeb. Taf. VI, 6.)

Ich erlaube mir über die eben angeführten fünf Philopatormünzen einiges zu bemerken.

Die Büste des Königs erscheint durch kein göttliches Attribut, ja selbst nicht durch die Aegis ausgezeichnet. Auf den Goldmedaillons, deren Durchschnittsgewicht Lenormant zu hoch mit 28.00 Grm. notirt, ist der Adler nicht nach links, wie gewöhnlich, sondern ausnahmsweise rechtshin gewendet.

Eines dieser Goldmedaillons hat ein auf Alexandriner Geprägen nicht vorkommendes complicirtes Monogramm (Mion. Monogr. Nr. 1160), welches auf ΠΥΡ in Verbindung mit ΜΕ (Pyrgos und Memphis?) gedeutet werden kann.

Das zweite Oktadrachmon zeigt im rechten Felde der Kehrseite das Datum L Γ, Jahr 3, in der Form L Γ Diese Stellung des Zahlenbuchstabs neben der unteren Linie des L kommt auf kyprischen Geprägen erst in der zweiten Münzserie unter Philometor vor, liesse daher vermuthen, dass diese Goldmünze, falls sie kyprischen Ursprungs ist, erst nach Philopator's Tode geprägt worden sei, zumal da die niedere Jahrzahl mit den Daten auf den dem Philopator wahrscheinlich zugehörigen kyprischen Silbermünzen nicht übereinstimmt, und da ebensowenig ein so frühes Regierungsjahr zu den gereif-ten Gesichtszügen des Porträtkopfes passen würde. Ich glaube daher annehmen zu dürfen, dass dieses Okta-drachmon erst nach Philopator's Tode, und zwar im dritten Jahre der für den unmündigen Ptolemaeus Epiphanes eingesetzten Regentschaft ausgebracht worden sei.

Die bei Mionnet dem Philopator zugeschriebene Tetradrachme wurde in Tyrus geprägt, wie die Herkules-keule mit dem bekannten Tyrusmonogramme im Felde vor dem linkshin stehenden Adler beweist. Die sich kreuzenden zwei Υ zwischen den Adlerfängen sind ein Prägezeichen. Schwierig ist aber die Erklärung des im Felde rechts stehenden $\frac{\Omega}{\Sigma}$. Nach Lenormant bezieht man gewöhnlich die Initialen ΣΩ, ob neben, ob übereinander gestellt, auf ΣΩζουσα. So auf dem seltenen Berliner Soter-Tetradrachmon, einer Vereinsmünze zwischen So-zusa und Ptolemaïs. — Sozusa war die Hafenstadt von Kyrene, ein Πάνορμος, ein bei allen Winden gesicherter Hafen. Unter den Ptolemaeern, wahrscheinlich unter Evergetes I, änderte Sozusa seinen Namen in Apollo-nia. Die Buchstaben ΣΩ auf der in Tyrus geprägten Philopatormünze können daher nicht auf Sozusa bezogen werden, weil diese Stadt zu jener Zeit Apollonia hiess. Lenormant erkennt bei dem unzweifelhaft tyrischen Ursprung der Münze in den zwei übereinander gestellten Initialen den Namen eines Agoranomen, indem auf griechischen Münzen nicht selten sowohl für den Namen einer Stadt, als auch für den ähnlich klingenden Namen

irgend eines Magistrates ein und dasselbe Monogramm
gebraucht worden sei.

Herr Poole (Coins of the Ptolemies, pag. 87) hält
fest, dass die Buchstaben $\frac{\Omega}{\Sigma}$ auf Münzen des Ptolemaeus
III und IV den Namen des mächtigen Sosibius bezeichnen.
Auf einer dem Philopator bestimmt zugehörigen Münze
hat diese Auslegung jedenfalls viele Wahrscheinlichkeit
für sich. Daraus folgt aber noch nicht, dass alle mit den
Initialen $\Sigma\Omega$ gestempelten Münzen auf den mächtigen
Sosibius oder dessen Sohn, den Siegelbewahrer Sosibius,
Bezug haben. Nach Styl und Fabrik fallen die meisten
der mit $\frac{\Omega}{\Sigma}$ gestempelten Münzen, namentlich die Erzmünzen, in eine spätere Periode. In diesem Falle können
die gedachten Initialen mit grösserer Wahrscheinlichkeit auf den König selbst, nämlich auf Soter II bezogen
werden.

Das schöne Münchener Tetradrachmon Philopator's,
sowie das ähnliche Exemplar der Dupré'schen Sammlung
haben auf der Kehrseite zwischen den Adlersfängen die
Initialen NI. Dieselben Initialen finden wir auch auf
Goldmedaillons der Arsinoe Philopator und des Ptolemaeus Epiphanes, dessgleichen auf Silber-Tetradrachmen
des Letzteren. Die mit NI bezeichneten Exemplare
gehören zu dem Besten, was die Numismatik Aegyptens
aufzuweisen hat. Styl und Ausführung dieser in eine
Zeitgrenze von beiläufig vierzig Jahren fallenden Münzen
zeigen, dass sie einer und derselben Kunstschule angehören. Die Buchstaben NI sind daher wahrscheinlich die
Initialen eines Künstlernamens. Ob dieser Künstler in
Alexandria oder in einer Stadt des asiatischen Küsten-

landes gelebt habe, ist schwer zu entscheiden. Die Wahrscheinlichkeit spricht für die Annahme, dass wenigstens
die Silberstücke in Phoenikien geprägt worden seien,
denn, abgesehen von ihrer Aehnlichkeit nach Metall und
Fabrik mit gleichzeitigen Geprägen der Seleukiden, tritt
noch der freilich nicht entscheidende Umstand hinzu,
dass diese schönen Medaillons fast nur mehr im asiatischen Küstenlande gefunden werden. Eine Beziehung
des N I auf den Stadtnamen Nikopolis ist schon vermöge
der untergeordneten Stellung, welche diese Initialen auf
den Münzen einnehmen, nicht zulässig. Einer Ausnahme
auf einer tyrischen Tetradrachme des Epiphanes wird
später gedacht werden.

Von den in Phoenikien geprägten datirten Ptolemaeermünzen fallen, wie bei Evergetes I ersichtlich
gemacht wurde, die mit den Jahrzahlen ΞE, OA, OB,
OΔ, OZ, OH und OΘ (65, 71, 72, 74, 77, 78 und 79)
bezeichneten Tetradrachmen in die Regierungsjahre
Philopator's. Selbstverständlich liegt dieser Zutheilung
die Annahme zu Grunde, dass die Datirung vom Jahre
283/282 v. Chr., nämlich vom Beginne der Alleinherrschaft des Philadelphus ausgehe.

Herr Poole berechnet diese Daten nach einer doppelten Aera, nach der sogenannten Soter-Aera, die mit
jener des Philippus Aridaeus zusammenfällt, und nach
der von 283 beginnenden Philadelphus-Aera. Nach der
Ersteren würden die von Poole edirten Didrachmen mit
den höchsten bisher bekannten Daten noch der Regierung
Philopator's angehören, während sie nach der zweiten
Aera in die Regierungsjahre Philometor's fallen.

Bei der Unhaltbarkeit der sogenannten Soter-Aera
habe ich den Beginn der Alleinherrschaft Philadelphus'

als Ausgangspunct der Datenberechnung angenommen. Die Berechnung nach einer früheren Aera stösst auf Widersprüche, wie beispielsweise im nachstehenden Falle.

Die Handelsstädte Phoenikiens und des benachbarten Küstenlandes haben nach Alexander's des Grossen Tode die Gold- und Silbermünzen dieses Königs noch lange fortgeprägt. Diese Ausmünzungen mussten massenhaft gewesen sein, wie man aus der grossen Menge der nach zweitausend Jahren noch vorhandenen Alexandermünzen und aus den sich wiederholenden neuerlichen Funden schliessen kann.

Ako (auch Akko, Aka, Ake, Ace) in Galilaea prägte durch eine Reihe von Jahren Alexandermünzen in Gold und Silber. Auf der Kehrseite dieser Stücke findet sich der Stadtname in phoenikischer (punischer) Schrift und das Prägungsjahr nach dem phoenikischen Zahlensystem. Diese Zahlen laufen, wie die in der grossartigen Sammlung des Freiherrn von Prokesch - Osten befindlichen Goldstater von Ako beweisen, von Jahr 5 bis 46. Rechnet man diese Jahrzahlen nach was immer für einer Diadochen - Aera, ja selbst nach einer Befreiungs - Aera während Alexander's Lebzeiten, so reicht das höchste bisher bekannte Datum von Ako doch schon bis Philadelphus *). Nun aber veränderte Ako unter den Ptolemaeern, nicht vor Philadelphus, seinen semitischen Namen in das griechische Ptolemaïs. Seine fleissige Prägstätte schlug nun, statt der früheren Alexander-

---

*) Lenormant setzt seine phoenikische Aera auf 319 v. Chr Nach L. Müller beginnt die Alexander-Aera mit 334 v. Chr. Gewöhnlich wird das Jahr 332 v. Chr. als Beginn der Befreiungs - Aera angenommen.

münzen, Silberstücke nach dem ptolemaeischen Münzsystem, auf welchen der Stadtname Ptolemaïs durch das Monogramm ℿ oder die Initialen ΠΤ bezeichnet erscheint. Ptolemaïs schlug diese Ptolemaeer-Tetradrachmen theils für eigene Rechnung, theils in Verbindung mit anderen Städten, theils mit der Aufschrift ΣΩΤΗΡΟΣ theils mit dem Königstitel, theils mit, theils ohne Jahrzahlen. Diese in Ptolemaïs geprägten Tetradrachmen und jene in Ako geprägten Alexandermünzen können aber nicht in eine und dieselbe Zeit fallen, denn es ist nicht denkbar, dass eine und dieselbe Stadt auf Münzen sich gleichzeitig bald Ako, bald Ptolemaïs genannt habe, dass sie gleichzeitig nach zwei verschiedenen Aeren datirt und dass sie gleichzeitig nach einem zweifachen Münzfusse, nach dem attisch-makedonischen und nach dem leichteren ptolemaeischen geprägt habe. Die auf Ptolemaïs hinweisenden Ptolemaeermünzen können daher nicht vor Philadelphus geschlagen worden sein.

Eine von Lenormant aufgeführte, in Ptolemaïs geprägte Soter-Tetradrachme führt die Jahrzahl ΞΕ, 65, fällt daher in die Zeit Philopator's.

Es muss auffallen, dass in den phoenikischen Münzstätten noch lange nach Soter's Tode mit ΣΩΤΗΡΟΣ fortgeprägt wurde. Dass diess wirklich geschehen, beweist Lenormant (pag. 81) durch Berufung auf eine im Britischen Museum befindliche, in Tyrus geprägte Tetradrachme, welche, abgesehen von Porträtkopf und Umschrift, mit der ebendaselbst geprägten obenerwähnten Tetradrachme des Philopator, in Styl und Fabrik ganz identisch ist und auch im Felde dieselben Namensinitialen $\frac{\Omega}{\Sigma}$ zeigt. Beide Münzen, obgleich die eine die Aufschrift

ΠΤΟΛΕΜΑΙΟΥ ΣΩΤΗΡΟΣ hat, sind offenbar zu einer und derselben Zeit geschlagen worden. Es ergibt sich daraus, dass unter Philopator in den phoenikischen Städten noch immer mit dem Bilde und selbst mit dem Namen Soter's fortgeprägt wurde. Wäre nun jene unter Philopator ausgebrachte Soter-Tetradrachme noch obendrein datirt, so würde über die Aera auf den phoenikischen Sotermünzen kein Zweifel mehr obwalten, was aber leider nicht der Fall ist.

Wenn jenes unter Philopator geprägte Beweisstück nach Styl und Fabrik der guten Zeit angehört, so können die Tetradrachmen und Didrachmen mit den höchsten bisher bekannten Daten, die in Styl und Fabrik bedeutend schlechter sind, in keinem Falle gleichzeitig, d. h. unter Philopator geschlagen worden sein. Der Abstand im Gepräge zeigt, dass diese Münzen einer späteren Zeit angehören. Hiernach sind wir auch nicht zur Annahme berechtigt, dass mit Philopator die Prägung der Sotermünzen aufgehört habe; es lässt sich vielmehr mit aller Wahrscheinlichkeit annehmen, dass in den phoenikischen Prägestätten die Fortprägung der Lagidenmünzen selbst durch den unter Epiphanes erfolgten Verlust der asiatischen Küstenländer nicht aufgehoben wurde. Wir kennen Tetradrachmen mit dem Bilde des jungen Epiphanes, die in Berytus, Tyrus und Aradus geprägt wurden. Die Ausmünzung aegyptischen Geldes dauerte in den asiatischen Nachbarländern auch nach dem Tode dieses Königs fort. Dass mit Philometor's Bild und Namen sprechende Pariser Unicum trägt den Prägstempel von Ptolemaïs in Galilaea. Wie massgebend die monetären Beziehungen Philometor's zu den phoenikischen Präg-

stätten gewesen sein mögen, erhellt schon aus dem
Umstande, dass auf den Münzen dieses Königs das ptolemaeische Familienwappen, Adler auf dem Blitze, nach
dem Vorbilde des autonomen Silbercourants von Sidon
und Tyrus eine auffällige Aenderung erlitt, indem der auf
dem Blitze stehende Adler als Beigabe den mit dem
rechten Flügel gehaltenen phoenikischen Palmzweig
erhielt. Die unter Philometor und dessen Bruder Evergetes II in Paphos geschlagenen, mehr oder weniger
reinsilberhältigen Tetradrachmen zeigen das phoenikische
Symbol, den Palmzweig, welchem aber als altaegypti-
sches Symbol der von der rechten Adlersklaue gehaltene
Hat-hor-Schmuck beigegeben ist. Letzterer ist hier offenbar das Symbol der Herrschaft, als pars pro toto, und
bezeichnet den Knauf des königlichen Scepters, der wie
auf den schönen Goldmedaillons der Arsinoe Philadelphos,
der Berenike II und der Arsinoe Philopator wahrzu-
nehmen ist, in eine dem Kopfschmucke der Hat-hor
nachgebildete Spitze ausläuft. Die Regentschaft unter
Kleopatra III kehrte auf ihren kyprischen Silberaus-
münzungen wieder zu dem gewöhnlichen Typus des
ptolemaeischen Münzsystems zurück, bis schliesslich
unter Kleopatra VI der Palmzweig abermals zum Vor-
schein kam.

Abgesehen von der Feingehaltsabminderung des
unter Philometor in Kypern ausgebrachten Silbergeldes,
wurde unter diesem Könige in Phoenikien ptolemaeischer
Silbercourant nach dem alexandrinischen Münzfusse,
obgleich zum Theil mit vernächlässigter Technik fortgeprägt, wie die von Herrn Poole edirten Didrachmen
mit den höchsten bisher bekannten Daten 102, 105, 109,

112, 117 und das Berliner Didrachmon mit P — IA, 111, beweisen *).

Das ptolemaeische Münzsystem war nachgerade für den Geldmarkt unentbehrlich geworden. Die grossen Handelsstädte Phoenikiens prägten diese Silbermünzen, ob mit, ob ohne Daten, so lange fort, als deren Ausbringung ihnen zweckdienlich schien. Mit dem Verfall des Lagidenreiches mochte auch der Credit der Ptolemaeermünze gelitten und daher die Fortprägung nachgelassen haben. Der Sotertitel war in den republikanisch gesinnten Handelsstädten selbstverständlich beliebter als der Königstitel. Die in Alexandria mit dem Soterkopfe für Aegypten geprägten Tetradrachmen hingegen haben stets den Königstitel.

Noch schwieriger fällt es, dem Philopator einen bestimmten Antheil an der kyprischen Münzprägung

---

*) Der Prägeort dieser hochdatirten Stücke ist nicht bezeichnet. Bei Sidon ist das Jahr ΛΗ, 38, das höchste bisher bekannte Datum der daselbst geprägten schönen Soter-Tetradrachmen. Dieses Datum fällt, von der Alleinherrschaft des Philadelphus ausgehend, auf das zweite Regierungsjahr des Evergetes I. Herr Reichardt, von welchem wir nächstens die Veröffentlichung einer Abhandlung über die Aeren Sidon's erwarten, ist der Ansicht, dass Sidon im Jahre 247 vor Chr. von Evergetes I aus politischen Gründen, als freiheitliche Abwehr gegen die Seleukiden, seine unter Philadelphus unterdrückte Autonomie unverkümmert wiedererhalten habe, dass mit diesem Zeitpuncte die autonome Münzaera Sidon's beginne, und dass von ΛΗ ab, diese Stadt datirte Sotermünzen nicht mehr geschlagen habe. — Der Unterschied reducirt sich demnach auf ein Jahr, was sich recht gut erklären lässt, wenn man annimmt, dass die mit dem vorausdatirten Stempel ΛΗ vorbereiteten und bereits geschlagenen Vierdrachmenstücke im ersten Jahre der Autonomie ausgegeben wurden.

4

zu vindiciren. Die Zusammengehörigkeit der Silbermünzen der ersten bis L NΔ, Jahr 54 laufenden kyprischen Serie ist von Lenormant, Schledehaus und mir
nachgewiesen worden. Die zweite, mit Philometor begin-
nende Reihenfolge unterscheidet sich in Metall, Typus,
Styl und Fabrik so auffällig von der ersten Serie, dass
eine Verwechslung der bezüglichen Tetradrachmen nicht
stattfinden kann. Es gibt aber noch andere, obwohl nicht
zahlreiche Vierdrachmenstücke kyprischer Prägung, die
in Styl und Fabrik sich mit den besten Exemplaren der
ersten Reihenfolge messen können, die aber doch nicht
in die erste Serie einzureihen sind, weil dort ihr Platz
bereits durch andere Münzen besetzt ist, die vermöge
ihrer Uebereinstimmung mit den vorhergehenden und
nachfolgenden Stücken vollkommen in die erste Serie
passen und von dort nicht verdrängt werden dürfen.
Diese vereinzelten Tetradrachmen fallen daher in den
Zeitraum der 42 Jahre, welche zwischen der ersten und
zweiten Serie liegen, und es erübrigt nichts anders, als
sie der Regierungsperiode Philopator's und seines Sohnes
Epiphanes zuzutheilen.

Ich versuche es, eine derartige Zutheilung zu rechtfertigen.

Erstes Exemplar.

A v. Kopf eines Ptolemaeus (nicht Soter's) mit Diadem
und Aegis rechtshin. Der sorgfältig ausgeführte
Porträtkopf unterscheidet sich bedeutend von
den Fabriksköpfen der ersten und noch mehr
von jenen der zweiten und dritten kyprischen
Münzfolge. Er hat mit keinem der bekannten Pto-
lemaeerköpfe eine vollkommen ausgesprochene

Aehnlichkeit; am meisten gleicht er noch dem Porträtkopfe Philopator's.

Rev. ΠΤ°ΛΕΜΑΙ°Υ ΒΑΣΙΛΕΩΣ. Adler auf dem Blitze nach links; Kopf dick und kurz, Flügel geschlossen, Gefieder deutlich ausgeführt. Im Felde links L IΘ, Jahr 19, im Felde hinter dem Adler ΠA, Paphos.

Æ. Gr. 8. Tetradrachmon.

Vielleicht ist dieses Stück identisch mit den bei Mionnet (VI. 16, 135 und 136) unter Evergetes I beschriebenen zwei Tetradrachmen des Pariser Münzkab. Da Mionnet (VI. 11, 101) unter Philadelphus ein anderes, ebenfalls mit L IΘ, ΠA bezeichnetes Tetradrachmon beschreibt, und da Evergetes I auf seinen kyprischen Münzen ein Jahr 19 nicht hat, dürften obige, von Mionnet dem dritten Ptolemaeus zugeschriebene zwei Exemplare richtiger dem vierten oder fünften Ptolemaeus zuzutheilen sein.

Das Wiener M. Kab. besitzt ein hieher gehöriges Tetradrachmon (Gr. 7, Gew. 14.00 Grm.), dessen Avers einen dem Philopator gleichenden Porträtkopf zeigt. Volles, jugendliches Gesicht, gerade Nase, rundes Kinn, voller Hals, sehr krauses Haar; das breite Diadem und die Aegis deutlich ausgeführt; die Kehrseite wie oben mit L IΘ, ΠA.

Das Münchener M. Kab. besitzt ebenfalls ein schönes Tetradrachmon mit L IΘ und ΠA. Die Vorderseite zeigt aber einen, obgleich gut ausgeführten, doch nur gewöhnlichen Soterkopf des ptolemaeischen Münzsystems. Dieses Stück ist daher, wie es Mionnet (VI. 11, 101) gethan, unter Philadelphus einzureihen.

4 *

Zweites Exemplar.

Av. Porträtkopf eines Ptolemaeus mit Diadem und Aegis rechtshin. Dieser jugendliche Kopf ist dem Porträtkopfe auf dem ersten Exemplare vollkommen ähnlich.

Rev. ΠΤºΛΕΜΑΙºΥ ΒΑΣΙΛΕΏΣ Adler auf dem Blitze nach links. Im Felde links L ΚΘ, Jahr 29, im Felde hinter dem Adler ΣΑ, Salamis.

Æ. Gr. 8. Tetradrachmon.

Diese beiden Tetradrachmen meiner Sammlung (Katal. Nr. 1002 unter Philopator) sind vortrefflich erhalten und gehören, vermöge ihrer fleissigen Ausführung, zu den besten Erzeugnissen kyprischer Prägung*). Sie sind aber weder in die erste, noch in die zweite oder dritte kyprische Münzfolge einzureihen, weil sie mit den Münzen dieser drei Serien nicht übereinstimmen. Das L IΘ, ΠΑ der ersten Serie ist bereits unzweifelhaft besetzt. Das L ΚΘ, ΣΑ steht zwar noch offen, doch haben wir von Philadelphus in Salamis geprägte Vierdrachmenstücke mit den Jahrzahlen L.ΚΗ und L.Λ, in deren Mitte sich die in der Frage stehende Tetradrachme wie ein aufgedrungener Fremdling ausnehmen würde. Noch weniger passen beide Stücke in die zweite oder dritte kyprische Münzfolge, und zwar schon aus dem Grunde nicht, weil nach Epiphanes in Salamis und auch in Kition Silber nicht mehr ausgemünzt wurde.

---

*) Ich bedauere, von diesen beiden merkwürdigen Tetradrachmen nur die Beschreibung nach meinem MS. Kataloge, aber keine Abbildung liefern zu können, da sie leider nicht mehr in meinem Besitze sind. Ihr gegenwärtiger Besitzer ist mir unbekannt. (Eine hierüber nachträglich erlangte Auskunft folgt am Schlusse dieses Artikels.)

Bei diesem Sachverhalte bleiben nur noch die zwischen der ersten und zweiten Münzfolge stehenden Ptolemaeer Philopator und Epiphanes zur Betheilung übrig. Da aber Philopator nur 17 und Epiphanes 24 Jahre regiert hat, passen die Münzdaten 19 und 29 in die Regierungsdauer des ersteren gar nicht und in jene des zweiten nur zum Theil, nämlich nur mit dem Jahre 19. Da ferner Epiphanes bei dem Tode seines Vaters erst 5 Jahre alt war, lassen seine Regierungsjahre, die er vom Tode Philopator's zu zählen begann, selbstverständlich keine Ausdehnung zu. Anders verhält es sich jedoch bei Philopator.

Unter den Silbermünzen des Ptolemaeus III Evergetes haben wir zwei in Kition und Paphos geprägte Tetradrachmen beschrieben, welche im Felde der Kehrseite das Doppeldatum L N, Jahr 50 (und) 1, nebst
A
zwei Sternen zeigen. Es wurde dort die Vermuthung ausgesprochen, dass dieses Doppeldatum sich auf den Beginn einer dem Philopator von seinem Vater anvertrauten Mitregentschaft in Kypern beziehen könnte, und dass Philopator nach erlangter Alleinherrschaft auf seinen kyprischen Münzen die elf Jahre seiner Statthalterschaft zu seinen siebenzehn Regierungsjahren hinzugerechnet habe. Diess zugegeben, zeigt sich mit Rücksicht auf die aegyptische Jahresrechnung, dass das Münzdatum L I Θ auf das Jahr 7—8, und das Datum L K Θ auf das Jahr 17—18 der Alleinherrschaft Philopator's fällt, welch' letzteres Jahr auch sein Todesjahr war.

Es lässt sich allerdings einwenden, dass die alten Geschichtschreiber von einer Mitregentschaft oder kyprischen Statthalterschaft Philopator's nichts wissen.

Dagegen erlaube ich mir zu bemerken, dass die auf uns gekommenen griechischen und römischen Nachrichten über die Lagidendynastie lückenhaft, verworren, unkritisch und wenig verlässlich sind, während die monumentalen Geschichtsquellen, unter welchen die Numismatik einen ersten Rang behauptet, dort, wo sie deutlich sprechen, unumstösslich sind, und selbst dort, wo sie nicht deutlich sprechen, wie im vorliegenden Fall, zu Schlussfolgerungen und Annahmen berechtigen, die wenigstens eben so viele Glaubwürdigkeit verdienen, als die Aufzeichnungen alter Chronikenschreiber oder Anekdotensammler. Wäre die grosse alexandrinische Bibliothek *) nicht vernichtet worden, so würden wir Epigonen gewiss um eine sonnige Leuchte der Erkenntniss reicher sein. Vielleicht aber wäre dann unser geistiges Leben um ein weites Feld der freien Forschung ärmer geworden.

Cousinery **) ist der Ansicht, dass die Gold- und Silbermedaillons der fünf ersten Ptolemaeer und deren Frauen erst nach ihrer Apotheose bei feierlichen Anlässen geprägt worden seien, und dass bis auf Philometor kein Ptolemaeer Münzen mit seinem eigenen Porträt ausgebracht habe. Nach dem eingeführten Münzsysteme habe jeder König das landesübliche Silbergeld mit dem bekannten, mehr oder weniger gelungen ausgeführten Soterkopfe und dem Adlerwappen prägen lassen. Soter selbst habe mit seinem eigenen Porträt nicht geprägt, sondern mit jenem Alexander's des Grossen. Philadelphus habe auf die unter ihm geschlagenen Münzen nicht sein eigenes,

---

*) Sie führte die Aufschrift Φάρμακον ψυχῆς.

**) Lettre sur le système monétaire des Lagides. Magazin Encyclopédique. 1810. Tom. II.

sondern das Bild seines Vaters setzen lassen. Mit diesem Bilde sei auch in der Folge fortgeprägt worden. Laut der Inschrift auf dem Steine von Rosette habe Philadelphus seinen Eltern, Soter und Berenike, als Göttern in Memphis Statuen errichtet. Nach derselben Inschrift liess auch Philopator seine Eltern, Evergetes und Berenike II apotheosiren und errichtete ihnen im Tempel zu Memphis Statuen neben jenen Alexander's und Soter s. — Die Apotheose der Ptolemaeer habe mit Epiphanes aufgehört, und nach diesem Könige sei auch kein Gedächtniss-medaillon mehr geprägt worden.

Nach Cousinery's Ansicht hat auch Philopator nach dem ptolemaeischen Münzsysteme, d. h. mit dem Soter-kopfe, dem Adlerwappen und der stereotypen Legende fortprägen lassen. Diese Ansicht ist vollkommen richtig. Die Nachweisung des Antheils jedoch, welchen Philopator, abgesehen von seinen goldenen und silbernen Medaillons, an der landesüblichen Silberausmünzung, dem aegyptischen Courant, genommen hat, beschränkt sich auf die oben vorgeführten d a t i r t e n Tetradrachmen phoenikischer und kyprischer Prägung. Bei den v a g e n, meist in Alexandria geschlagenen Gross-Silberstücken, lässt sich sein Antheil nicht nachweisen.

Zur Ausfüllung der Lücke, welche Philopator in den Erzeugnissen der alexandrinischen Münzstätte offen gelassen, macht Dr. S c h l e d e h a u s in seinen „Studien zur Münzkunde der Lagiden" den Versuch, für diesen König die hübschen Didrachmen und Drachmen mit dem epheu-bekränzten Kopfe in Anspruch zu nehmen, welche nach Letronne's Bestimmung unter Ptolemaeus XI (XIII) Neos Dionysos, genannt Auletes, eingereiht werden.

Ich gebe die Beschreibung dieser Münzen nach schönen, im Berliner Museum befindlichen Exemplaren.

Didrachmon.

A v. Büste des als Dionysos dargestellten Königs rechtshin gewendet; krauses, dichtes Haar, gerade Nase, üppige Gesichtszüge; ein Epheukranz bedeckt das mit dem Diadem geschmückte Haupt, hinter welchem ein auf der linken Schulter liegender Thyrsusstab hervorragt; die Brust ist mit der Chlamys bekleidet. Perleneinfassung.

Rev. ΠΤΟΛΕΜΑΙΟΥ ΒΑΣΙΛΕΩΣ. Adler mit entfalteten Flügeln auf dem Blitze stehend, nach links gewendet. Ohne Beizeichen im Felde.

Æ. Gr. 5. Gew. 6.510 Grm.

Ein zweites Didrachmon wiegt 6.990 Grm.

Drachme.

Avers und Revers ganz wie oben bei dem Didrachmon. Ebenfalls ohne Beizeichen.

Æ. Gr. 3. Gew. 3.130 Grm.

Mionnet (VI. 32, 256 und 257, dann S. IX, 18, 96 bis 101) beschreibt diese Münzen nach Visconti's Vorgang unter Ptolemaeus XII Dionysius. Auf zwei Didrachmen erkennt Mionnet in dem um die Schulter geworfenen Kleidungsstücke eine Tigerhaut, welche allerdings zur Bakchosmaske besser als die Chlamys stimmen würde. Als Beizeichen werden aufgeführt:

dreizackige Lanze hinter der Büste,
Thyrsus vor dem Adler,
Merkurstab,

eine Kugel,
Diadem oder Tiara mit zwei Schleifen im Felde
der Kehrseite.

Letronne *) hat diese Münzen, auf denen Visconti
den Porträtkopf des Ptolemaeus XII (XIV) Dionysios zu
erkennen glaubte, dem Vater desselben, Ptolemaeus XI
(XIII) Auletes, vindicirt, während er die von Visconti
dem Auletes gegebenen Bronzemünzen mit dem lorbeerbekränzten Kopfe dem Sohne Dionysios zutheilte. Für
diese Zutheilung macht Letronne gute Gründe geltend.
Auletes war Vorstand einer dionysischen Brüderschaft,
und wurde wegen seiner Vorliebe für den Bakchos-Cult
Νέος Διόνυσος genannt. Den Spottnamen Auletes (der
Flötist) erhielt er wegen seiner Vorliebe für das bei den
dionysischen Festen übliche Flötenspiel. Andererseits sei
es nicht nachzuweisen, dass sein Sohn Ptolemaeus XII
(XIV) den Beinamen Διονύσιος (adject. von Διόνυσος)
geführt habe. Numismatisch schlagender ist Letronne's
Bemerkung, dass die Vorderseiten der in der Frage
stehenden Didrachmen und Drachmen das Königsporträt
in verschiedenen Altersstufen von 18 bis 35 Jahren,
darunter auch einen bärtigen Kopf zeigen, was auf
Auletes, der gegen 30 Jahre regiert habe, vollkommen
anwendbar sei. Die Bronzemünzen hingegen mit dem
belorbeerten Kopfe zeigen sämmtlich ein und dasselbe
Porträt, nämlich das eines Jünglings von 16 bis 17 Jahren,
was mit der kurzen Dauer der Alleinherrschaft des jungen
Ptolemaeus XII (XIV) vollkommen übereinstimme, während es befremden müsste, wenn Auletes die Prägung

---

*) Recueil des Inscriptions de l'Egypte. Paris, 1842. Tom.
II, pag. 85, und Revue numism. 1843. pag. 163.

dieser Bronzemünzen, falls er sie je geprägt haben sollte, nur auf eine so kurze Periode seiner Regierung be- schränkt hätte.

Die von Schledehaus in Vorschlag gebrachte neue Zutheilung setzt diese Silbermünzen um hundertfünfzig Jahre in die Zeit des vierten Ptolemaeus zurück. Zur Rechtfertigung der neuen Zutheilung macht der genannte Numismatiker ebenfalls gute Gründe geltend. Er bemerkt, dass die gedachten Münzen nach Metall, Styl und Fabrik in die Regierungsperiode Philopator's vollkommen passen, während sie in so später Zeit, wie jener des Auletes, eine unbegreifliche Anomalie wären. Der Kopf ähnle ganz dem Bilde, das uns durch Namensbeischrift als das- jenige des Philopator verbürgt ist. Philopator erhielt, wie Plinius und Scaliger ad chron. Euseb. berichten, den Spottnamen Gallus, weil er bei seinen Orgien nach Art der gallischen Priester sein Haupt mit Epheu umkränzte. Bekanntlich bestand das ganze Leben dieses wahnwitzi- gen Königs in solchen Gelagen, und eine gleiche Be- kränzung seines Bildes auf den Münzen habe daher nichts auffallendes. Fernere Gründe erkennt Schledehaus in dem Styl des Adlers, in der Abwesenheit der Jahres- daten, in den beigesetzten Symbolen, besonders aber in dem Gewichte, welches mit jenem der Didrachmen der Berenike II in Einklang stehe. Diese Uebereinstimmung sei auch in Grösse, Form und Aussehen des Metalls zu erkennen.

Zur Vergleichung notire ich hier das Gewicht einiger Didrachmen der Berenike II.

Münchener Exemplar.   Gew. 7.460 Grm.

Pariser	„	„	7.380	„
Wiener	„	„	7.050	„
Brit. Mus.	„	„	6.930	„
Pariser	„	„	6.800	„
Leake	„	„	6.750	„
d'Anastasi	„	„	6.480	„

Didrachmen mit dem epheubekränzten Ptolemaeerkopfe:

Berliner Mus.   Gew. 6.990 Grm.

Huber Nr. 1020	„	6.7060	„
Berliner Mus.	„	6.510	„
Wiener M. Kab.	„	6.500	„
Schledehaus	„	6.480	„

Die Drachme dieser Münze:

Berliner Mus.   Gew. 3.130 Grm.

Wiener M. Kab.   „   3.150   „

Das Gewicht der Soterdrachme im Wiener

M. Kab. ist . . . . 3.310 Grm.

Normalgewicht der Alexandriner Drachme . 3.560 „

Dr. Schledehaus musste sich bei seiner Vergleichung auf das in der Sammlung des Herrn d'Anastasi in Alexandria befindliche Exemplar eines Berenike-Didrachmons beschränken, dessen schwaches Gewicht von 6.480 Grm. zufällig mit jenem seines Auletes-Didrachmons genau übereinstimmte *). Aus dieser, wie wir sehen, bei andern

---

*) Die reiche, aber nicht wissenschaftlich gesichtete Münzsammlung des Herrn d'Anastasi in Alexandria ist nach dem Tode des Besitzers von dessen Erben dem damaligen Vicekönige von Aegypten, Said Pascha, um einen enormen Preis verkauft worden. Im Jahre 1862 verehrte Said Pascha die Sammlung, nach erfolgter Ausscheidung der unechten und unbrauchbaren Stücke, dem Kaiser Napoleon III.

Exemplaren gar nicht oder nur in entfernterem Grade
vorhandenen Gewichtsübereinstimmung schliesst er auf
einen nicht zu weiten Abstand der bezüglichen Präge-
zeiten. Eine Ausbringung dieser Didrachmen und Drachmen nach einer Zwischenzeit von nahezu zweihundert
Jahren, inmitten einer Münzverderbniss, wie sie in den
letzten Jahren des Lagidenreiches herrschte, sei im
höchsten Grade unwahrscheinlich. Dagegen liesse sich
aber einwenden, dass die äusserst seltenen Silbermünzen
der Königin Kleopatra VI bei Mionnet (VI. 32, 258 und
S. IX, 19, 102) ja ebenfalls mit F.* (belle fabrique)
bezeichnet erscheinen, und doch sicher auch zu den
letzten Prägen der Lagidendynastie gehören.

Dieselbe Bemerkung gilt auch für die netten Erzmünzen mit dem lorbeerbekränzten Ptolemaeerkopfe,
deren Fabrik ebenfalls für die Zeit des Kunstverfalles
viel zu gut scheint. Um consequent zu sein, müsste man
daher etweder beide Münzgattungen in eine viel frühere
Periode verlegen, und, wie Schledehaus vorschlägt, die
Bronzemünzen mit dem belorbeerten Kopfe dem Ptolemaeus III Evergetes und die Silbermünzen, mit der als
Dionysos dargestellten Königsbüste, dem Ptolemaeus IV
Philopator zutheilen, oder, was mir das gerathenste
scheint, man müsste beide Münzgattungen an der
Stelle belassen, welche ihnen L e t r o n n e eingeräumt hat.

Kupfer.

Dr. Schledehaus war der erste Numismatiker, der es versucht hat in die chaotische Masse der bisher meist unbestimmt gelassenen Erzmünzen der Ptolemaeer Licht und Ordnung zu bringen. Zur Erläuterung seines Systems, nach welchem er seine reichhaltige Sammlung geordnet hatte, schrieb er eine Abhandlung: „Versuch einer chronologischen Anreihung der Ptolemaeischen Bronzemünzen", welche nach des Verfassers Tode in Grote's Münzstudien, 1863, III., erschien. Die Aufgabe war keine geringe. Abgesehen von den wenigen Erzmünzen mit Porträtköpfen und bestimmter Namensumschrift, waren mit der geringen Zahl verschiedener Typen, nämlich sechs Typen der Hauptseite und ebenso vielen der Kehrseite, ein Zeitraum von nahezu 300 Jahren, 16 Regierungen und 25 gekrönte Häupter zu versorgen. Schledehaus hat seine Aufgabe insofern gelöst, dass er die grosse Masse der unbestimmten Erzmünzen nach den drei Münzsprengeln: Aegypten, Syrien, Kypern, und in diesen wieder nach den Typen der Hauptseite, nach jenen der Kehrseite, und endlich nach den bezeichnenden Unterschieden in den Einzelnheiten der letzteren geordnet und dadurch in die Mionnet'sche Beschreibung ein gewisses System gebracht hat. Er geht von der richtigen Ansicht aus, dass die Beachtung des Metalls, des Styls und der Fabrik, dann die Vergleichung mit bestimmten Gold- und Silbermünzen uns die verlässlichste Ergänzung der Kriterien für die Zeitfolge der Kupfermünzen an die Hand gebe. In Hinsicht auf Metall, Styl und Fabrik erscheinen die Münzen in auffallenden Abstufungen vom wirklich schönen Gepräge bis herab

zum ganz verwilderten Gusse. Im Allgemeinen kann als
Regel gelten, dass die Münzen mit schönem Styl der
früheren Zeit, jene mit flacherem Gepräge, aber von
fleissiger Arbeit, einer mittleren Periode, endlich die
Fabrikate des gänzlichen Verfalls der Kunsttechnik, der
Zeit des politischen Verfalls des Lagidenreiches angehören. Selbstverständlich fehlt es nicht an Ausnahmen
von dieser Regel, da die plastische Kunst des Alterthums
selbst in schlechten Zeiten noch gute Talente aufzuweisen
hatte. Schledehaus bezeichnet auch die palaeographi-
schen Merkmale, die bei Bestimmung der Münzzeitfolge
nicht unbeachtet bleiben dürfen. Wenn er aber auf un-
wesentliche Details in der Typenzeichnung ein grosses
Gewicht legt, so steht diess mit der auf griechischen
Münzen überall hervortretenden künstlerischen Freiheit
im Widerspruche, wenn auch die alt-aegyptische einheimische Plastik unfrei und an stereotype Formen gebunden
sein mochte. Auf die Vergleichung mit sogenannten Beweisstücken und auf die Uebereinstimmung von Namens-
Initialen und Münzamtszeichen wurde andererseits zu
wenig Rücksicht genommen.

    Ein verlässlicher Gewährsmann, Cousinery, be-
merkt, dass auf den Erzmünzen der früheren Zeit der
einfache Adler auf dem Blitze erscheint, während auf
den späteren Münzen der Adler nicht mehr einfach ist,
sondern immer von einem oder dem andern Symbol
begleitet wird. Diese vortreffliche Bemerkung gibt einen
guten Fingerzeig für die Zeitbestimmung der in Kypern
geschlagenen Kupfermünzen. Diese Münzen, deren Styl
durchgehends stark manirirt ist, fallen meines Erachtens
in eine spätere, von Philometor ausgehende Periode,
obgleich die Ansicht vorherrschend ist, dass gewisse

saubere Stücke mit Blumen vor dem Adler, bis auf Philadelphus zurückzuführen seien. Von diesen, wie von den
datirten Kupfermünzen wird am gehörigen Orte die
Rede sein.

Lenormant, der in seiner Preisschrift die Kupfermünzen der Lagiden fast gar nicht berührt, erkennt in
dem Füllhorn das Zeichen der Alexandrinischen Münzstätte. Es wurden aber in Alexandria viele Erzmünzen
geschlagen, denen dieses Fabrikszeichen fehlt. Die unter
den fünf ersten Ptolemaeern geprägten Erzmünzen waren
grösstentheils Erzeugnisse des königlichen Münzamtes
in Alexandria. Sie sind sämmtlich von guter Fabrik, viele
darunter von ausgezeichneter Arbeit. Der schöne Styl
und die Sicherheit in der Behandlung geben kein ungün-
stiges Zeugniss von der Leistungsfähigkeit der damaligen
Alexandriner Kunstschule. Zur Zeit der innern Unruhen
wurde die Thätigkeit jener Prägstätte unterbrochen.
Nicht vor Epiphanes und wahrscheinlich erst unter Philometor begann man auch in Kypern Kupfergeld zu
schlagen. Die von Philadelphus in Kition, Paphos und
Salamis eingerichteten Prägstätten hatten, wie es scheint,
bis auf Philometor die Bestimmung, nur edle Metalle
auszumünzen. Das aus dem kyprischen Bergbau gewon-
nene Kupfer wurde zur Ausmünzung nach Alexandria
verschifft. Um den guten Curs des zur Landeswährung
erhobenen Kupfergeldes aufrecht zu halten, musste dessen
Ausbringung von dem Münzamte der Reichshauptstadt
controlirt werden. Unter Philometor wurden die Prägstätten in Kition und Salamis aufgelassen. Die Silberausmünzung blieb auf Paphos beschränkt. Erst von
jener Zeit ab können kyprische Kupferprägungen mit
Bestimmtheit nachgewiesen werden. Während der Fehden

zwischen den Kronpraetendenten war die Ausmünzung
des kyprischen Kupfergeldes ein Gebot der Nothwendigkeit. Die Kupferprägungen in Kypern wurden
permanent und dauerten fort bis an das Ende des
Lagidenreiches.

Schledehaus glaubt die Ausprägung so massenhafter
Bronzemünzen in die Zeit setzen zu müssen, wo die Silberprägungen seltener wurden, also namentlich unter Philopator. Diese Ansicht ist im Princip ganz richtig, nur ist
sie für die Zeitbestimmung der Kupferprägungen nicht
massgebend. Das neben der Silberwährung gangbare
System der Kupferwährung wurde bereits unter Evergetes I vollständig ausgebildet und mit Erfolg in Anwendung gebracht. Wenn unter Philopator die Silberprägung
seltener wurde, musste Kupfergeld noch massenhafter
ausgemünzt werden, da der Geldbedarf, darunter jener
für den Truppensold in erster Linie, sich gewiss nicht
verringert hatte. Evergetes I starb, wie die alten Historiker berichteten, als der reichste Fürst seiner Zeit. Die
kostspieligen Rasereien eines verschwelgten Despoten,
wie Philopator war, erschöpften aber den vom Vater
ererbten kolossalen Kronschatz. Je mehr edle Metalle
auf die verschwenderische Ueppigkeit eines verderbten
Hofes vergeudet wurden, desto mehr musste man darauf
bedacht sein, in Ermanglung von Gold und Silber, die
laufenden Regierungsbedürfnisse durch verstärkte Kupfer-
ausmünzung zu decken. Diese Münzen waren aber in
Metall, Styl und Fabrik noch immer tadellos. Ein Verfall
der Kunsttechnik machte sich unter Philopator noch nicht
bemerkbar. Die Kupfermünzen dieses Königs gehören
daher noch der guten Zeit an.

Die bei Evergetes I, Nr. 1, 2, 3, 4 und 6 beschriebenen Erzmünzen sind ohne Zweifel unter Philopator fortgeprägt worden.

Im Einklange mit dem von Cousinery aufgestellten Grundsatze, wonach die Bronzemünzen einfachen Styls einer früheren Periode angehören, glaube ich, noch nacherwähnte Kupfermünzen unter Philopator einreihen zu sollen.

1. Erzmedaillons zu 20 Chalkus und darüber, ohne alle Beizeichen.

Av. Ammonskopf mit Diadem rechtshin.

Rev. ΠΤ°ΛΕΜΑΙ°Υ ΒΑΣΙΛΕΛΣ. Adler mit entfalteten Flügeln auf dem Blitze, nach links gewendet und rechtshin schauend. Ohne Symbol und Münzzeichen.

Æ. Grösse 13½ und 13.

Diese schönen Medaillons von bester Fabrik fallen in die gute Zeit der Alexandriner Kupferprägung unter Evergetes I und Philopator.

Das bei Mionnet, S. IX, 22, 117, beschriebene ähnliche Erzmedaillon von Grösse 13½ und von bester Fabrik dürfte ebenfalls an diesem Orte einzulegen sein. Eine genaue Bestimmung ist unthunlich, da Mionnet den halbverwischten Münzbuchstab zwischen den Adlersfängen nicht bezeichnen konnte.

Es darf nicht übersehen werden, dass die Kupfermünzen mit dem Kopfe des widderhörnigen Jupiter-Ammon der von Evergetes I systemisirten Kupferwährung angehören. Die Bronzemünzen hingegen, deren Vorderseiten den lorbeerbekränzten Kopf des olympischen Zeus aufweisen, gehören in der Regel zu den

5

frühesten Erzeugnissen der Alexandriner Prägstätte.
Schledehaus bezeichnet die schönen Stücke mit dem
lorbeerbekränzten Jupiterkopf und dem auf dem Blitze
linkshin stehenden einfachen Adler mit geschlossenen
Flügeln (vergl. Mionnet, S. IX, 22, 123) als die ersten
Erzeugnisse der ptolemaeischen Kupferprägung unter
Soter I. Gegen diese Annahme ist im Princip nichts einzuwenden. Nur darf bei Münzen, welche den Königstitel
führen, mit der Einreihung unter Soter I nicht zu frei-
gebig verfahren werden. Die Mionnet, IV. 37, 302 bis
319, beschriebenen schönen Bronzemünzen, welche den
lorbeerbekränzten Jupiterkopf und den Adler mit ent
falteten Flügeln zeigen, sind, wenn auch nicht insgesammt, doch grösstentheils unter Philadelphus und Evergetes I geprägt worden, obgleich sie gewöhnlich bei
Soter I eingereiht werden. Betrachten wir Styl und Fabrik
dieser Kupfermünzen, dann die in den Feldern der Kehrseite befindlichen Initialen und Monogramme, so bemerken wir eine nicht zu verkennende Verwandtschaft
mit den schönen in Alexandria geprägten Tetradrachmen,
welche den Soterkopf im Greisenalter zeigen und im
Felde der Kehrseite die Initialen und Monogramme der
Städte führen, für deren Rechnung diese Vierdrachmenstücke im Münzamte der Hauptstadt geschlagen
wurden. Aus dieser Uebereinstimmung der Kriterien ist
auf eine Gleichzeitigkeit der Prägung zu schliessen. Da
nun die Tetradrachmen mit dem bejahrten Soterkopfe
und dem Königstitel wahrscheinlich erst nach Soter's
Tode ausgebracht worden sind, so gilt dieselbe Wahrscheinlichkeit auch in Bezug auf die erwähnten Kupfermünzen.

Am häufigsten unter diesen Kupfermünzen kommen jene vor, die für den Gebrauch der Gränzfestung Magdolon geschlagen wurden. Die verschiedene Fabrik dieser Stücke berechtigt zur Annahme, dass man sie während eines langen Zeitraumes fortgeprägt habe. Auf einem mit den Monogrammen von Magdolon und Charakmoba versehenen Exemplar von minder schöner Fabrik, findet sich zwischen den Adlersfängen das Münzzeichen Λ, was auf die Zeit Philopator's hinweist.

Das Füllhorn vertritt zuweilen im Felde vor dem Adler die Stelle der Monogramme. Schledehaus verlegt diese Stücke ganz richtig in eine spätere Zeit. Sie sind wahrscheinlich unter Epiphanes geschlagen worden.

2. Kleingeld, ohne alle Beizeichen.

Allgemeiner Typus.

Av. Kopf des Jupiter Ammon mit Diadem rechtshin.

Rev. ΠΤΟΛΕΜΑΙΟΥ ΒΑΣΙΛΕΩΣ. Adler mit entfalteten Flügeln auf dem Blitze, nach links gewendet und hinter sich schauend.

Æ. Gr. 4 und 3½.

Diese netten Erzeugnisse der Alexandriner Prägstätte sind von guter, zuweilen von sehr schöner Fabrik. Nach Schledehaus wurden sie von Evergetes I und auch noch später ausgebracht. Diese Kleingeldstücke können ohne Bedenken bei Philopator·eingereiht werden.

3. Mit Σ, ΣE und Ɛ zwischen den Adlersfängen. (Mionnet, VI. 41, 342, 343, 344.)

Allgemeiner Typus.

Av. Kopf des Zeus-Ammon mit Diadem, rechtshin.

Rev. ΠΤΟΛΕΜΑΙΟΥ ΒΑΣΙΛΕΩΣ. Adler mit entfal-

5 *

teten Flügeln auf dem Blitze, nach links gewendet; im Felde ein Füllhorn; zwischen den
Fängen Σ.

Æ. Gr. 12½, 12 und 9½.

Auf andern schönen, aber seltener vorkommenden
Exemplaren zwischen den Fängen die Initialen ΣΕ.

Æ. Gr. 13 und 8.

Ein ähnliches Stück (Grösse 12) hat zwischen den
Fängen das Fabrikszeichen Ƨ.

Dieselben Initialen ΣΕ finden sich auch auf einer
sauberen, noch in die gute Zeit fallenden Bronzemünze
mit den Köpfen des Ptolemaeus Soter und der Berenike I.
(Bei Mionnet, VI. 7, 66, wahrscheinlich nach einem dürf-
tigen Exemplar beschrieben.) Die bezüglichen Münzen
mit demselben Fabrikzeichen sind demnach um dieselbe
Zeit ausgebracht worden. Die Münze mit den Bildnissen
der Stammeltern der Lagidendynastie wurde erst nach
deren Tode geprägt und bis in die späte Zeit nachge-
prägt, wie wir durch Exemplare von ganz verschiedener
Fabrik nachgewiesen haben. Eine Beziehung des ΣΕ
auf den Nomos Sethroïtes, Σεϑροείτης, wäre zu gesucht,
daher unpraktisch. Auf zweien in Sidon geprägten Tetradrachmen des syrischen Königs Antiochus IX Philopator
findet sich ein ähnliches Monogramm aus ΣΕ. Eine Beziehung desselben auf das aegyptische Münzzeichen, ist
bei einem Zeitabstande von hundert Jahren unzulässig.

4. Im Berliner Museum mit demselben Münzzeichen ΣΕ.

Av. Ammonskopf mit Diadem rechtshin.

Rev. Umschrift wie gewöhnlich. Adler auf dem Blitze
nach links; vor dem Adler im Felde eine schilf-

artige Pflanze, gebildet aus drei Halmen, die in Form einer Ruthe aus einem gemeinschaftlichen Schaft aufsteigen; zwischen den Adlersfängen das Münzamtszeichen ΣE.

Æ. Gr. 11.

5. Mit den Münzzeichen ΣE, ΣΓ und E.

Av. Ammonskopf wie gewöhnlich.

Rev. ΠΤΟΛΕΜΑΙΟΥ ΒΑΣΙΛΕΩΣ. Auffliegender Adler mit weitentfalteten Flügeln, nach links gewendet und rechtshin schauend, in den Klauen den Donnerkeil haltend. Zwischen den Fängen ΣE; die minder deutlichen Abarten ΣΓ und E sind wahrscheinlich nach diesem Fabrikszeichen zu ergänzen.

Æ. Das grösste Exemplar im Berliner Museum hat Gr. 13 1/2.

Ein ähnliches Stück im Wiener M. Kab. hat Gr. 11, Gew. 43.880 Grm.

6. Mit dem Münzzeichen P.

Av. Kopf des Jupiter Ammon mit dem Diadem rechtshin.

Rev. ΠΤΟΛΕΜΑΙΟΥ ΒΑΣΙΛΕΩΣ. Adler mit entfalteten Flügeln auf dem Blitze nach links; zwischen den Fängen P.

Æ. Dichalkon (Gr. 4, Gew. 6.130 Grm. Wiener M. Kab.).

7. Mit dem Münzzeichen E, verschieden von den bei Evergetes I, Nr. 3, aufgeführten Erzmünzen.

Vorderseite und Umschrift der Kehrseite wie gewöhnlich. Adler auf dem Blitze nach links; im Felde E.

Æ. Dichalkon von bester Fabrik. Nur in der Gr. 4 1/2.

Die bei Mionnet beschriebenen Erzmünzen mit dem lorbeerbekränzten Kopf des olympischen Zeus, dem Füllhorn im Felde und dem Buchstaben E zwischen den Fängen, sind, wie bei Evergetes I, Nr. 8, bemerkt wurde, bei Philadelphus einzureihen.

8. Mit dem Münzzeichen Λ zwischen den Fängen.

Av. Kopf des Zeus Ammon mit dem Diadem rechtshin.

Rev. Gewöhnliche Legende. Adler auf dem Blitze nach links, gerade vor sich hinschauend; zwischen den Fängen Λ.

Æ. Gr. 10 (Mionnet, VI. 42, 365) und auch Gr. 11.

Diese seltener vorkommenden schönen Stücke sind wahrscheinlich unter Evergetes I oder Philopator geschlagen worden, mithin früher als die bei Mionnet, VI. 42, 361, beschriebene Münze mit dem gleichen Münzzeichen und der Keule vor dem Adler. Auf letztere Münze wurde bei den Kupfermünzen des ersten Evergetes, Nr. 4, hingewiesen und dabei bemerkt, dass sie einer späteren Periode anzugehören scheine.

Das bei den Ptolemaeermünzen im Münchener M. Kab., Nr. 17, beschriebene Erzmedaillon zu 30 Chalkus (102.1660 Grm.) hat ebenfalls das Fabrikzeichen Λ zwischen den Fängen, doch ist die Stellung des Adlers verschieden.

9. Mionnet (VI. 42, 370) verzeichnet eine Bronzemünze von Grösse 11 mit dem gewöhnlichen Typus des entfalteten, hinter sich schauenden Adlers, der zwischen den Fängen einen Stern oder (sic) ein Monogramm hat. Da die Fabrik dieser Münze als schön bezeichnet wird, darf man annehmen, dass es sich hier um ein Erzeugniss der Alexandriner Prägstätte handle. Auf dem Exemplare,

nach welchem Mionnet seine Beschreibung gab, war
jedoch die Stelle zwischen den Adlersfängen, wo sich
gewöhnlich das Münzzeichen befindet, verwischt und
undeutlich, da der vielgeübte Numismatiker nicht unterscheiden konnte, ob jenes Zeichen ein Stern oder ein
Monogramm sei. Ich erlaube mir diese Undeutlichkeit
durch ein Exemplar meiner Sammlung zu erläutern,
welches in Typus, Grösse und Fabrik vollkommen zu
Mionnet's Beschreibung passt und welches als Münzzeichen deutlich das Monogramm ᛞᛖ zeigt. Mit Beziehung
auf die analogen Typen von Nr. 1 und 2, wäre diese
Münze ebenfalls bei Philopator einzureihen.

10. Unbärtiger Kopf mit Helm und Chlamys.

Allgemeiner Typus nach einem Exemplare in der
Münzsammlung des Johanneums in Graz.

Av. Unbärtiger, behelmter Kopf nach rechts; volles
Gesicht, gerade, ziemlich grosse Nase, vorstehendes Kinn; Schulter und Brust mit der Chlamys
bedeckt. Der Helm hat die Form des römischen
Helms wie auf den kleinen Kupfermünzen mit
der Aufschrift „Urbs Roma." Perleneinfassung.
In der Mitte des Schrötlings ist die bei den
Kupfermünzen der Alexandriner Prägstätte gewöhnliche Vertiefung.

Rev. ΠΤΟΛΕΜΑΙΟΥ ΒΑΣΙΛΕΩΣ. Adler aufrecht auf
dem Blitze stehend, nach links gewendet; die
Flügel geschlossen, der rechte etwas geöffnet;
der linke Flügel hält ein emporragendes Füllhorn.
Æ. Gr. 4½. Gew. 4.40 Grm.

Mionnet (S. IX, 23, 129) beschreibt eine ähnliche
Münze, auf welcher er im Felde der Kehrseite den Buchstab φ zu erkennen glaubt.

Diese Münze gehört nicht zu den gemeinen. Sie findet sich in Grösse 4½, 4, 3 und 2½. Der Fabrik nach fällt sie noch in die gute Zeit.

Schledehaus (a. a. O. pag. 153) glaubte auf seinem Exemplar einen Porträtkopf zu erkennen, der ihn an mehrere kyprische Tetradrachmen, insbesondere an das Bild des Philadelphus auf der berühmten Wiener Kamee erinnerte. Auf einem zweiten Exemplar erkannte er jedoch einen Kopf von jüngeren und reicheren Formen, die man, wenn nicht die Chlamys entgegenstände, für eine Pallas halten möchte. Nach Fabrik und Metall glaubt er bei zwei Stücken die erste Prägezeit der Lagiden, bei andern Stücken hingegen eine viel spätere Fabrication zu erkennen. Hiernach wäre das Bild kein Porträt eines Ptolemaeers, sondern ein solches, das unter verschiedenen Regierungen wiederholt werden konnte, vielleicht noch einmal Alexander der Grosse als Schutzgott.

Wenn Schledehaus die ältesten Stücke dieser Münze in die Zeit des Philadelphus verlegt, erlaube ich mir dagegen zu bemerken, dass der Typus des Adlers mit dem Füllhorn im Flügel, auf Münzen jener Zeit noch nicht vorkommt. Auch ist der Styl für die Zeit des Philadelphus schon zu viel Manier. Die erste Prägung dieser Münze scheint mir nicht früher als unter Philopator oder Epiphanes zu fallen. Die meisten Stücke sind aber noch später, wahrscheinlich erst unter Soter II geschlagen worden, wofür auch die Aehnlichkeit einer andern, unter Soter II in Kypern geprägten Münze mit dem Pallaskopf und $\frac{\Omega}{\Sigma}$ spricht.

Im Katal. Gréau bezeichnet Herr Cohen den unbärtigen, behelmten Kopf als jenen des Mars, was er gewiss nicht ist.

Arsinoe III Philopator.

Arsinoe, die dritte Königin dieses Namens, führte als Gemalin ihres älteren Bruders Ptolemaeus IV, dessen Beinamen Φιλοπάτωρ, wodurch sie von der Königin Arsinoe II Φιλάδελφος unterschieden wurde, da im Alterthum eine Unterscheiduug gleichnamiger Regenten durch Ordnungszahlen nicht gebräuchlich war. Nachdem sie ihrem Gatten einen Thronerben, den nachmaligen König Epiphanes geboren hatte, wurde sie im darauffolgenden Jahre, nach dem Kanon im Jahre 209 v. Chr., auf Anstiften der berüchtigten Agathoklea ermordet. Das Porträt dieser unglücklichen Fürstin ist uns durch prachtvolle Goldmedaillons erhalten, die zu den schönsten, aber auch seltensten historischen Denkmünzen der Lagidendynastie gehören *).

Wir geben die Beschreibung eines ausgezeichnet schönen Medaillons der Arsinoe Philopator, das mit dem Museum Theupoli in den Besitz des kais. Münz-Kabinets in Wien gelangt ist.

Av. Porträtbüste der Königin rechtshin. Schöner Kopf auf üppig geformter Büste, volles Gesicht, Augen sehr gross, Nase fein und etwas spitz, Kinn und

---

*) Der auf den aegyptischen Tempelsculpturen laut hieroglyphischer Aufschrift als Arsinoe Philopator bezeichnete Kopf hat mit dem Porträtkopfe auf den Medaillons eine grosse Aehnlichkeit, was bei den Sculpturköpfen der übrigen Glieder der Lagidendynastie, Philadelphus ausgenommen, keineswegs der Fall ist. Die Porträtähnlichkeit lag nicht in der Aufgabe der aegyptischen Bildhauer. Ihre unfreie Behandlungsart war an gewisse allgemeine Formen gebunden, die nähere Erklärung des Dargestellten wurde durch die hieroglyphische Aufschrift, besonders durch die Namensringe vermittelt.

Hals stark ausgebildet, ein Kennzeichen der
Lagidenfamilie ; das wellenförmig gescheitelte
Haar am Nacken in einen Knoten geflochten, an
den Schläfen eine kurze Locke. Um das Haupt
ist das königliche Diadem gebunden, Ohrgehänge
und Halsband sind mit Perlen besetzt. Ein durch-
sichtiges Diploidion umhüllt die Büste und wird
am Nacken durch eine Fibula festgehalten,
Schulter und Arm sind entblösst; am untern
Rande ist der Königsmantel sichtbar, zwischen
Hinterhaupt und Nacken ragt der aus Golddraht
geflochtene Scepter hervor, der auf der linken
Schulter aufliegt. Perleneinfassung.

Rev. ΑΡΣΙΝοΗΣ ΦΙΛοΠΑΤοΡοΣ. Emporgerichtetes
einfaches Füllhorn, Kornähren, Trauben und
andere Früchte spendend, in der Mitte umschlungen von der königlichen Stirnbinde, deren mit
Troddeln verzierte Schleifen zu beiden Seiten
herabflattern. Ober dem Füllhorn ein Stern. Im
Felde links NI, am untern Rande A. Das ganze
in einer Perleneinfassung.

N. Gr. 7. Gew. 27.750 Grm. (Abgeb. Taf. III, 5.)

Mionnet (VI. 20, 166, 167, S. IX, Pl. IV, 2 und 3)
gibt die Beschreibung und Abbildung von zwei im Pariser
M. Kab. befindlichen Exemplaren, die mit verschiedenen
Stempeln geprägt sind. Auf einem dieser prachtvollen
Medaillons (Gr. 7, Gew. 27.6920 Grm.) trägt Arsinoe III
den Scepter nicht schräg auf der linken Schulter, sondern
aufrecht, so dass der wie eine Blume geformte Scepter-
knopf hinter dem Scheitel sichtbar wird. Die Kehrseite

zeigt weder Initialen im Felde, noch andere Beizeichen. Das zweite Medaillon (Gr. 7½, Gew. 27.6130 Grm.) unterscheidet sich von dem Wiener Exemplar nur dadurch, dass es am untern Rande das A nicht hat.

Der königliche Scepter erscheint hier zum erstenmal vollständig. Er ist aus spiralförmig laufenden Golddrähten geflochten. Diese Façon der Goldarbeiterkunst ist in Aegypten uralt. Die in den Pharaonengräbern aufgefundenen Goldgeschmeide liefern merkwürdige Proben dieser Arbeit. Noch jetzt verfertigen die nubischen Goldschmide in Chartum mit freier Hand aus Golddraht geflochtene Serfe (Kaffehtassenhälter), Präsentirteller und anderes Geschmeide, die auf den Weltausstellungen in London und Paris mit Recht allgemeine Bewunderung hervorriefen. Die Armbänder der aegyptischen Damen haben noch immer vorzugsweise die spiralförmige Façon, wie wir sie am Scepter der Lagidenkönigin wahrnehmen. Die Scepterspitze hat die Form einer Blume, welche der Lilie auf dem Wappen der Bourbons sehr ähnlich ist. Auf einem Exemplare gleicht diese Blume mehr einer Tulpe. Durch diese unzweifelhafte Darstellung des Symbols der königlichen Macht und Würde liesse sich ganz einfach jenes auf Münzen der Arsinoe II und Berenike II oberhalb dem Scheitel der Königin angebrachte Attribut erklären, worin man gewöhnlich eine Lotusblume oder den Pschent der Hat-hor oder Isis zu erkennen meint. Dieses göttliche Attribut würde sich ganz einfach als der ober dem Scheitel sichtbare Knauf des an der linken Kopfseite gehaltenen Scepters gestalten. Freilich würde dann das Symbol der Apotheose hinwegfallen, aber eine einfache Deutung liegt der Wirklichkeit in den meisten Fällen am Nächsten.

Die Initialen N I auf der Kehrseite bezeichnen, wie schon bei Philopator bemerkt wurde, wahrscheinlich den Namen des Stempelschneiders. Ebenso scheint das Münzzeichen A am untern Rande auf die Prägstätte Alexandria hinzuweisen.

Der Typus der Kehrseite ist ein einfaches Füllhorn, während die Medaillons der Arsinoe Philadelphos ein mit dem königlichen Diadem umschlungenes Doppelfüllhorn zeigen. Durch letztere Darstellung wird ohne Zweifel symbolisch der Antheil ausgedrückt, welchen Philadelphus seiner Schwester und Gemalin an den Regierungsgeschäften eingeräumt hat, was bei Arsinoe Philopator nicht der Fall war. Sollten die Medaillons dieser unglücklichen Königin noch bei ihren Lebzeiten geprägt worden sein, so muss diess früher geschehen sein, als ihr Gatte und Bruder sich in die Netze ihrer Todfeindin, der Buhlerin Agathoklea, verstrickt hatte. Annehmbar ist es auch, dass diese Medaillons wenigstens zum Theil, erst nach Philopator's Tode von Ptolemaeus V Epiphanes zum Andenken an seine ihm so früh entrissene Mutter geprägt wurden. Der Stern ober dem Füllhorn scheint auf eine Apotheose hinzudeuten.

Von Arsinoe Philopator ist keine Silbermünze bekannt. In Bronze beschränkt sich ihr Antheil auf eine einzige Münze.

Av. Kopf der Arsinoe Philopator rechtshin, das Haar ist am Hinterhaupte in einen Wulst zusammengeflochten.

Rev. ΠΤολΕΜΑΙοΥ ΒΑΣΙΛΕΩΣ. Füllhorn mit der königlichen Stirnbinde geschmückt.

Æ. Gr. 2 (Katal. Huber, Nr. 1003).

Diese kleine Kupfermünze von schöner Alexandriner Fabrik ist selten, und noch seltener, wenn sie tadellos erhalten ist. Mionnet (S. IX, 12, 66) beschreibt diese Münze nach einem Exemplar aus der Sammlung de Lagoy unter Berenike II. Dr. Schledehaus hat mit seinem bewährten physiognomischen Scharfblicke zuerst die Porträtähnlichkeit des Frauenkopfes auf dieser kleinen Münze mit dem Kopfe der Arsinoe Philopator auf ihren Goldmedaillons herausgefunden und auf selbe aufmerksam gemacht. Die Haartracht ist allerdings jener auf den Berenikemünzen ähnlich, welcher Umstand auch Mionnet zu seiner Zutheilung veranlasst haben mochte; doch sehen wir hinwieder auf den Medaillons der dritten Arsinoe, dass diese Königin auf ähnliche Weise, wie ihre Mutter das Haar am Nacken wulstartig zusammengeflochten trug. Wir sind daher zur Annahme berechtigt, dass Schledehaus diese kleine Münze richtig bestimmt habe, und dass in dem Porträtkopfe derselben Arsinoe III Philopator dargestellt sei.

Auf meiner diessjährigen numismatischen Rundreise in Nord- und Süddeutschland hatte ich die angenehme Ueberraschung, die oben unter Ptolemaeus IV Philopator beschriebenen zwei Tetradrachmen (L IΘ — ΠA und L KΘ — ΣA), deren Besitzer mir bisher unbekannt geblieben, im Museum der Stadt Frankfurt am Main wiederzufinden. Der durch seine abessynischen Reisen und wissenschaftlichen Arbeiten rühmlich bekannte, verdienstvolle deutsche Gelehrte Dr. Eduard Rüppell,

mit dem ich vor zwanzig Jahren in Aegypten näher bekannt geworden, hatte diese zwei merkwürdigen Tetradrachmen in London durch Kauf an sich gebracht und
dieselben seiner reichhaltigen ausgewählten Münzsammlung einverleibt, welche er bekanntlich aus reinem Patrio-
tismus seiner Vaterstadt Frankfurt als eine daselbst zu
verbleibende wissenschaftliche Stiftung geschenkt hat.

Der vorstehende Holzschnitt gibt eine genaue Abbildung des auf beiden Stücken sich vollkommen gleichenden Ptolemaeerkopfes und ist ein Beleg zu der von mir
vorgeschlagenen Zutheilung. Der Adlertypus der beiden
Kehrseiten ist sorgfältig ausgeführt, wie auf den besten
kyprischen Prägen. — Die Serie der Lagiden und jene
der Alexandriner Kaisermünzen sind in der Rüppell'-
schen Sammlung reichlich vertreten und durch tadellose
Erhaltung der Exemplare ausgezeichnet. Darunter befinden sich viele sehr seltene, zum Theil unedirte
Stücke. Ich erlaube mir auf einige datirte Ptolemaeer
Tetradrachmen aufmerksam zu machen, deren nähere
Besprechung ich mir vorbehalte.

1. ΣΩΤΗΡοΣ.   Joppe und Stratonos, ΚΓ,   Jahr 23.
2. ΣΩΤΗΡοΣ.   Tyrus, Ж (ΚΖ),   „ 27.
3. ΣΩΤΗΡοΣ.   Sidon, Diospolis, ΚⲒ,   „ 27.
4. ΣΩΤΗΡοΣ.   Memphis, Ptolemaïs, ΚΘ, „ 29.
5. ΒΑΣΙΛΕΩΣ.   Ptolemaïs, Schild, ΛΑ,   „ 31.
6. ΣΩΤΗΡοΣ.   Tyrus, Μ, ҤΡ, ΛΕ,   „ 35.
7. ΣΩΤΗΡοΣ.   (Philopator), ΟΓ,   „ 73.
8. ΣΩΤΗΡοΣ.   (Epiphanes), ΠΔ,   „ 84.
9. ΒΑΣΙΛΕΩΣ.   Dasselbe Jahr, ΠΔ,   „ 84.
10. ΣΩΤΗΡοΣ.   ΑΡ, Aradus, ΦⲒ, Philadelphia?
           dazwischen Monogr. aus ΡΚΑ, „ 121.
11. Kyprische Präge. L Κ,   „ 20.
        darunter ΣΑ, Salamis.
12. Evergetes I. L ΜΓ,   „ 43.
        Paphos.

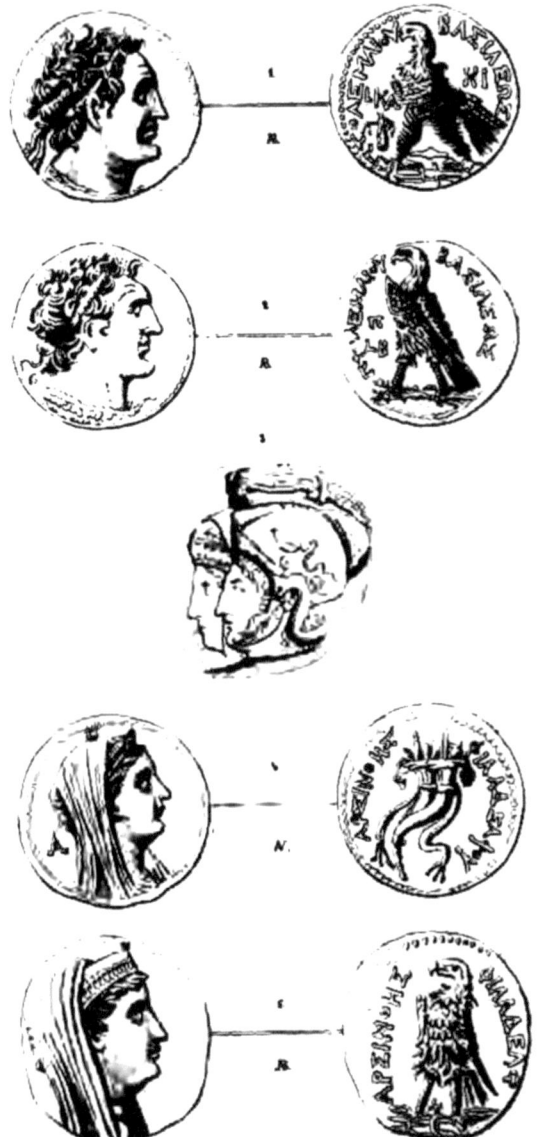

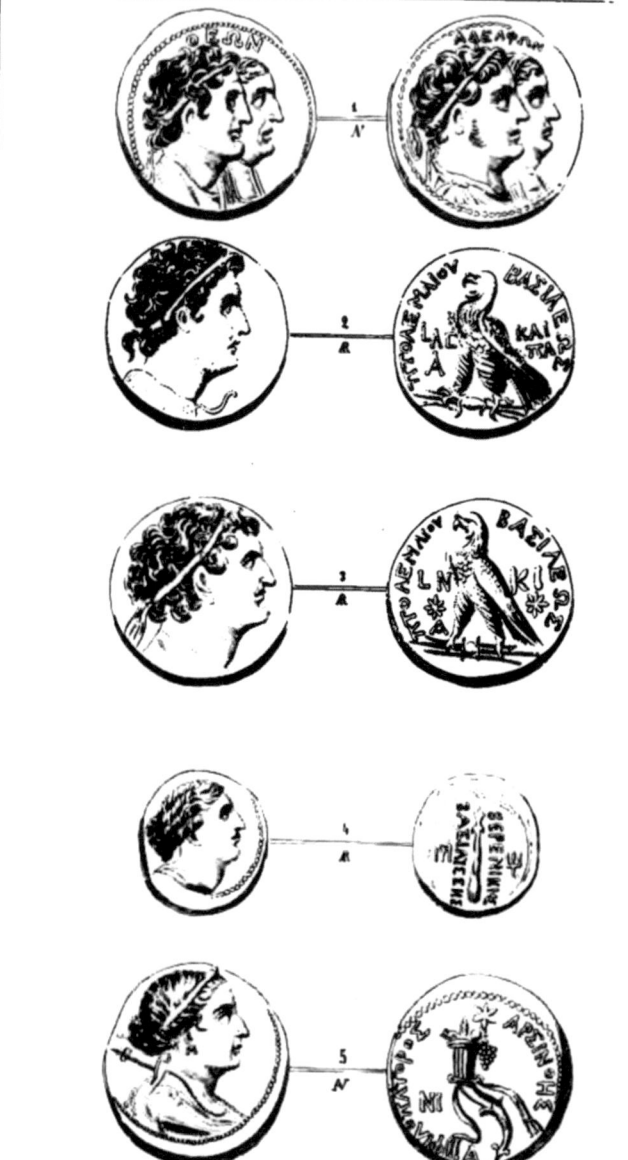

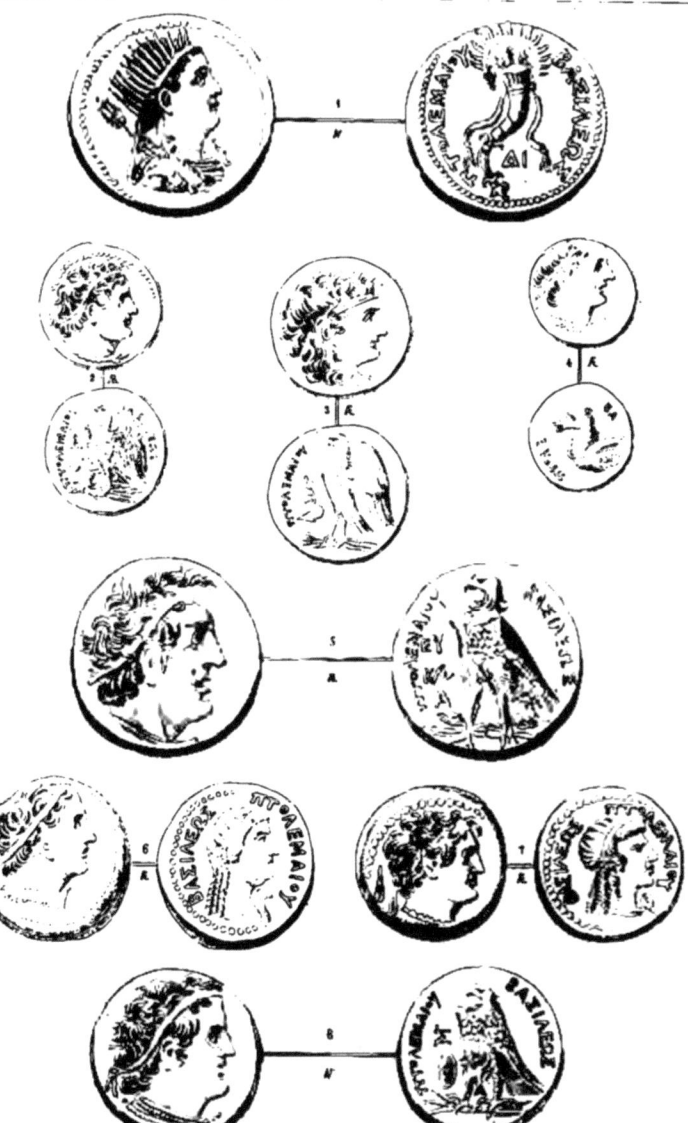